闽文化概论

何绵山 著

北京大学出版社

图书在版编目(CIP)数据

闽文化概论/何绵山著. —北京:北京大学出版社,1996.11
ISBN 978-7-301-03225-1

Ⅰ.闽… Ⅱ.何… Ⅲ.文化-福建-概论 Ⅳ.GI27.57

中国版本图书馆 CIP 数据核字(96)第 19160 号

书　　　名：闽文化概论
著作责任者：何绵山
责　任　编　辑：王春茂
标　准　书　号：ISBN 978-7-301-03225-1/C·118
出　版　发　行：北京大学出版社
地　　　　址：北京市海淀区成府路 205 号　100871
网　　　　址：http://www.pup.cn　电子邮箱：pkuwsz@yahoo.com.cn
电　　　　话：出版部 62752015　发行部 62559712　出版部 62754962
　　　　　　　编辑部 62752025
印　刷　者：北京飞达印刷有限责任公司
经　销　者：新华书店
　　　　　　　850mm×1168mm　32 开本　10 印张　230 千字
　　　　　　　1996 年 11 月第 1 版　2015 年 10 月第 27 次印刷
定　　　　价：20.00 元

未经许可,不得以任何方式复制或抄袭本书之部分或全部内容。
版权所有,侵权必究
举报电话：010-62752024；电子邮箱：fd@pup.pku.edu.cn

目 录

第一章 闽文化的源流和特点 …………………… (1)
    一 闽文化源流 …………………………………… (1)
    二 闽文化的特点 ………………………………… (11)

第二章 哲学 ……………………………………… (15)
    一 闽学发展概述 ………………………………… (15)
    二 闽学特点 ……………………………………… (24)

第三章 史学 ……………………………………… (32)
    一 闽籍史学家著述特点 ………………………… (32)
    二 福建地方文献 ………………………………… (37)

第四章 文学 ……………………………………… (49)
    一 福建作家创作概述 …………………………… (49)
    二 闽文化与福建文学 …………………………… (70)
    三 福建文学的特点 ……………………………… (75)

第五章 艺术 ……………………………………… (79)
    一 音乐 …………………………………………… (79)
    二 舞蹈 …………………………………………… (85)
    三 戏曲 …………………………………………… (95)

四	绘画	(109)
第六章	工艺	(117)
一	年画	(117)
二	石雕	(119)
三	木雕	(121)
四	木偶	(123)
五	剪纸	(124)
六	陶瓷	(125)
第七章	宗教	(130)
一	佛教	(130)
二	道教	(151)
三	伊斯兰教	(166)
四	基督教	(176)
第八章	民俗	(185)
一	岁时佳节	(186)
二	婚嫁生育	(188)
三	寿诞丧葬	(193)
四	信仰禁忌	(197)
五	游艺竞技	(203)
六	饮食与饮茶	(207)
第九章	教育	(212)
一	福建教育发展概述	(212)
二	福建教育久盛不衰的原因	(214)
第十章	建筑	(221)
一	城市与城堡	(221)

二　民居…………………………………（230）
　　三　土楼…………………………………（234）
　　四　寺观…………………………………（244）
第十一章　经济…………………………………（255）
　　一　福建经济发展概述…………………（255）
　　二　福建经济特点………………………（257）
第十二章　科技…………………………………（272）
　　一　闽籍著名科学家概述………………（272）
　　二　造船技术……………………………（278）
　　三　桥梁建造……………………………（283）
　　四　雕版印刷……………………………（290）

主要参考书目……………………………………（298）
后　记……………………………………………（305）

CONTENT

CHAPTER 1. THE ORIGIN AND THE CHARACTERISTICS OF MIN CULTURE .... (1)
   1. The Origin of Min Culture .... (1)
   2. The Characteristics of Min Culture ... (11)

CHAPTER 2. PHYLOSOPHY .... (15)
   1. A Brief Account of the Development of the Science of Min Study .... (15)
   2. The Characteristics of the Science of Min Study .... (24)

CHAPTER 3. HISTORICAL SCIENCE .... (32)
   1. The Characteristics of the Works by Fujian Historians .... (32)
   2. The Local Documents of Fujian Province .... (37)

CHAPTER 4. LITERATURE .... (49)
   1. A Brief Account of the Works by Fujian Writers .... (49)

2. Min Culture and Fujian Literature ...... (70)
3. The Characteristics of Fujian Literature ......
.... (75)

CHAPTER 5. ARTS .... (79)
    1. Music .... (79)
    2. Dance .... (85)
    3. Traditional Opera .... (95)
    4. Drawing .... (109)

CHAPTER 6. ARTS AND CRAFTS .... (117)
    1. New Year Pictures .... (117)
    2. Stone Carving .... (119)
    3. Wood Carving .... (121)
    4. Puppet .... (123)
    5. Paper-cut .... (124)
    6. Pottery and Porcelain .... (125)

CHAPTER 7. RELIGIONS .... (130)
    1. Buddhism .... (130)
    2. Taoism .... (151)
    3. Muslim .... (166)
    4. Christianity .... (176)

CHAPTER 8. FOLK CUSTOM .... (185)
    1. Seasons and Festivals .... (186)
    2. Marriage and Birth .... (188)
    3. Birthday, Death and Funeral .... (193)
    4. Belief and Taboo .... (197)

	5. Entertainment and Sports	(203)
	6. Food and Tea Drinking	(207)
CHAPTER	9. EDUCATION	(212)
	1. A Brief Account of the Development of Fujian Education	(212)
	2. The Reason of the Long Prosperity of Fujian Education	(214)
CHAPTER	10. ARCHITECTURE	(221)
	1. City Buildings and Castles	(221)
	2. Civilian Residence	(230)
	3. Round Earth Building	(234)
	4. Temples	(244)
CHAPTER	11. ECONOMY	(255)
	1. A Brief Account of the Development of Fujian Economy	(255)
	2. The Characteristics of Fujian Economy	(257)
CHAPTER	12. SCIENCE AND TECHNOLOGY	(272)
	1. A Brief Account of the Famous Scientists of Fujian Province	(272)
	2. Shipbuilding Technology	(278)
	3. Bridgebuilding	(283)
	4. Block Printing	(290)

BIBLIOGRAPHY ·································· (298)
POSTSCRIPT ···································· (305)

もくじ

第一章　福建文化の源流と特徴……………………………（1）
　一　福建文化の源流………………………………（1）
　二　福建文化の特徴………………………………（11）
第二章　哲学………………………………………………（15）
　一　福建哲学の発展を概説する…………………（15）
　二　福建哲学の特徴………………………………（24）
第三章　歴史学……………………………………………（32）
　一　本籍の福建歴史学家著述の特徴……………（32）
　二　福建地方の文献………………………………（37）
第四章　文学………………………………………………（49）
　一　福建作家の作品を概説する…………………（49）
　二　福建文化と福建文学…………………………（70）
　三　福建文学の特徴………………………………（75）
第五章　芸術………………………………………………（79）
　一　音楽……………………………………………（79）
　二　舞踏……………………………………………（85）
　三　芝居と演芸……………………………………（95）

四	絵画	(109)
第六章	工芸	(117)
一	旧正月に飾る絵	(117)
二	石彫り	(119)
三	木彫り	(121)
四	でく	(123)
五	紙切り	(124)
六	陶器と磁器	(125)
第七章	宗教	(130)
一	仏　教	(130)
二	道教	(151)
三	ィスラム教	(166)
四	キリスト教	(176)
第八章	民間の風俗	(185)
一	年中行事	(186)
二	結婚式と生誕の祝儀	(188)
三	誕生日の祝いと葬儀	(193)
四	信仰と禁忌	(197)
五	民間の芸能と競技	(203)
六	飲食と茶の飲み	(207)
第九章	教育	(212)
一	福建教育の発展を概説する	(212)
二	福建教育の長い盛りの原因	(214)
第十章	建築	(221)
一	都市と城	(221)

二　民家……………………………………（230）
　　三　土で建った建物………………………（234）
　　四　寺……………………………………（244）
第十一章　経済……………………………………（255）
　　一　福建経済の発展を概説する…………（255）
　　二　福建経済の特徴………………………（257）
第十二章　科学技術………………………………（272）
　　一　本籍の福建の有名な科学家を概説する
　　　　……………………………………………（272）
　　二　造船の技術……………………………（278）
　　三　橋の建造………………………………（283）
　　四　彫版の印刷……………………………（290）

主要な参考書の目次………………………………（298）
後書き………………………………………………（305）

第一章　闽文化的源流和特点

一　闽文化源流

闽文化的形成经过了漫长的时间,其过程是极为复杂的。从总体上看,它的形成与以下几个方面有着极为密切的关系。

古越文化的遗风。古越族是我国南方少数民族的总称,福建的土著居民是古越族的一个分支,称为闽越人。虽然随着中原汉族人民南迁入闽,闽越人在福建各地主人地位逐渐被替代,但其悠久的文化传统却不同程度地被保存。比如福建闽越人图腾蛇。《说文解字》云:"闽,东南越,蛇种。从虫,门声。"这里的"蛇种"就是"蛇族",即信仰蛇神的氏族。"闽"字的造字是从虫,门声。"虫"字通"蛇"解,即家门供奉蛇的氏族。闽越人所以图腾蛇,是因为祖先生活在湿温的丘陵山区,溪谷江河纵横交错,许多蛇类繁衍滋生其中,对闽越人的生命和生产造成极大威胁。《太平广记》引《宣室志》云:"泉州之南,有山焉,峻起壁立,下有潭,水深不可测,周十余亩。中有蛟螭常为人患,人有误近,或牛马就而饮者,辄为吞食,泉人苦之有年矣。"因此人们在近山的岩石上刻画蛇形以祈求神灵的保护,并建庙供奉,希望能借助于祈祷来企求好的结果。这种崇拜沿续至今,到今天福建还有不少地方保留着蛇王庙。如闽西长汀县西门外的蛇王宫、长汀县平原里溪边的蛇腾寺、福清和莆田等地的蛇王庙等。平和县三平寺与漳浦县交界一带的村民,一直把蛇尊为"侍者公",把蛇当作"神明"加以顶礼膜拜,蛇与人同床共寝和同室共处更是司空见惯的事。南平樟湖板的崇蛇习俗至今还极为隆重,每年六月下旬村民四出捕蛇,七月七日那天组成浩浩荡荡的迎蛇队伍,将蛇送到蛇王庙前的闽江放生。福建武夷山一带闽越人的悬棺葬距今已有3400年的历史,但这些悬棺并不是每具均有骨骸,有些空棺是为同族死者准备的,这是因为血缘氏族社会的族葬要将同族葬于一处。这种葬俗至今在某些地方仍流行。如武夷山脉松溪县花桥乡狮子崖险峻陡峭,其山崖裂隙中有深达100多米的"万棺洞",历代存放在那里的棺柩达百具,层层叠架在洞内,下层年代古远者已陆续腐朽,上层的棺柩则有些是当世放进的。

中原文化的传入。其传入方式主要以大量移民的途径为主。中原汉族曾四次大规模进入福建,第一次是西晋末年的八姓入闽。这八姓多为中州的簪缨世胄,有较高的文化素养,他们为避永嘉之乱而携眷南逃,都带着自己的宗族、部曲、宾客等,大大增加了福建地方人口。第二次是唐代陈元光开发漳州。河南光州固始人陈政于唐总章二年(669年)率府兵3600多人进入漳州,年仅13岁的陈元光也随父进漳,21岁时承袭父职,定居漳州,并大力开发漳州,使漳州改变了昔日满目榛狉的荒凉状况,促进了地方社会的迅速发展(也有学者对"八姓入闽"和"陈政入漳"有不同看法,笔者对此已有专文探讨,此不赘)。第三次是唐末五代王审知治闽。河南光州固始人王审知曾与其兄一起率中原人马五千余人入闽,定都福州,后被封为"闽王"。他为治理福建作出了卓越贡献,使福建在中原动乱之际成为东南的富裕之邦。第四次是北宋南迁。宋室南渡前后,北方百姓为避战乱,再次出现南迁浪潮,大批人扶老携幼入闽,使福建地方人口急增。除了这几次大规模入闽外,从永嘉之乱前至明清,都有中原人士陆续入闽定居。早期这些入闽者大多为逃亡或流放者,后期多为驻闽将士、赴闽仕宦者和为避乱而投亲靠友者。唐五代时河南固始来投奔王审知的,多不胜数。这四次大移民和陆续进入的大量移民,都不同程度地带来了中原的先进文化,加快了福建的开发和进步。此外,名士南下和闽人北游也或多或少地带来了中原文化。从唐德宗年间常衮任福建观察使起至明清,大批中原名士或慕名前来投奔,或为闽地秀丽山水而至,或前来授课讲学,他们虽然没有在闽定居,有的在闽时间也并不长,却为闭塞的福建吹进了新鲜的空气,活跃启沃了闽地学术文化。宋南渡之后,大批北方名流蜂拥而至,一时成了风气。此外,唐中期之后,闽人开始中进士第,由此纷纷北上,受到中原文化的熏陶,他们宦游归里时带回了中原文化。还有不少闽人北上访学,也将中原文化带回闽地。如理学开创者张载、程颢、程颐、邵雍等都在北方中原一带讲学生活,不少闽人投奔其门下,深受其影响。崇安人游酢、将乐人杨时亦受业于二程,曾有"立雪程门"的故事。他们返回闽地后大力传播理学,后被朱熹改造发扬为"闽学"。泉州人谭峭是唐五代的大哲学家,他到北方"自经终南游太白、太行、王屋、嵩、华、泰岳,迤逦游历名山"(南唐沈汾《续仙传》卷下)。谭峭提出以虚、气、化范畴为核心的哲学,为宋明理学家从不同方面所汲取和效法,成为唐宋哲学发展中一个承上启下的中间环节。

宗教文化的传播。四大宗教在福建极为兴盛,传播速度极快。佛教传入中国约在东汉初年,而西晋武帝太康三年(282年),福州正处开发之际,已有了"绍因寺"佛寺。晋太康九年(288年),南安也有了"延福寺"。唐代马祖道一禅师入建阳,是闽地禅宗的开端。当时中国佛教宗派林立,主要有盛于北方的"渐悟"和盛于南方的"顿悟"两支,故有"南顿北渐"之说。唐中期因寺院经济与国家利益矛盾日深,皇帝发布诏令,废除佛教,当时全国被迫还俗的和尚尼姑约26万人之多。福建虽有所波及,如莆田寺院被毁不少,"洎武宗乙丑(845年)之否,邑之东有敬善寺,民井而居之;乾有玉涧寺,民亩而田之"(《黄御史集》卷五)。但福建毕竟远离政治中心,山高皇帝远,佛教一直很兴盛。"顿悟"到唐末能衍为五宗,与福建有极大的关系。如临济宗的始祖义玄是福清人黄檗希运的门徒,沩仰宗创始人沩山灵祐是长溪人,曹洞宗创立者之一本寂是莆田人,立云门宗的文偃出于南安人义存门下,立法眼宗的文益则为闽县人师备的再传弟子。长乐人怀海运用中国儒家的宗法制度,改造印度式的佛教戒律,制订出一套适合中国禅宗特点的清规戒律,称《百丈清规》或《禅门规式》,使印度佛教戒律中国化,成为中国后期封建社会丛林佛寺戒律的创始人。当时不少福建人撰写的佛教著作誉满佛林,如莆田释文矩的

《博山经》,仙游释叔端的《宗镜四缘》,建州释慧海的《顿悟入道要门论》、希运有《黄檗断际禅师宛陵录》等。王审知治闽时笃信佛教,在闽地建佛寺267座,闽王发给文凭的出家僧尼,竟有三万多人,故有"山路逢人半是僧"之诗。宋元明清至近代,佛教在福建也始终没有衰竭过,如宋末元初,仅福州府统辖的各县,就有佛教寺庙1500座以上,这在全国来说也是罕见的。福建名僧不但常奉诏晋京,授经讲法,还常飘洋过海。如唐代泉州超功寺僧昙静,曾追随鉴真和尚东渡日本;元代的明极、楚俊等曾赴日本讲经;明代漳州名僧觉海亦赴日本长崎传法,并在长崎建有漳州寺。道教传入福建的时间较早,在原始社会时期,福建就有方士活动踪迹。武夷山被列为道教"三十六洞天,七十二福地"的十六洞天,称为"真升化玄天",升华元化洞天真人刘少公为武夷山主。秦时,在武夷山修道的有崇安人潘遇、闽清人游三蓬,并在山中建"止止庵"宫观。西汉时,浦城子期山、福州九仙山、南平衍仙山等都有道士在修炼。唐代时福建出现了道坛庙观和职业道士,福州著名的道士有张林、符契元等人。五代时,王审知敬重道士,不少道士握有大权。宋代福建道教发展很快,不少道士屡受朝廷赏赐,新建道观如雨后春笋,著名的如福州"真庆观"、延平"元妙观"、莆田"元妙观"、闽县"崇禧观"、沙县"宜福观"、松溪"文昌观"等。泉州清源山上巨型石刻李老君像,高约一丈五、六,具有很高的艺术价值,由此可看出当年道教的兴盛。宋元之际江西兴起"净明忠孝道",注意符箓禁咒驱邪御瘟等道术,从事服炼斋醮、修仙度人,福建亦由此出现炼养、符箓两派。前者代表人物如泉州龙兴观道士吴崇岳、长汀人王中正、崇安人杨万大等。后者代表人物如漳州天庆观道士邱允、沙县人谢祐、长汀人梁野等。到明代,道教被取消"天师"称号,福建出现正一道和全真道。清代因乾隆宣布黄教为"国教",道教被认为是汉人的宗教,所以开始衰落。但在福建,民间祈祷斋醮之事及服饵丹道之术仍旧流行,并逐渐成为民间习俗。公元七世纪初在阿拉伯麦加城诞生的伊斯兰教,早在唐中叶就由航路传入泉州。宋元泉州跃为东方大港后,数以万计信奉伊斯兰教的阿拉伯人云集泉州,使之成为我国最早的三个伊斯兰教区之一。不仅金、丁、马、铁、郭、葛、黄、夏、蒲等十多姓的穆斯林后裔在这里生息繁衍,还建造了极具伊斯兰教色彩的清真寺、安葬伊斯兰先贤的灵山圣墓等,并留下了许多刻有阿拉伯文、波斯文和中文的墓碑铭文。泉州至今还保存有我国最早的清真寺。元朝时不少伊斯兰教徒跟随西域金吉军队经邵武到福州,因此邵武至今还有不少伊斯兰教徒。基督教在福建的传播主要是通过传教士进行的。明代时,意大利耶稣会传教士艾儒略等在明大臣叶向高的支持下,到闽北传教,并向福安、闽县等地发展,前后达24年,建有教堂23所,艾儒略曾被称为"西来孔子",誉为开教福建第一人。明末,菲律宾教省派传教士11人抵厦门、福州,开创"多明我会"传教区,发展迅速,郑成功还曾聘传教士为老师。清康熙年间,以白伯多禄为首的一批传教士,深入泉州、兴化、福安等地传教,先后在福建成立"圣多明我第三会"。鸦片战争之后,西方不同派系的传教士在福建展开激烈的传教竞争,基督教建的教堂、学校、医院、救济机关,几乎遍及城乡各地。无论从传教和建教堂时间上看,还是从教派、教徒和教学数量上看,福建都较早,也较多。

除了以上四大宗教的影响外，福建的地方宗教也有很大的影响，最有名的是"三一教"。这是将儒、释、道三教合而为一的教派，由明代正德、嘉靖、万历年间福建莆田林兆恩所创建。林兆恩认为儒、释、道本为一体，但后世的继承者不懂其本源，妄分三教，越走越邪。倡三教合一的本质是将儒家的纲常伦理与道教的修持功夫及佛教的涅槃理论合而为一，三者缺一不可。所以他认为儒教为立本，道教为入门，佛教为极则。三一教在福建立足后，曾向外省和国外一些地方扩展过，清代中末叶曾发展到台湾、新加坡一带。福建的民间宗教颇为风盛，其中最著名的是天上圣母、临水夫人、保生大帝这三"神"。这三尊神原型都是人，后被逐渐演化为神，赋予类人而又超人的"神"力，再借以护佑人们自身。民间宗教虽带有区域性，但其因有旺盛的生命力而持久不衰，对闽文化产生了深远的影响。

海外文化的冲击。福建东临大海，良港棋布，有占全国五分之一长的海岸线，因此早在南朝时代，就与海外有联系。海外文化的冲击主要通过国际贸易、外商定居闽地、闽人越洋后归里等几个途径。早在五代王审知治闽时，福建与海外的商业贸易往来就比较广泛，东起新罗，中经南洋群岛，西至阿拉伯地区都与福建建立了初步的贸易关系。北宋时，泉州成为国际贸易港，被称为"涨海声中万国商"，与36个岛国有贸易关系。福建商人由泉州出发前往海外，一般一年往返，远的两年往返，用五色缬绢和建本书籍，与海外交换所需之物。到了南宋和元代，泉州发展为世界第一商港。明代统治者厉行海禁二百年之久，但位于龙海的月港依然帆樯如栉，海外客商汇聚，成为全国最大的走私港。明隆庆元年（1567年）取消海禁,月港每年孟夏之后,数百艘商船远洋四海。到明万历年间,月港的国际贸易更为繁荣。由于国际贸易的繁华,许多外商定居闽地。特别在宋元两代,数量极多的印度人、波斯人、阿拉伯人、欧洲人为世界贸易大港泉州所吸引,定居当地而不返,被人称为番仔。而那些娶本地妇女所生的孩子,则被叫做半南番。他们将本国的风俗民情信仰融汇在当地居民之中,日久天长,海外文化便与当地文化水乳交融地渗透在一起。与外商定居闽地一样,也有不少闽人定居海外,宋元之后,逐渐增多,几乎遍及日本、朝鲜和整个东南亚。明代数万闽人出海后"往往久居不返,至长子孙"(《明史·吕宋传》)。17世纪前后,东南亚的福建华人已在50万人以上。这些华侨大多与家乡保持程度不同的联系,并时时有人回乡里探亲,带来形态各异的海外文化。

台湾文化的交融。台湾人有百分之八十祖籍福建,由于闽台一水相连,地缘相近,血缘相亲,习俗相同,语言相通,因此人们往往将闽台文化同划为一个文化区。但从另一个方面看,由于特殊的历史背景、地理环境和社会经济条件,台湾文化与福建文化,还是有一些差异,这就是台湾文化的独特性。必须看到,既然是交融,除了闽文化对台湾文化产生了深刻和恒久的影响外(这是主要的),台湾文化也对闽文化产生了影响。这些影响表现在多方面,如:(一)大量台湾人到闽地任职。《台湾省通志稿》对此有详细记录:"刘其灼,字汉章,号为轩,台湾府东安坛人。清康熙乙未(五十四年,1715年)岁贡,雍正壬子(十年,1732年)选受长泰县学训导,泰邑志称其清修自好,和易可亲。乾隆甲子(九年,1744年)升长汀教谕,告老归,士子钱送盈余。"据杨彦杰《台湾历史与文化》(海峡文艺出版社1995年版)介绍:在清领台湾期间,全台共有80名科举人物被派往福建任职。其中进士1名、举人18名、贡生61名。有的在福建连任教职。如进士庄久进,凤山县人,历任泉州、福宁教授。举人李维梓,台湾县人,历任闽县、安溪教谕。岁贡生林萃冈,台湾府人,历任兴化、清流训导。蔡复旦,台湾府人,历任闽清训导、漳平、永安教谕等等。台湾赴福建任职者分布很广,足迹几乎遍及沿海及山区各地,带来了台湾的本土文化,有的还撰文介绍台湾的风土人情。(二)台湾本土艺术输入福建。最有代表性的如台湾的"歌仔戏"输入福建。在台湾18个地方戏曲中,歌仔戏是唯一产生于本土的剧种,它发祥于台湾宜兰县,源自闽南的锦歌,经过台湾艺人不断加工、提高,终于成为完整的大戏,后又由台湾传入闽南,成为福建五大剧种之一的芗剧,至今已有400多个传统剧目,受到漳州、厦门观众的喜爱。(三)访祖探亲。闽籍台湾人返回闽地探亲时,带来了台湾的风俗民情。以饮食文化为例,每当夏季来临时,闽南街头常有人挑卖一种叫石花的食品,形同冰冻的藕粉膏,它是由薜荔藤汁制成,凉爽可口,已成为闽南人解渴消暑的佳品。薜荔性清凉,原产于台湾嘉义山中,由祖籍同安的居民发现制作,后由台湾的福建移民回乡探亲访友时传到福建。(四)经济贸易。台湾与福建早就有经贸往来,台湾历史上最早的郊行为北郊、南郊、港郊,其中南郊主要负责将货物配运闽南。台湾商人不仅将货运到闽南,还带来了台湾商人做生意的方式和生活习俗。

邻域文化的渗透。福建北连浙江,南接广东,西临江西,这几个邻域的文化长期对福建渗透,特别在周边地区产生了很大影响。(一)历史沿革。福建在唐以前称作"七闽",其活动范围除了福建全境外,还北涉浙江温州,南入广东潮州,西接江西余干。春秋时期的越国为楚所亡后,纷纷进入浙江南部与福建境内。秦始皇时期设置闽中郡,这是福建历史上第一个区域建置,其辖地北部仍达浙江温、台、处三府,西部接江西铅山。汉代刘邦设闽越国,其辖地仍跨有赣东、浙东、粤东潮梅等地区。三国时,占据江浙的孙权把福建作为东吴的后方基地,置建安郡。唐玄宗时,取福州、建州各一字名为福建经略使,从此有了福建的名称。从历史上看,福建有不少辖地曾是今天邻省的辖地,因此与这些邻域关系始终很密切。(二)交通往来。唐中期之后,闽人与外界接触逐渐频繁,因应试、为宦、从商、访学等原因北上外出者增多,浙、赣为外出的必经之路。宋代,建州著名的分水关路由江西抵浙江,然后再北上,因此邻域文人来往较多。如黄升深受姜白石的影响,李虚己常与婿晏殊唱酬。明代闽地与江淮流域的交通也很发达,或由建阳往邵武入赣,或由浦城入浙,或由崇安入赣、浙。频繁便利的往来,促进了周边文化的渗透。(三)人口迁移。邻省长期陆续向闽地迁移人口,至明清达到高潮。如江西、浙江有许多农民迁移至闽北山区,为开发山区做出贡献。正如郑丽生《闽广记》卷六载:"延建诸邑深山中,每有客籍贫民,盖茅而居,或治畲田,或种菇,或烧松明,或烧炭,或煽铁,或造纸,或陶埴,因为地利,聚散无常,大抵江西上饶、玉山及浙江之庆元、云和之人为多。"他们带来邻省文化,使"土著人民效尤垦种者亦复不少,岁加稠密,连岗互嶂"(道光《建阳县志》卷二)。当地人逐步"效尤"垦种经济作物,邻省移民人口起了重大作用。(四)经济贸易。福建与周边毗邻地区的贸易一直极为频繁。如明人何乔远在《闽书》卷三八载:"建宁土地膏腴,专有鱼稻、油漆、竹布之利,以通商贾;邻于建昌藩邸,习尚移染,故其俗奢。"可见建宁与江西建昌府之间的密切关系。此外一些边远的小县,也常与毗邻展开经济活动。如泰宁的朱口牛会,就是每年秋季举行的跨省大型牛会,江西、浙江等周围几省数十个县的牛都被赶往此地交易,远近闻名。(五)互派官吏。闽人热衷科举,不少人被派往浙、赣任职,亦有不少浙、赣官吏在福建供职,促进了文化的互相渗透。

二 闽文化的特点

闽文化的独特形成过程使闽文化具有以下几个特点:

多元性(也称碎状性)。闽文化与中原文化不同。中原文化具有正统性、传承性、稳固性、辐射性等特点,源于本地的正宗文化对外来文化有很强的征服、融解能力。闽文化缺乏一种征服力极强的正宗文化,谁也征服不了谁,谁也代表不了谁,由此形成一种碎状割据的文化形态。如闽中三山文化、莆仙妈祖文化、闽东畲族文化、闽西客家文化、闽南侨台文化、闽北理学文化等争奇斗艳,平分秋色。造成这种状态的主要原因有三:一是外来文化相继进入福建时间极为漫长,甚至在福建还是土著民族时代就已开始,因此本地文化无法形成一种凝聚力。二是进入福建的文化成份极为复杂,五花八门,即使是中原文化,差异也很大。中原来闽人士中,既有文人学士,也有起于田间的类似王潮兄弟这样的人。何况除了以上这六种文化外,还有其它文化(如畲族文化、客家文化等)对福建文化的渗透。所以任何一种外来文化到了福建都无征服力可言,不可能有绝对优势。三是福建地势复杂,既被称为"东南山国",又被称为"闽海雄风"。一方面山区极为闭塞,甚至"不知有汉,无论魏晋";另一方面海港船只远航世界,常领风气之先。交通的不便和文化的差异,都极大地限制了文化的交流。

难融性。闽地民俗各异、风气相佐。比如莆田一直视读书习儒为首要之事,故"诗书礼乐为八闽之甲。莆之科目,肇于唐,盛于宋,又盛于明,每科与试者,视闽居半"(胡朴安《中华全国风俗志》上编)。而与莆田相邻的福清却以贾为业,"福清背山面海,多潟卤,有海舶之利。其人刚劲尚气,多行贾于四方,以其财饶他邑"(何乔远《闽书》)。最典型的是闽语的复杂性。在全国八大汉语方言中,福建方言就占三种,如果加上省界交叉地区,仅福建境内流行的就有汉语七大方言,可以说是全国汉语方言的缩影。而其复杂性还在于同一方言区,如闽南方言区中的厦门话、龙岩话、大田话、尤溪话之间也有很大差异。有的县或乡内,竟没有一种统一的方言,甚至有的地方过一座山、一条河就不能通话。这种现象是全国罕见的。闽文化的难融性还表现在良莠共存。《宋史·地理志》曾称福建"向学喜讲诵,好为文辞。信鬼神祠,重浮屠之教"。一方面重教育,是全国文化最发达地区之一,不少县市被称为"文献名邦";一方面又信鬼神,不惜重金建庙。难融性使闽文化更加丰富绚丽。比如福建的戏曲不像其它省市那样,有一种为全省人民普遍接受的戏曲(如北京的京剧、浙江的越剧、四川的川剧),福建各个地区都有自己的戏,很难说哪一种戏最能代表福建,除流行于各城市的闽剧、莆仙戏、梨园戏、高甲戏、芗剧这五大剧种外,还有二十多个大小剧种流行于各山区沿海,仅今日可查的地方剧目就多达一万五千多个,故有地方剧省之称。正是由于福建的地方剧难以互相交融,所以在莆仙戏、梨园戏和南曲中,始终保留着一些宋元南戏的剧目,一些古本和古曲在国内其它剧种中早已绝响,而唯独在福建可以听到它的遗音。

双向性。这种双向性是由于福建地僻东南一隅,濒海多山,既开放又封闭而造成的。武夷山的静穆清幽,刺桐港的富庶繁华孕育出福建文化的双向性:质朴务实又灵敏洒脱,尊重传统又勇于开拓,留恋乡土又热衷外出……。这种双向性可合可分,有很大的适应性和可塑性。

不平衡性。这种因山、海造成的不平衡比比皆是。在经济上,如闽东、闽西、闽北一些山区经济发展缓慢,甚至连糊口都成问题;而另一些地区,如福清、晋江等却能领风气之先,往往在经济旋涡起于青萍之时就卷进去。特别一些海外文化特征较为明显的地方,如晋江陈埭镇的居民有不少是海外来泉州的伊斯兰生意人后代,他们商品意识极浓,延绵至今。这种不平衡还表现在人才发展上。福建人才不是在各区域同步发展,杰出人物最早集中在闽北山区,如朱熹等;后又集中在闽南泉州等地,近代却几乎都崛起于福州的侯官和闽县(这两个县于1912年合并为闽侯县,辖属福州)。侯官崛起的杰出人物如林则徐、沈葆桢、严复、林纾等,无论是政治家、军事家、翻译家、文学家都在中国近代文化史上占有重要地位,如果没有这些人物,中国近代史也将黯然失色。在一个远离政治文化中心的弹丸之地,能在短短的几十年中崛起如此之多杰出人才,真是个奇迹。

延伸性。由于福建地僻一隅,人多地少,因此向外延伸,以求发展,成为闽地(特别是沿海地区)的传统,故有"门字里面是条虫,跳出门外便成龙"之说。闽人的延伸性,主要有三个方面:(一)向海外延伸。祖籍福建的华侨、外籍华人有八百多万,分布在全世界五大洲一百多个国家和地区,其中约90%居住在东南亚,不少人都获得成功,最新一期的美国《福布斯》杂志刊出全球前十大华人富豪,其中有四名祖籍福建,并都在东南亚从商。即:祖籍石狮的菲律宾亚洲世界集团郑周敏(资产总值130亿美元,排名第一),祖籍福清的印尼三林集团林绍良(80多亿美元,排名第四),祖籍晋江的菲律宾巨商陈永栽(70亿美元,排名第八),祖籍福州的马来西亚郭氏集团掌门人郭鹤年(70亿美元,排名第九)。(二)向台湾延伸。闽南移民中有句俗语:"第一好过番,第二好过台湾。"经过长期移民,台湾有80%的人祖籍福建,福建移民成为台湾居民的主体。(三)向内地其他省份延伸。闽人中不少人成为某个领域之出类拔萃者,如当代福州,学部委员之多居全国之首,因而被称为"学部委员之乡"。此外,在文学艺术上的对外影响也是明显的,如严羽对诗歌的见解一直影响到王渔洋。

易移性。因受多方面因素影响,闽文化不会长期在某区域发展,其发展中心容易转移,如唐代漳州文化、五代闽国文化、宋代建州文化、元代泉州文化、明代月港文化、晚清侯官文化等,都曾各领风骚。

第二章 哲　　学

一　闽学发展概述

福建最大的哲学学派是闽学。

对于闽学,有多种不同的解释。如:1、闽学即朱熹学说。朱熹是闽学集大成者,朱熹与闽学关系极为密切,但闽学与朱熹学说并不完全相同,因为闽学不仅限于朱熹一个人思想。早在朱熹之前,闽学就开始酝酿并初步形成;就是在朱熹生活的南宋,闽学也还包括朱熹门人的思想;且元明清时期的闽学,一些闽学家在捍卫朱熹学说基础上又有许多新发展。2、闽学即理学。广义的理学,泛指以讨论天道性命问题为中心的整个哲学思潮,包括各种不同学派。以宋代为例,就如周敦颐的"濂学"、邵雍的"象数学"、张载的"关学"、二程的"洛学"、司马光的"朔学"、陆九渊兄弟的"江西之学",而"闽学"只是宋代诸学派中的一个学派。狭义的理学,是指"程朱理学"。"二程"与"闽学"不同显而易见,朱熹学不能等同闽学,上面业已陈述。3、闽学是与濂学、洛学、关学相并列的一个流派。明代宋濂、薛瑄及清代蒋垣都将濂、洛、关、闽并论。这种说法的缺陷是将"闽学"凝固在宋代，而实际宋代以后闽学又有新发展。如要并论，那么明代王守仁的"阴阳学"（或称王学）等，岂不也可并列？4、闽学即闽中之学。这种说法太笼统。福建历史上闽中之学包括文史哲等学，而闽学仅指理学。什么是闽学呢？简而言之，闽学应该包括以下几个特点：1、从地域上看，闽学产生、发展于闽地，其核心人物皆为闽人；2、从时间上看，闽学萌芽、产生于北宋，至南宋朱熹为集大成者，在朱熹门人及许多忠于朱熹学说的闽人努力下，闽学在元明清不但兴盛，而且有新的发展；3、从哲学学派上看，闽学即福建理学，其思想核心是天理论，为中国后期封建社会理学思潮的主要代表；4、从影响上看，闽学曾由地域性上升为全国性并成为中国后期封建社会的正宗思想。

北宋仁宗时期是闽学的萌芽阶段。一批闽地学者注重对儒家经典研究，不重训诂重义理，提倡儒家道统，宣扬儒家"尽天知性"之说，强调儒家伦理常纲，重视个人的道德修养，并热衷于授徒讲学。代表人物如陈襄、郑穆、陈烈、周希孟等"闽中四先生"及刘彝、黄晞、章望之等耆儒。在"闽中四先生"中，陈襄最为重要。陈襄（1017－1080年），字述古，福州侯官（今闽侯）古灵人，曾任浦城等地方官多年，注重办学，曾劝县中富人出资建筑学舍三百楹，自己也常为诸生讲学，并作《劝学》，劝使年青人就学。其施政多效古人所为，平日以讲求民间利病为要务。其殁后，书箧中皆满纸小字书写有关人民疾苦之事。陈襄主张以仁义治天下，用封建伦理纲常来规范人们行为。《宋元学案·刘胡诸儒学案》中说："闽中自古灵先生倡道，其后游(酢)、杨(时)、胡(安国)三子得程氏之传。"可见陈襄是闽中最早推行理学的先驱。郑穆(1022－1092年),字闳中,侯官人,《宋元学案·古灵四先生学案》称其"深造于道,心仁气正,勇于为义,文博而庄";其言行以圣人为法,进退容止依《礼经》。刘彝(1022－1091年),字执中,闽县(今福州市)人。据《三山志·公廨二·庙学》载,熙宁二年(1069年),神宗问刘彝:胡瑗与王安石哪个文章好?刘彝回答:胡瑗以道德仁义教东南学生,而从王安石学的则准备考进士。圣人的道理,有体、有用、有文。凡是君臣、父子、仁义、礼乐历久而不变的叫做体;诗书、史传、子集能流传后世作参考的叫做文;治理天下,使恩德普及人民的叫做用。国家历朝取士,不注重体和用,但注重浮华的文章,所以风俗浅薄。胡瑗在宝元、明道年间(1038－1040年),明体用之学,所教授的学生,有二千余人。现在学者能懂得体用是政教之本,都是胡瑗的功绩。胡瑗是中国理学发端时期著名的"宋初三先生"之一,刘彝为胡瑗高足,其重道德而轻科举、重儒家性理之学而排斥词章之学,与胡瑗是一脉相承的。黄晞(?－1057年),字景微,自号聱隅子,建安(今建瓯)人(按:《四库全书总目》言黄晞为蜀人,实误。《玉壶清话》、《闽书》、《宋元学案》、《八闽通志》皆以黄氏为闽人)。一生无职无官,以潜心于儒学著称。精研《春秋》、《周易》,曾说:"左氏凡例,得圣人之微;郑康成象数,极天地之蕴。"(《聱隅子·生学篇》)时中国理学"宋初三先生"之一的石介闻其名,欲聘其讲学,固辞不就。其"书中言论不诡于正,体裁文句皆规抚扬雄《法言》。王应麟《玉海》直著为儒家,似可无愧也"(《四库全书总目》)。其《聱隅子》阐发圣人道义之隐微和古今治理之得失,在道德修养上强调学与行,认为人的仁义礼智等道德品质,都是后天形成的。章望之(1021－1062年在位),字表民,浦城人。多次辞官不任,钻研学术,长于议论。推崇孟轲性善说,提倡儒家之学,认为仁义礼智皆出于性,强调"养心治性"等。

北宋末与南宋初是闽学的创始阶段。二程洛学入闽,在福建得以很好的传播和阐发。这一阶段是洛学到闽学发展中不可缺少的中间环节。其代表人物如"南剑三先生"杨时、罗从彦、李侗。杨时(1053－1135年),字行可,后改字中立,号龟山,将乐人。杨时29岁时和游酢往河南颍昌拜程颢为师,学业突出,成为程颢最得意的门生。杨时离开颍昌时,程颢出门相送,谓"吾道南矣"。41岁时,又与游酢往洛阳拜程颐为师,有程门立雪的故事。杨时继承发展了二程"理"的最高范畴,认为:"天下万物,理一分殊,知其理一,所以为仁,知其分殊,所以为义,权其分之轻重,无铢分之差,则精矣。"(《宋儒杨文靖公集》卷二十《答胡康侯其一》)他认为天下万殊之物,都是由一理之本派生出来的,而这一理之本又规定了万物之所以是殊异的。杨时提倡由诚意正心,推之以"平天下"的内外合一之学,强调人心、道心、天理、人欲的区别。杨时在二程和朱熹之间起了承前启后、继往开来的作用。罗从彦(1072－1134年),字仲素,人称豫章先生,南剑沙县(今沙县)人。他是杨时直传弟子,在杨门弟子一千多人中,最被杨时所器重。他以儒家"仁"学为本,直接继承了二程以"穷理"为主的学说和杨时"致知必先格物"的"理一分殊"说,创造了富有自己个性的静中观理的主静说,主张穷理、无欲、行"理之所必然"。

他建立了以抨击封建政治弊端和维护封建纲常名教为主的理论体系,主张"朝廷立法不可不严,有司行法不可不恕"(《罗豫章先生集》)。他强调在上位者进行道德修养和严格要求自己的必然性,认为:"士之立身要以名节忠义为本。"(同上)李侗(1093－1163年),字愿中,南剑州剑浦(今南平市)人。李侗是罗从彦学生,又是朱熹的老师。他教朱熹看圣贤言语,使其顿悟异学之失,于道日进。他主张默坐澄心以体验"未发"以前气象,并强调"天理论","其语论道,必以明天理、正人心、崇节义,励廉耻为先"(《李延平集》卷四《李先生行状》)。"南剑三先生"对促进闽学思想的成熟起了重要作用。"二程之学,龟山得之而南传之豫章罗氏,罗氏传之延平李氏,李氏传之朱氏,此一派也。"(真德秀《真文忠公读书记》卷引)说出其传承关系。除此之外,游酢、刘勉之、刘子翚等或在传播二程之说中起重要作用,或与朱熹关系极为密切。游酢(1053－1123年),字定夫,号广平,建阳人。游酢于宋熙宁五年(1072年)开始听程颢讲授理学,元丰四年(1081年)将29岁的杨时引荐给程颢,因此游酢从学程颢要比杨时早十年。游酢传播"二程"理学主要功绩在于将程颢平时言行记录整理成《明道先生语录》,朱熹整理《程氏遗书》、《伊洛渊源》等书时,都采用了游酢整理的史料。刘勉之(1092－1149年),字致中,号草堂,崇安县人。以乡贡入太学。时伊洛之学不传,刘勉之和胡宪每在深夜待同舍生睡熟后,暗暗抄写默读。后离太学拜杨时为师,常在武夷山与刘子翚等人论道讲学。朱松临终时托以后事,并教儿子朱熹对刘勉之以老师称。刘勉之对朱熹耐心教育,将爱女嫁于朱熹。刘子翚(1101－1147年),字彦冲,号病翁,崇安县人。曾以主管冲佑观名义隐居五夫屏山下讲学传道,深研《周易》17年,与朱松来往密切,并收朱熹为学生。

南宋绍兴至淳熙年间,是朱熹思想体系形成时期,也是闽学成熟发展阶段。朱熹(1130-1200年),字元晦,号晦庵,他继承、发展了二程思想,对北宋以来的理学思潮进行了一次全面总结,建立了一个客观唯心主义的思想体系,集诸儒之大成。朱熹发挥了"理一分殊"说,指出"万物皆有此理,理皆同出一原,但所居之位不同,则其理之用不一"(《朱子语录》卷十八)。认为总合天地万物的理,只是一个理,分开来,每个事物都各自有一个理,然千差万殊的事物都是那个理一的体现。朱熹的理,有多方面含义:理是先于自然现象和社会现象的形而上者,理是事物的规律,理是伦理道德的基本准则。朱熹第一次系统地论述了理气关系,认为任何事物都有理有气,但理是"本",众理之全体,便是太极,人人有一太极,物物有一太极,太极散在万物,如月亮印在万川。朱熹不讲天命而讲理,全面系统地把封建的道德、政治包括在"理"之内,使闽学比汉以后历代儒学思想都高出一筹,成为哲学化的政治学和道德学。朱熹提出了系统的格物致知说和知行学说,建立起完整的人性学说和有关修养方法学说。有资料可查的朱熹门人为511人,其中闽籍学者对闽学贡献最大的有如:蔡元定(1135-1198年),字季通,建阳县人,由于他对闽学有重要贡献,人称他为"闽学干城"。朱熹疏释《四书》,撰写《通鉴纲目》、《近思录》等,多由蔡元定往复参订。《易学启蒙》也是元定起稿,朱熹改定的。人称蔡元定学问"多寓于文公集中"。其《皇极经世指要》为闽学中象数学的代表作。黄干(1152-1221

年),字直卿,号勉斋,长乐人,黄干是朱熹女婿,25岁起至朱熹卒,始终从朱熹学。他对朱熹学说有发展,丰富了闽学的内容。朱熹偏重于理论论证,黄干则强调理的应用,黄干还编有《晦庵先生语录》四十六卷等。南宋末黄震言:"朱熹门下人材虽多,而能真得师传,为有体有用之学者,当推黄干。"(《黄氏日钞》)陈淳(1158-1223年),字安卿,漳州龙溪北溪人,人称北溪先生。陈淳忠于朱学,并有发展。他认为天是理和气的统一,论证了理不离气的思想,发挥了朱熹的心性学说。真德秀(1178-1235年),字景元,后改希元,浦城人,为朱熹的再传弟子。真德秀恪守朱熹学说,且有所发展。他强调理不离气,理在事中,但又承认仁义礼智之理先于事物而存在,主张把道德原则贯彻到实际行动和具体措施中去。

元代靠天时地利,闽学进一步发展。一方面元代统治者大力褒奖朱熹学说,另一方面福建涌现出许多研究、继承闽学的人才,他们都从不同方面进一步丰富和阐发了闽学。其代表人物如:熊禾(1247-1312年),字位辛,建阳人。他于武夷山中读书讲学,毕生致力于精研和传播闽学。他将朱熹章句集注"四书"和孔子整理"六经"并列,视为不朽功业,并认为朱熹是孔子第二。他对朱熹学说有深刻的理解,揭示了其本质:"周东迁而夫子出,宋南渡而文公生。世运升降之会,天必拟大圣大贤以当之,三纲五常之道所寄也。"(《考亭书院记》)他立志要像黄干那样阐发朱熹的学说,其一生著述活动,主要用朱熹的学说观点注释儒家经典。元人许衡称"其真才实学,著书立言实有功于文公也"(《熊勿轩集序》)。陈普(1253-1325年),字尚德,宁德人。他是朱熹三传弟子,一生以专心致志于朱熹学说为己任,精通朱熹性命义理之学,主要从事讲学和著述。他认为理是世界万物的本原,理通过阴阳二气产生世界上形形色色、千差万别的事物。黄镇成(1286－1351年),字元镇,生于光泽县,后定居于邵武。于邵武城南筑"南田耕舍",全心著述,为当时有影响的理学家,其《中庸章旨》、《性理发蒙》等为时人所推崇。吴海(1322－1387年),自号鲁客,闽县人。一生从事授徒与著述,他以朱熹学说为治学根据,后人称其学说为醇正的朱熹之说,是朱熹的真正继承者。清人蔡衍锟指出:"先生(吴海)平昔所学者周程张朱之道,故凡一言一行无非出于大中至正。……闽学之倡也始于龟山(杨时),其盛也集于朱子,其末也振于西山(真德秀)……向非有先生(吴海)之辟邪崇正,傺然挺出于绝续之间,何以继已往而启将来哉?"(《闻过斋集序》)

明代,由于统治者提倡和推崇,朱熹学说在全国曾极为盛行,嘉靖初年出现王阳明学说后,朱熹学说开始由盛趋衰。但闽学在福建不但长盛不衰,还有创造性的发展。闽学者们不为外界异端所惑,坚持以朱熹学说为正宗。其著名人物如:陈真晟(1411－1473年),字晦德,号剩夫,生于镇海卫(今漳浦),迁于龙岩。他把朱熹学说概括为治心之学,认为:"不可不先得朱子之心,欲求朱子之心,岂有外于《大学或问》,所详居敬穷理之工夫乎?"(《陈剩夫文集·上当道书》)《大学或问》是朱熹所著,故清人张伯行说:"陈剩夫先生……得程朱正学之奥。"(《正谊堂文集·陈剩夫文集序》)蔡清(1452－1508年),字介夫,号虚斋,晋江人。他在与明代初期心学派的论战中逐步形成了自己的体系,他全力捍卫朱熹学说,其理学代作

《四书蒙引》,凡"合于文公者取之,异者斥之,使人观朱注玲珑透彻,以归圣贤本旨"(《蔡虚斋文集》附录)。清人蔡廷魁评曰:"文庄公崛起于明,远寻坠绪。殚毕生精力,著《易》、《四书蒙引》,阐孔孟之微言,发明濂洛关闽之正学,刊学宫而布天下,至今学士文人确守其说毋变。钩深括奥,振落抉衰,文庄公讵非紫阳(朱熹)功臣哉?"(《蔡文庄公集序》)林希元(1482-1507年),字茂贞,号次崖,同安人。他的《易经四书存疑》、《林次崖文集》等,皆为研究理学名著。他把太极看成比理更根本的东西,提出自己的言论,以朱熹学说为宗并有发展。黄道周(1585-1646年),字幼平,漳浦人。他以朱熹理学为指归,对王学和朱学进行调和,是著名的儒学大师。

　　清代福建理学更为盛行,乾隆皇帝曾称福建为理学之乡。福建一些诸如鳌峰书院等著名书院,培养了大批理学人才。几十种诸如《濂洛关闽书》等闽学著作风行一时。乾嘉时代,汉学几成一尊之局,但福建理学不但愈趋兴盛,并有发展。"至天下之士宗闽学焉"(清陈庚焕《惕园初稿·拟重修福州文庙碑》)。可见闽学在全国的影响。清代福建研习理学,并卓有成就者人数众多,在闽地的如童能灵、郑文炳、陈绰、蔡日光、林赞龙、金荣镐、阴承方等,由于他们的努力,理学在福建从来没有这样全面深入传播过。此外,福建一些著名的理学家,还借外出为官等机会,将福建理学传遍全国,如龚景瀚、李光地、蔡世远、兰鼎元、吴应麟、雷铉、孟超然、陈庚焕等。

二 闽学特点

闽学在长期的发展过程中,形成了自己的特点。

闽学从其产生到终结,始终是呈动态,是不断发展的。闽学虽然是以朱熹理学思想及其学派的确立为主要标志,但它不是凝固的、静止的、一成不变的,而是不断发展的。朱熹殁后,福建理学家并没有把朱熹学说当作教条死守,并不只囿于对已有的学说阐发和证明,而是进一步发展了朱熹的学说,在许多方面有创新和深化,由此进一步拓展了闽学,使其更能适应时代的要求,也从各个方面丰富了闽学的内涵,完善和充实了朱熹学说的范畴。"问渠那得清如许,为有源头活水来。"这也正是闽学一直长盛不衰、保持活力的主要原因。闽学的发展主要表现在六个方面:1、补充。如蔡元定提出"数即理,理即数,在天为五行,在地为五行,在人为五常"(《西山集·答江功书》)。他认为理为阴、阳二气,阴阳中又有阴阳,以至无穷。补充了朱熹关于理生气,气生万物的逻辑结构中的若干环节。2、发挥。如黄干在体用问题上,发挥了朱熹之说,指出:"所以为阴阳者,亦不出乎二也。""非其本体之二,何以使末流无往不二哉?"(《黄勉斋先生文集·复杨志仁》)他认为道之体不是一,而是二。真德秀发挥了朱熹的心性说,把内外体用之学变成"成己成物"之学,主张以成己为体,成物为用。熊禾在阐述朱熹言论思想时,发挥了朱熹的主敬说,指出:"敬者贯万事统万理而为万物之主宰者也。"(《敬斋铭箴跋》)他还发挥了朱熹求实思想,指出:"余壮而读书颇识《大学》知行之要,益求实事,不竞虚文。"(《谢贡举启》) 3、改动。如蔡清曾指出朱熹著作的失误之处,并把朱熹的"理先气后"改为"理气一致",他指出:"尽六合皆气也。理则是此气之理耳。先儒必先有理而后有气及理生气之说,愚实有未所详。"(《太极图解》)他认为朱熹关于理先气后、理生气的说法是不妥当的,应该是理气合一,无有先后。朱熹用"人心惟危,道心惟微,惟精惟一,允执厥中"释儒家道统,蔡清则对这"十六字诀"作了自己的独到解释,还引进了"格物致知"、"诚意正心"等。再如在知和行关系上,林希元不同意朱熹的先知后行,提出了行先后知。清代福建理学家雷鋐曾指出:"即尊朱子之学者,亦有以知止合听讼为一节,以为格物不待补云云。"(《经笥堂文钞》)不少福建理学家认为朱熹的观点不一定都对,一些与朱熹言行相违背的不一定都是异端。4、超出。如朱熹把太极当作理之极至,陈淳则把太极当作一物,产生天地万物之物。在理气关系上,朱熹把气作为产生世界万物的中间环节,陈淳却认为理在气中,理通过气体现,把理和气合而为一了。再如,朱熹提出"存天理,灭人欲",林希元却指出"以己之所欲度乎人,知人之所欲同乎我"(《罗子号推吾说》),认为人之有欲,为人之常情,这就超出了朱熹一筹。5、创新。全祖望曾评曰:"蔡氏父子兄弟祖孙,皆为朱学干城。而文正(蔡沈)之《皇极》,又自为一家。"(《宋元学案·九峰学案》)其"自为一家",即指蔡沈与朱熹学说相悖。虽然蔡沈为"朱学干城",但却有自己的观点。如朱熹主张天即理,一向认为体用一源、理物一致,蔡沈却主张理要限制在数的范围之内,要理物分开、体用割裂。童能灵用天人合一观点论说伦常纪纲,亦为发前人所未发。6、总结。陈真晟把程朱理学的本质总结为治心之学,对朱熹学说作了进一步的发展。不少福建理学家对朱熹学说的重要范畴做了探讨和总结,为闽学开拓了新的思想境界。

包容性。闽学善于采纳各家之长而加以融会贯通,并允许多种派别存在,这对构造自己庞大思想体系是极为有益的,这也正是闽学比汉以后历代儒学思想都高出一筹的原因。其包容性,主要表现在三个方面:1、善于吸收理学中各种不同派别观点。宋代理学学派繁多,各个学派之间既有相同之处,又互相区别。闽学采纳了周敦颐的"濂学"、邵雍的"象数学"、张载的"关学"、二程"洛学"中之精华,并加以阐述发挥和改造。闽学在以朱熹为核心的鼎盛时期,与其他学派有着广泛的交流。如胡氏父子(胡安国、胡宏)和张栻创立的湖湘学派、吕祖谦创立的浙东婺学学派、陈亮创立的永康学派、薛季宣等创立的永嘉学派、陆九渊创立的象山学派等,与闽学学派都有密切往来。2、善于汲取佛道中的精华。特别是佛教与闽学关系极为密切。福建早期理学家就有信佛的传统。如游酢曾向禅师乞指明心要,"后博阅释典,谛信不疑"(清元贤《建州弘释录》)。虽然朱熹最终弃释归儒,但佛教对他的影响是极深的,他的许多思想,都直接脱胎于佛教。闽学中的代表人物与佛教关系也极为密切。如刘子翚对佛教有精深研究,对朱熹也产生了直接影响。"其《刘屏山集》诗,往往多禅语。……先生常语文公曰:'吾少官莆田,以疾病时接佛老之徒,闻其所谓清净寂灭者,而心悦之。比归读儒书,而后知吾道之大,其体用之全,乃如此。'故文公讲学,初亦由禅入。"(清王渔洋《池北偶谈》)即使后来反对佛教的李侗,也曾受到佛教极深影响,他曾言:"圣学末有见处。在佛学中,有绝嗜欲,捐想念,即无往以生心者,特相以游。"(《李延平集》卷四《李先生行状》)由于受佛教影响过深,所以他在反佛教同时,又用僧侣主义来禁锢人们的心灵。可见佛教对他的影响,是不以他的意志为转移的。真德秀平时喜读佛经,通其旨趣,并以解说儒典,多有创见,最后冠带端坐而逝。道教文化与闽学关系也极为密切,许多闽学学者采撷道教哲学,汇入自己思想体系中。3、包容各种学派。闽学中派别众多,各有自己的学说、师承和书院,因而形成各自不同的特点和学风。由此互相促进,丰富拓展了闽学的领域。仅宋代,郭毓麟在其"论宋代福建理学"中,认为有十二派,即杨时的"一元派"、胡安国的"致知派"、陈瓘与胡寅的"主心派"、罗从彦的"义理派"、李侗的"心气合一派"、胡宏的"心性派"、朱熹的"穷理致知派"、蔡元定的"数理派"、蔡沈的"范数派"、黄干的"一本派"、陈淳的"道理派"、真德秀的"象理派"等。今人一般认为,闽学中较重要学派如陈淳、黄干为闽学正统派,蔡元定、蔡沈为闽学象数派,真德秀、林光朝、林亦之、陈藻、林希逸等为闽学中心学派,陈旅、陈茂烈、林希元、陈弟等为闽学折衷派,黄镇成、林兆恩等为闽学三教合一派,王春复、杨应诏、林俊等为闽学经世致用派和主气派。

　　注重节义,勤政爱民。闽学学者大都能身体力行儒家的义理,有强烈的务实精神和事业心,他们注重自身道德修养,讲究清正廉洁。闽学学者注重节义,一直有着优良的传统。早期闽学代表人物杨时拒割三镇,反对议和;罗从彦积极主张抗金,大力提倡名节忠义和廉耻等道德风尚;李侗"其语治道,必以明天理、正人心、崇节义、励廉耻为先"(《朱文公集》卷九十七)。早期闽学较强的民族精神对闽学的发展产生了深远的影响,如南宋黄干、蔡清、陈淳、真德秀等都注重民族气节,坚决反对屈膝求和,主张抗金。元朝熊禾、吴海入元不仕,不为异族服务;陈普亦誓不为元官,元朝三使辟官为闽省教授,他坚拒不诏;明代黄道周被捕不屈而死等,皆具有爱国热情和崇高的民族气节。清代刘存仁、陈庆镛等都希望国家昌盛,反对侵略。闽学学者中有不少从政者,如朱熹可考的闽籍门人172个中,曾从政为官者达67人,他们大都勤政爱民,政绩卓著。朱熹不是关闭在书斋里的学者,他关注国家民族兴亡,关心民间疾苦,强调当官要廉洁奉公,认为"官无大小,凡事只是一个公字,若公时做得来也精彩"(《朱子语类》卷一一二)。朱熹抨击那些不关心民间疾苦、不管是非曲直的昏官:"当官者,大小上下,以不见吏民,不治事得策。曲直在前,只不理会,……风俗如此,可畏!可畏!"(《朱子语类》卷一○八)朱熹从政生涯中,政绩显著。真德秀为官常用"廉仁公勤"四字督察和勉励部下,他曾设立惠民仓、社仓、慈幼仓和置义田等,于政事优勤。"或劝啬养精神。德秀谓:无以惠民,仅有政平讼理,事当勉耳。"(《泉州府志》本传)明代周瑛为官多年,能秉公办事,他指出:"以理处物是谓之义,以心处理是谓之利。……求仁惟公为近。惟公之至,斯理之尽。"(《翠渠诗文集·抚州府正义堂铭》)他认为,为官办事要公,公即理,即仁、义。明代蔡清对自己提出做官原则是:"一身之利无谋也,而利天下则谋之;一时之利无谋也,而利万世者则谋之。"(《艾庵密箴》)他能关心民间疾苦,政绩受到时人称颂。清代兰鼎元为官清廉,办案迅速,出巡所辖各地皆体察民间疾苦,纠正冤案,人称包公复生。雷鋐为官时提出:"爱民生即所以为国计,不可分为两途。"(《经笥堂文钞·与周抚军书》)认为做官要依理而行,克己爱民。

勤于著述,并轻训诂重义理。闽学学者大都学习刻苦,常以"咬得菜根,则百事可做"(《谢上蔡语录》卷十)自勉。刻苦治学,故学问渊博,著述宏富。除朱熹是公认的百科全书式的人物外,其他一些著名的闽学家也大都著作等身。仅以南宋为例,如黄干著有《周易系辞传解》、《论语注语问答通释》等十余种书;蔡元定撰有《皇极经解》、《大衍详说》等六种书;蔡沈撰有《洪范皇极》、《至书》等四种书;陈淳撰有《中庸大学讲义》、《四书性理字义》等十余种书;真德秀撰有《大学衍义》、《心经》等近二十种书。元明清的熊禾、陈普、陈真晟、周瑛、蔡清、陈琛、林希元、陈第、黄道周、李光地、蔡世远、兰鼎元、雷鋐、孟超然等著名闽学家,人人著作等身。闽学家撰有极为浩繁的著作,也是闽学能从闽地走向全国、乃至世界的主要原因之一。值得注意的是,闽学家们都继承了朱熹重义理、轻训诂的治学方法,不注重烦琐的文字训诂和名物的考证,而是通过注释来阐述书中义理,实际上是通过注释来表达作者的理学思想。有时为了更好地表达自己思想,在注释经书时并不完全拘泥于原作,正如《四库全书总目提要》经部总叙所说:"凡经师旧说,俱排斥以为不足信。"还必须提到的是,闽学家们浩瀚的著作中不仅仅局限于理学,对其它一些领域也多有涉及。仅以乐理为例,蔡元定、童能灵、李光地等,都有精要的论述,在中国乐理史上占有重要位置。

注重收徒讲学,热衷于教育。除了朱熹本身是个大教育家外,著名的闽学学者大都有收徒讲学的经历,有的长期乐此不彼,由此形成一种传统。如黄干为官时白天忙于公务,晚上则讲学未辍。朱熹高弟门人陈淳曾长期从事讲学。熊禾是元代著名的教育家,曾筑洪源书堂、武夷书堂,主持建阳鳌峰书院。陈普一生专门从事讲学。吴海一生也以授徒为业。蔡清一生热爱教育,讲学不辍。陈琛积极从事教育,32岁时设讲席于泉州学宫,后又结庐紫帽峰下授徒,门人遍全国。陈紫峰设学宫,开讲所,立意教学。林希元重视教育,认为"人才之成否在学校"(《赠龙岩学博贺君奖励序》),且教育思想有一定特色。蔡世远曾接替其父主讲数百年来以传授朱子学而著名的福州鳌峰书院,听者恒千百人。童能灵曾在冠豸山下讲学,并应邀主讲于漳州芝山书院。孟超然曾主讲于福州鳌峰书院。闽学学者对教育的热爱,诲人不倦,对闽学的传播也起了积极作用。

深远的影响。在中国历史上,还没有任何一个学派有像闽学这样产生过如此深远的影响:作为闽学核心的朱熹学说其理论价值被统治者认识后,逐渐成为控制整个国家社会意识形态的官方哲学,成为政治、法律、道德、艺术、教育等上层建筑各个领域的指导原则。南宋末朝廷开始褒奖朱熹学说,整个元朝更是朱学天下,考试必须由朱熹所定"四书"出题,立论不能超过朱熹《四书章句集注》的范围。明代比元代更加提倡、推崇朱熹学说,考试仍以朱熹学说为主要内容。清代统治者认为朱熹学说是最好的思想武器,因此仍沿用元明以朱熹所定"四书"及其注释为国家考试和学校教育基本课本。有人把孔孟称为第一期儒学,把宋明理学称为新儒学。可以毫不夸张地说,没有闽学,就没有理学;没有理学,就没有新儒学。佛学东渐后,有的国家曾把它立为国教,可见其影响力之大。佛、道、儒在我国长期共存,有时佛学盛极一时(如唐代),似有要一统天下之趋势。但由于闽学及时为儒学注进了新内容,由此给中华民族带来了强大的民族凝聚力,使中华民族最终以儒学而不是以佛、道为凝聚点。其讲求"立意"、"修身",以求达到"内圣外王"、"治国平天下",强调人的社会责任感、历史使命感、民族感等,是有积极意义的。闽学还传入日本、朝鲜、越南、新加坡等东南亚国家,并和这些国家的社会现实相结合,产生了日本朱子学、朝鲜退溪学等,成为14世纪后东方文化的主流。闽学还传入欧美,近年来西方研究朱熹之说极为活跃,开过多次研讨会,使之成为世界性学说。因此,闽学不仅属于福建、属于中国,也属于世界。

第三章 史　　学

一　闽籍史学家著述特点

福建虽然至唐才大规模开发,但至宋后,史学人才层出不穷,许多闽籍史学作者著作在中国史学发展上占有相当重要的地位。其主要特点有以下三个方面。

(一)著述面广泛,各种体制无所不包。《四库全书总目》史部将史学体例分为九大类,闽籍史学人才的著作几乎全部涵盖。编年类有:宋代崇安人胡宏的《皇王大纪(八十卷)》,宋代建阳人熊克的《中兴小纪(四十卷)》,宋代莆田人陈均的《宋九朝编年备要(三十卷)》,宋代崇安人江贽的《少微通鉴节要(五十卷)》,明代诏安人吴朴的《龙飞纪略(八卷)》,明代晋江人黄光升的《昭代典则(二十八卷)》等。纪事本末类有:宋代建安人袁枢的《通鉴纪事本末(四十二卷)》,清代蓝鼎元的《平台纪(十一卷)》等。别史类有:宋代莆田人郑樵的《通志(二百卷)》,明代莆田人柯维骐的《宋史新编(二百卷)》,明代泉州人李贽的《藏书(六十八卷)》、《续藏书(二十七卷)》,明代仙游人唐大章的《书系(十六卷)》等。杂史类有：宋代邵武人李纲的《建炎时政记(三卷)》，明代建安人杨荣的《后北征记(一卷)》，明代晋江人俞大猷的《洗海近事(二卷)》，明代惠安人李恺的《处苗近事(一卷)》，明代莆田人郭应聘的《西南纪事(六卷)》，明代自题曰"闽人"黄俣卿的《倭患考原(二卷)》等。诏令奏议类有：宋代仙游人陈次升的《谠论集(五卷)》，宋代李纲的《李忠定奏议(六十九卷)》，明代莆田人黄起龙的《留垣奏议(四卷)》等。传记类有：宋代朱熹的《伊洛渊源录(十四卷)》、《名臣言行录(前集十卷、后集十四卷、续集八卷、别集二十六卷、外集十七卷)》，清代安溪人李清馥的《闽中理学渊源考(九十二卷)》，明代晋江人徐缙的《精忠类编(八卷)》，明代漳浦人蔡保祯的《孝纪(十六卷)》，明代莆田人宋端仪的《考亭渊源录(二十四卷)》，明代莆田人林塾的《拾遗书(一卷)》，明代瓯宁人李默的《建宁人物传(四卷)》，明代闽县人徐𤊹的《榕阴新检(八卷)》，明代侯官人陈鸣鹤的《东越文苑(六卷)》等。史钞类有：明代莆田人方澜的《读书漫笔(十八卷)》，明代长乐人谢肇淛的《史觿(十七卷)》，明代古田人余文龙的《史蛮(二十五卷)》，明代德化人文德翼的《宋史存(二卷)》，明代晋江人俞文龙的《史异编(十七卷)》，清代晋江人陈允锡的《史纬(三百三十卷)》等。地理类有：宋代建阳人祝穆的《方舆胜览(七十卷)》，明代莆田人姚虞的《岭海舆图(一卷)》，明代人谢肇淛的《滇略(十卷)》，明代侯官人曹学佺的《蜀中广记(一百零八卷)》、《舆地名胜志(一百九十三卷)》、《蜀中名胜记(三十卷)》，明代龙溪人张燮的《东西洋考(十二卷)》，明代怀安人廖世昭的《志略(十六卷)》，清代晋江人潘鼎珪的《安南纪游(一卷)》等。目录类有:清代侯官人林侗的《来斋金石考(三卷)》。史评类有:宋代晋江人吕夏卿的《唐书直笔(四卷)》,宋代晋江人吕中的《大事记讲义(二十三卷)》,宋代崇安人胡寅的《读史管见(三十二卷)》,明代南平人赵弼的《雪航肤见(十卷)》,清代晋江人黄鹏扬的《读史吟评(一卷)》,清代邵武人施鸿的《澄景堂史测(十四卷)》等。

(二)体例上突破创新,开一代风气。如宋代郑樵的《通志》,是以人物为中心的纪传体通史,体例仿照《史记》而有所创新。《通志》发挥了通史作用,从司马迁到郑樵,中间经过一千二百多年,史学著作不少,但仅有断代史和杂史,郑樵《通志》以其通和博的特点,发挥了通史的作用。全书五百多万字,其"总序"和"二十略"是全书的精华。郑樵编著《通志》,大部分精力都用在二十略上。其略就是一般史书里的志。《氏族略》、《都邑略》、《昆虫草木略》是对刘知几增三志主张的发展。《六书略》、《七音略》也是创造。《艺文略》、《校雠略》、《图谱略》、《金石略》对正史《艺文志》有所创新。除礼、器服、选举、刑等略外,其余各略也有新意。以《艺文略》为例,首先是著录了图书10912部、110972卷,这个数目是空前的,基本做到了"纪百代之有无";更重要的是"处多有术",建立了新的分类体系,"虽多而治",给编制全国综合性古今图书系统目录开辟了广阔的道路。《通志》的体系和编纂方法对后代史学产生了较大影响,如清代乾隆年间曾仿照《通志》,修撰了《续通志》、《清通志》,以后形成了所谓"九通"体系专著。袁枢的《通鉴纪事本末》融纪传、编年而为一,创造了一种新的史学编纂体例——纪事本末体,它克服了编年体和纪传体"首尾难稽"

的缺点,并能做到"文省于纪传,事豁于编年",这在史书体裁上是一大进步。在其影响下,明清时期产生了13种纪事本末体史籍,形成了历史编纂学方面的一大流派,为我国史籍体系的多样性、连续性特点增加了新的内容。朱熹、李幼武的《宋名臣言行录》(其中朱熹撰前集十卷、后集十四卷)是一部重要传记资料,其主要贡献是首创一种以人系事、注明出处的编次方法。作者将所收各人大致按生平排列,先以两三行地位作概括介绍,如字号、里贯、时代、官职、谥法等,然后录其主要事迹言行。尤其是所录诸条,逐次注明出处,不但一人始末事迹可以概括了解,且可根据书中提示材料作进一步搜集研究,极为方便。这种编纂方法,对后世传记资料的收集编纂产生了深远影响。何乔远的《名山藏》共109卷,分类叙述各类人物,是明代私家纂述的一部纪传体明史。其特点是多取自当时流传的野史、笔记、遗闻。有些取材是正史家视而不见的,如《方技记》实际上为科学技术家列传;《货殖记》记述了江南大地主发家情况,以及明季手工业和商业情况;《王享记》除了记述外国及西域诸地情况外,还收有海西女真和建州女真的有关材料,可谓别开生面。何秋涛的《朔方备乘》是清代研究西北史地的重要著作,书中不仅把前人对东北、新疆、蒙古的史地研究成果熔为一炉,而且把研究范围扩大到域外史地。作者在体裁上的独创,是将历史地理的研究与边疆地区各民族的历史、习俗、源流等方面结合起来,集纪传、编年、纪事本末、考订、注释为一体,综合立体地反映这一领域研究成果。陈梦雷主持的《古今图书集成》,是中国现存完整的一部类书,共一万卷,它在许多方面都有创见:在分类上,其详细程度超过以前所有类书；在编排上，系统而且全面。它还打破了类书以分类介绍史事为主的范例，很多部门都有列传，具有近代化百科全书的优点。

(三)提出新颖的史学思想，表现出卓越的史识。如郑樵提出了著书要独出心裁，创立凡例，成就一家之言；编纂史事要统一体例，要重视核实材料、区分类例和考镜源流等较为科学的治史观，表现了严谨的学风。袁枢认为治史应"有补治道"，寓道于史，要在史学发展史上有所创新，"成一家之言"。朱熹把"理"一元论从哲学领域引入史学领域，使其史学具有哲学思辨性，试图建立"天理"与"史事"统一的史学体系，提出明正统、斥篡贼、立纲常、扶名教等史学观，对封建社会后期产生了深远的影响。李贽将其离经叛道思想引进史学研究中，提出不以孔子的是非为是非的历史标准，反对"践迹""执一"的历史保守观，主张"与世推移"的史学观，其《藏书》、《续藏书》、《史纲评要》等史学著作，表现出力主解放，不囿传统的史学思想。

福建有不少著名人物，虽然不专门从事史学著作编写，但由于他们的著作中或记录了当时的情况，或集佚了有关史料，所以也引起史学家的关注，其著作在史学界也占有一定地位。如南宋末年爱国诗人郑思肖的《心史》如实记述了南宋灭亡、蒙古兴起及元代初年的一些史事，因受理学家影响，认为"天地万化，悉自此心出"，因名其书为《心史》。由于南宋遗民手笔的一些史料多经元人窜改，《心史》则得以保持其原来面目，再加上所记皆亲身见闻，故其史料价值更是弥足珍贵。明代南安人郑鸿逵是明末抗清的武将，但其《及春堂集》却涉及了许多南明的史实,为研究南明历史的重要资料。明代惠安人王忠孝曾参与郑成功军国大事的策划,并随郑经入台,其《王忠孝公全集》涉及与郑成功等书札多封,为研究郑氏抗清的珍贵史料。明代晋江人黄景昉的《国史唯疑》,通记历朝人物遗事,后半卷专记闽事,可补史传不足。其《宦梦录》追记万历四十三年至崇祯十六年间近30年朝政见闻,有助于研究明末历史。明代长乐人谢杰曾册封琉球,其《虔台倭纂》记载了当时倭寇对我国东南沿海的骚扰和军民的抗倭斗争,是研究明代抗倭斗争的重要史料。宋代宁化人郑文宝的《南唐近事》泛记南唐李昇、李璟、李煜三世40年间事,半为史实故迹实录,半为异闻琐事随记,由于作者为南唐旧臣,故可供研究南唐史者参考。明代松溪人魏濬的《西事珥》、《峤南琐记》,均为研究粤西云贵少数民族风俗的重要资料。明代长乐人谢肇淛的《五杂俎(十六卷)》记录了明代政治、经济、社会、文化等方面材料,是研究明末社会的重要史料。

二　福建地方文献

福建地方文献极为丰富。以地方志为例,据有关专家统计,目前可以看到的福建志书(不包括专志)超过300种,保存至今最古老的福建方志,是宋代的《三山志》、《仙溪志》、《临汀志》。《三山志》因是宋淳熙九年(1182年)成书,故也称《淳熙三山志》,为泉州人梁克家主修,陈傅良参与编撰。"三山"是福州的别称,五代时,福州曾一度升为长乐郡,故又名《长乐志》。原书40卷,后人增订2卷,现为42卷。编者采择北宋庆历三年(1043年)林世程纂修的福州志资料,增入庆历三年至淳熙九年计139年事,分为地理、公廨、版籍、财赋、兵防、秩官、人物、寺观、土俗九大类,记载当时福州所辖闽县、侯官、怀安、长乐、福清、永福、闽清、连江、罗源、长溪、古田、宁德12县的历史、自然、社会、人文各方面情况,为传世的南宋方志佳作。《四库全书总目》评说:"其志主于记录掌故,而不在夸耀乡贤、侈陈名胜,固亦核实之道,自成志乘之一体。"《仙溪志》为泉州人黄岩孙于宝祐五年(1257年)编修而成,共15卷。仙溪即仙游县。此志卷一为叙县物产,包括星土局势、道里、乡里、官廨、仓库、县郭、坊表、市镇、宸翰、学校、学田、祀田、社稷、风俗、户口、财赋、夏税、产盐、秋税、货殖、果实、花、草、木、竹、禽、兽、水族、药品;卷二为令佐题名、进士题名,包括知县、县丞、主簿、尉;卷三为衣冠盛事,包括仙释、祠庙、祠堂、冢墓;卷四为人物,包括唐、五代、宋人物。此志横排门类,纵贯古今,内容丰富。元代曾有人重订镂版,后版散卷遗,现仅存抄本四卷。《临汀志》为赵与沐于开庆元年(1259年)编撰,共15卷。临汀是宋代汀州的别称。引志序称以《嘉定赤城志》为例,先郡后县,分门别类记载当地建置沿革、至到、城池、坊里、圩市、桥梁、风俗、形胜、户口、税赋、土产、山川、亭馆、祠庙、寺观、坛遗、廨舍、仓场、库务、邮驿、学校、贡院、营寨、古迹、郡县官题名、名宦、进士题名、武将、遗逸、正烈、仙佛、道释、丛录。此志横排纵叙,临汀古今人、事、物等,皆有详尽记载,是一部研究宋以前闽西社会的珍贵史料。原本已佚,幸《永乐大典》中有收录而得以流传。明代可考的福建方志约230种,幸存至今的有80种,其中最著名的总志为《八闽通志》和《闽书》。

《八闽通志》为莆田黄仲昭所编纂,始修于明成化乙巳(1485年),成于弘治己酉(1489年),刊行于弘治庚戌(1490年)。明代福建省共辖八个府,故名《八闽通志》,这是现存的第一部福建全省性的地方志。全志共87卷,载有地理、食货、秋官、学校、选举、坛遗、祠庙、恤政、人物、宫室、寺观、丘墓、古迹、祥异、词翰、拾遗等。内容以所属郡县志为资料,加以增补、考订、删次而成,以事分类,共18;各类之下再分细目,共42,层次分明,统属得法,载述也较详备,正如《四库全书总目》所言:"此书于舆记之中较为详整。"是研究福建及其府、州、县地方史的重要史志。黄仲昭还编纂了《邵武府志》、《兴化府志》、《南平县志》等。《闽书》为晋江人何乔远所编纂,始修于明万历四十年至四十四年(1612—1616年),崇祯元年(1628年)至二年又进行补定,刊印时间为崇祯元年三月至崇祯四年五月间。《闽书》是一部著名的明代福建省志,其价值主要在四个方面:第一,保存了不少明以前罕见的史料。正如《四库全书总目》所评:"闽自唐林谞有《闽中记》,宋庆历中林世程重修之,历南宋及元,皆无总志。明成化间,莆田人黄仲昭始为《八闽通志》,王应山复为《闽大记》、《闽都记》、《全闽记略》,皆草创未备。乔远乃荟萃郡邑各志,参考前代记载,以成是书。"《闽书》保存了许多有关福建地方史以及中国古代政治、经济、军事、文化、中外关系等诸多方面的罕见记载。有些是其它志书所没有的。如伊斯兰教传入我国的时间与途径,摩尼教创始人摩尼的生卒年及该教东渐中国的时间等,都为独家记载。第二,以较为先进的史学观统摄全书。何乔远曾长期生活在深受海外文化影响的历史名城泉州,受到资本主义萌芽的影响,思想较为进步开放,编纂时将其史学家的敏锐视觉和时代精神融铸于书中。如他在《闽书·方伎志》中认为:"予志方伎焉,艺之精者,未始不圣也。"公开把医生、艺人、工匠与圣贤等量齐观,表现出一定的史识。第三,在标题和分类上有创新,表现出作者勇于突破传统的探索精神。书分22志,并标有独特的标题,如:一、分野志;二、方域志;三、建置志;四、风俗志;五、版籍志;六、扦圉志;七、前帝志;八、君长志;九、文涖志;十、武军志;十一、英旧志;十二、方伎志;十三、方外志;十四、宫寺志;十五、闺阁志;十六、岛夷志;十七、灵祀志;十八、祥异志;十九、崔苇志;二十、南产志;二十一、蓄德志;二十二、我私志。第四,是现存最早而卷帙又最多的地方志。全书154卷,荟萃福建八郡一洲57县志。因它的前期资料工作已由各府县完成,这为作者提供了好的条件,使其资料丰富全面,记述翔实周密。

明代福建地方府县志著名的如:《闽都记(三十三卷)》,侯官人王应山编撰。书以坊市为经,山川、寺院、宅墓、古迹为纬,书前有汉、唐、晋、梁、宋、明各代城池图。卷一简述福州沿革历史,后各卷详细介绍福州府各属县的坊巷。《福州府志(七六卷)》,喻政主修,林烃、谢肇淛纂。此书体例完善,书目得当,涉及大量明代福州经济、文化情况,颇具史料价值。《寿宁待志》,苏州府长洲县人冯梦龙任福建寿宁知县时所撰,所以不名县志而称待志,是作者寓"宁逊焉而待之"的自谦之词。作者用第一人称写法,除记载寿宁县的历史、地理、政治、经济及风土人文外,大量篇幅为作者宦游福建时施政活动与政治思想的实录。此书的特点和价值,今人林英、煜奎在福建人民出版社1983年出版的《寿宁待志》"前言"中认为有五：1、尊重客观事实，尊重历史发展；2、借志立传，志传交辉；3、据事直书，无所忌讳；4、采风问俗，考察入微；5、核实"旧志"，订证讹误。此外，一些县志在编纂上采用了一些新方法，如在书前绘列乡贤图像，但后人对此也有不以为然者。《四库全书总目》（卷七三）评建阳人黄璿纂修的《建阳县志》："卷首于舆图之外，增以先贤画象十二。传刻失真，殆可不必。"评曾任崇安训导的天台人李让所撰《崇安县志》："卷首列诸儒图像，自胡安国以下凡十六人，皆具眉目，不可别为某某。仅以题识辨姓名，不知何取，与《建阳县志》所绘同一鄙陋也。"

清至民国，福建总志有五部，各具特点。第一部为康熙二十三年（1684年）郑开极等人修纂的《福建通志（六十四卷）》，虽然影响不大，但毕竟是《闽书》后的第一部福建总志，为下面总志的编撰起了桥梁作用。第二部为乾隆二年（1787年）谢道承等人编纂的《福建通志（七十八卷）》，其最大的特点，一是根据当时旧制沿革已发生的变化现实，"取旧制之烦芜未当者，删汰冗文，别增新事。其疆制度，悉以现行者为断"（《四库全书总目》卷六八）。二是增加了许多旧志未载的内容。"如沿海岛澳诸图，旧志所不载者，皆为详绘补入，足资考镜，于体例亦颇有当焉"（同上）。第三部为乾隆三十三年（1768年）沈廷芳等人主撰的《福建续志（九十二卷）》，其特点是断代志，所载内容自乾隆二年至三十二年止。第四部为道光年间陈寿祺等人修纂的《福建通志》，志稿初成400卷，后由魏敬中主纂，增删为278卷，于同治十年（1871年）刻印成《重纂福建通志》，虽比原来少四分之一强，但质量显然较原稿提高不少。

第五部为民国时期陈衍等人修纂的《福建通志》,也称《福建新通志》,由民国五年(1916年)起创,至民国二十七年(1938年)才续成全书,总计611卷。由于卷帙过于浩繁,因而内容芜杂,有些记载难免考订不精,校雠不当。但此志在保存资料方面,是功不可没的。

清代福建地方府县志中著名的如:《宁化县志(七卷)》,李元仲纂,康熙二十三年(1864年)刻本。此志以土地、人民、政事为纲,纲下按事类分目,为五十目,横排纵写,于一邑古今人、事、物诸大端,每一目均有概述,提纲挈领。在记载上亦有特色,如诗人不独设艺文志,各附本事之后,或附本人传中。土产记载赅博,采选精详。值得称道的是作者敢言利弊损益,美恶盛衰,故此志历来甚得好评,如乾隆《长汀县志序》称:"西蜀《武功志》修自康对山,闽之《宁化志》修自李元仲,海内俱称善。"《汀州府志(四十五卷)》,曾曰瑛等修,李绂等纂,乾隆十七年(1752年)修,同治六年(1880年)刊印。李绂为当时修志名家,故此志体例、内容、笔法多合志体,为当时志书佳构。纵观此志,主要特点有三:一是对旧志中遗漏、差讹之处一一为之补缀、厘正,使之更加完备、充实;二是考订精到,力戒浮华虚妄,凡涉虚诞者,皆不采录;三是务求实用,如详载入清以来当地田赋、户役诸端等。《罗源县志(三十卷)》,林春溥总纂,道光九年(1829年)刊刻,分建置沿革志、疆域志、山川志、海防志、津梁志、物产志等目,记录五代至道光年间所发生的自然、社会等方面事件,其特点是详记山、海环境及其资源,具有较高的参考价值。《福州府志(七十六卷)》,徐景熹修,鲁曾煜纂,乾隆十九年(1754年)刊刻。该志的特点是详述乾隆前百余年名物制度,所征引之处,俱记书目,或有按语,对所疑之处,予以辩明,山川、水流、海防无不备载。《闽县乡土志(八卷)》,朱景星修,郑祖庚撰,现有光绪三十二年(1906年)铅印本,内容分为三大部分:1、历史部分。主要记载闽县历史演变及当地名人贤者;2、地理部分。主要记载乡土之道里、建置及本地先贤祠庙、遗迹等;3、格致部分。主要记载物产、日用所需等。书中所记述的光绪末年闽县茶业、木业、纸业、鸦片、洋货等商品进口情况,对于研究近代经济史颇具资料价值。

地方志中的专志,指专门记录某一项或主要某项内容的志书,如山志、水志、寺庙、道观、书院、人物、艺文等。福建专志的主要特色有二多。第一,寺庙志多。这与福建佛教长期兴盛不衰有关。其中影响较大的有:《鼓山志》四种,如明代长乐人谢肇淛、徐燉编撰的十二卷本,明万历年间(1573—1620年)刊印;明代鼓山住持元贤重修的十二卷本,明崇祯年间(1628—1644年)刊印;清代黄任于乾隆二十六年(1761年)修纂,十五卷本;清陈祚康续修三卷等。其中元贤修撰的较有特色,《四库全书总目》卷七六评论说:"名为山志,实则为寺志耳。其凡例有云,兹山知名海内者,实以人重,非以形胜重也。"《方广岩志(四卷)》,明代谢肇淛撰,内容为:本纪,用以记方广岩;外纪,用以记旁近岩壑;别纪,用以记方广外岩壑;此外尚有诗文辑,搜集前人诗文。《四库全书总目》对此颇不以为然,卷七七中指出:"然本纪之名,史家以载帝王事迹,用之山水,殊乖体例。"《太姥山志(一卷)》,明代鄞县人史起钦撰,书成于万历二十三年(1595年),前列图,后列记序及题咏之作。《四库全书总目》评论说:"然山以岩壑寺宇为主,法当分门编载。"《雪峰志(十卷)》，明代徐𤊹撰，林弘衍参定，凡有关山中名胜、寺宇、物产、僧侣和历代题咏等文献，皆录无遗。《黄檗山志(八卷)》，清顺治九年(1652年)，隐元禅师在圆悟、通容禅师和居士林伯春、僧行玑所纂辑旧志基础上重修，道光三年(1823年)，住山僧清馥、道逴再次重修。志分山水、寺、僧、法、塔、外护、释诗偈等八个部分。内容丰富，资料翔实，文字隽永可诵，是研究黄檗寺的珍贵史料。第二，山水名胜志多。如：《九鲤湖志(六卷)》，明代莆田人黄天全撰，书成于明万历年间。《四库全书总目》卷七六认为，此书"分为山水、建置、梦验、艺文四门。梦验者，以九鲤湖祠乃闽人祈梦处也"。《武夷九曲志(十六卷)》，清代王复礼撰，康熙五十七年完稿。《四库全书总目》第七六评论说："前卷既以诗文分入山水，而后卷又列艺文一门，体例颇杂。"《西湖志(二十四卷)》，何振岱撰，1914年成书，内容分水利、名胜、山水、渠浦、祠庙、寺观、园亭、古迹、人物、冢墓、碑碣、艺文、志余、外纪等，所涉内容几乎无所不包，虽有些地方流于琐微，但有助于人们了解西湖。

除了方志外，福建的其它地方文献也十分丰富，其中较重要者有以下几种：

(一)对地方史料的考订。如明代陈鸣鹤的《闽中考(一卷)》，将唐代《闽中记》与宋代《三山志》互为参照，对福州山川古迹进行考订，如考东冶非东治，泉山非泉州清源山等，颇有见地。《四库全书总目》对此书校核评价甚高，称其"颇精核"。

(二)对本地地理风物民俗的记载。如《闽部疏(一卷)》，明代王世懋所撰，约成书于万历十三年(1585年)。书对福建八郡的山河形势、名胜古迹、气候、人物、都邑、物产等均有详细记载，但以福州府事为主。《四库全书总目》卷七七称此书为作者"记其身所阅历者也"。《泉南杂志（二卷）》，明代浙江嘉兴人陈懋仁撰，《四库全书总目》卷七七称此书"其所载山川、古迹、禽鱼、花木以及郡县事实，颇为详具。……下卷则多记其在泉所施设之事，皆得诸身历者"。《长溪琐语（一卷）》，明谢肇淛撰，《四库全书总目》卷七七称"是书杂载山川、名胜及人物、故事，间及神怪"。《闽中录（八卷）》，侯官人郑杰撰，清光绪十八年（1892年）刊本。该书搜采乡邦掌故，内容为：闽历代沿革考、王潮别传、访闽王墓记事、福建金石、福建物产、闽人著述等，保存了许多闽中文献。《闽小纪（四卷）》，清代河南祥符人周亮工在闽任职时所撰，内容为福建的物产、风土、人情、工艺、文化、人物和掌故逸事，为研究福建地方史有价值材料。

（三）对当时所发生事件的记载。如《三山论学记》，明代传教士艾儒略撰，清道光二十七年（1847年）刻本。此书为意大利天主教耶稣传教士艾儒略于天启七年（1627年）初夏与叶向高析疑问难之作，为研究天主教传闽的珍贵文献。《闽中诸公赠诗》，明代晋江大学堂辑，影印抄本，书中为明万历至崇祯年间，福建权贵硕儒71人赠艾儒略诗，计84首，为研究福建明代末期社会状况的史料。《甲寅遗事》，著者不详，仅存抄本，专述清康熙十三年（1674年）耿精忠在福州反清活动经过，并附录耿精忠在福州所罢诸官及其七子姓名，多为他书所未见。

（四）对所见所闻之事的记载。如：《莆变纪事（一卷）》，明代莆田人余飈撰，记明末清廷施行沿海迁界之策，莆中濒海人民流离失所,起而抗清的情况。作者曾身历其境,亲自目睹当时情景,故所记较为可信。《闽中摭闻(十二卷)》,明代晋江人陈云程撰,记闽中各县胜迹、人物轶闻轶事等,所记为作者亲见之事,较为可信。《闽琐记(一卷)》,清代江苏溧阳人彭光斗在福建任职时所撰,主要记载作者见闻,一些内容为其他笔记所未载,如录有福建巡抚赵某严禁妇女殉节告示等。

(五)对历代有关闽地史料、遗闻、逸事的辑录。如:《莆阳文献(十三卷)》,明代莆田人郑岳辑,明万历四十四年(1616年)刊本,全书辑录莆田、仙游二县人氏自梁、陈迄明著作诗文,为莆阳文化保存了许多史料。《竹间十日话(六卷本)》,清代侯官人郭柏苍辑撰,光绪年间刊本,全书辑录历代文献上有关全闽的遗闻逸事,结合自己游历全闽时的见闻所编撰,可补史料之阙。

福建史学兴盛的原因,除了刻书业发达、重科举、读书蔚然成风、教育普及等原因外,还在于福建地处一隅,战乱较少波及,书籍相对保存完好,不少闽人以藏书为乐,使史学家有书可查。(如郑樵曾就读于藏书家方渐的"富文阁"藏书室。)

宋代福建藏书家多集中在闽中和闽北。闽中以莆田为多,闽北以建安、崇安、邵武、建阳、顺昌等为多,这与闽北印刷业繁荣和理学兴盛有关。以闽北为例,如瓯宁(今建瓯)人吴秘,家中藏有闽中地志,有《吴氏家藏书目》二卷。顺昌人余良弼,曾聚书几万卷,二子均受业于朱熹。邵武人李东,家藏书甚多,曾进书162卷,皆为御府中缺遗。崇安人胡安国,置书数千卷。建安人黄晞,虽因家贫而衣不蔽体,得钱辄买书,聚书数千卷。崇安人詹缊,筑"涌翠亭",聚书数千卷,日咏其间。

宋代不少藏书家的书籍为家族世传。由于读书蔚然成风，家族对书籍备加爱护，代代相传。如莆田人方渐，平生无十金之产，却积书数千卷，传至后裔方于宝，聚书万卷。仙游人郑侨，极好藏书，陈振孙曾传录其书，其子郑寅收其书，至数万卷，撰《郑氏书目（七卷）》。好学之风对藏书也有很大影响。如同安人石起宗，好学不倦，所有收入皆购书，言藏书千卷，胜良田万顷。闽县人朱倬最嗜书，家藏书数万卷，皆亲自校雠。漳浦人吴与虽官卑家微，却一生喜读书，家藏书二万卷，《直斋书录解题》称"《吴氏书目》一卷，漳浦吴与可权家藏。"闽县人陈长方极喜读书，因家贫不能置书，手抄数千卷书藏之。仙游人郑可复，性俭朴，惟喜古书，钱皆以购书，亲自编录，晚年积至数千卷。仙游人傅楫专用经史自娱，聚书至万卷。莆田人林霆聚图书数千卷，皆自校雠。

明代福建藏书家喜欢筑楼藏书，并多给书室取名，一时成为风气。如闽县人邓原岳生平嗜好藏书，将藏书室名"西楼"。晋江人丁自申博购异书，为官视事外，藏书室曰"希郲堂"。晋江人丘有岩喜藏书，家居筑"木未亭"，吟啸其中。漳浦人吴琯将自己藏书室名"西爽堂"。安溪人李懋桧博购群籍，连楹作楼储之，室名"半航楼"。松溪人陈圣镕，聚经书子史六千卷，建楼而藏。长乐高棅得闽县周玄数千卷书，创"王元宇楼"藏书，只开一窗，以见天日。莆田人林铭凡藏书万卷，室名"北村别墅"。晋江人黄居中藏书六万余卷，室名"千顷堂"。建阳人熊宗立，藏书多种，室名"种德堂"、"中和堂"。明代福建不少藏书家还自校藏书，自编书目。如永定人陈上陛，家藏书甚多，多为亲自校雠。福清人林春元收集谢翱、郑思肖藏书，室名"述古堂",并著《述古堂书目》二卷。闽县人徐㷒家中藏书5.3万卷,撰有《红雨楼家藏书目》四卷、《汗竹斋藏书目》等,室名"红雨楼"、"汗竹巢"等。连江人陈第,家藏书万卷,室名"世善堂",编有《世善堂书目》。

　　清代福建藏书家人数剧增,藏书者或以此为乐,如侯官人冯缙一赴礼闱,即不复出,家藏书万卷,日以自乐。诏安人张绳武历任书院讲习,将所得束金,尽购书籍,聚数千卷而自乐。或因研究而藏书,如闽县叶大庄喜考据,藏书甚富。侯官人沈觐平,淡于为官,以研究目录学为乐,藏有多种秘本异书。或在为官时即喜聚书,后归里筑室为乐,如侯官人张亨嘉,将数十年廉俸皆以购书。晋江人黄宗汉,为官时日搜秘籍,官归时以数万卷压装。或因教学需要,如闽县何则贤偕诸兄弟创立福州蒙塾、福清族塾,广搜典籍,积书至五万卷。侯官人杨浚,历主漳州丹霞,紫阳等书院,设书肆于会城,借收善本,聚书七万卷。闽县赵在田,曾主玉屏书院、凤池书院,聚书万余卷。或对乡邦文献的热爱,如侯官人郭柏苍,筑"沁泉山馆",藏书六万卷于其间,多为闽中文献。

第四章 文　　学

一　福建作家创作概述

　　福建在唐初还没有完全开发,由于地处偏远和交通闭塞,与中原各地蓬勃兴荣的文学盛况相比,福建前期几乎没有出现作家。唐中宗时期,福建进士第者络绎出现,唐统治者的诗赋取士制也使福建文人开始活跃。安史之乱时,中原陷于混乱,福建由于地处东南边陲,反而相对稳定,经济文化得到一定程度的发展。特别到了晚唐五代,山陬海澨的福建竟成世外桃源,大量中原文人避乱寓居福建,大大促进了福建文学的发展。正如《福建通志》总纂陈衍在《补订〈闽诗录〉叙》中所说:"文教之开兴,吾闽最晚,至唐始有诗人。至唐末五代,中土诗人时有入闽者,诗教乃渐昌。"唐五代福建较为著名的作家如:欧阳詹,字行周,晋江人,贞元八年(792年)进士,与韩愈为好友,文学上也是同道。他为古文运动推波助澜,韩愈称其"志在古文"(《题欧阳生哀辞》)。其文长于叙事抒情,名篇如《南阳孝子传》、《与郑伯义书》等。其诗简约清淡,新丽澹远。在描绘祖国山川名胜和四时佳景诗中,倾注了热爱大自然的激情,既有雄伟壮丽的气魄,如《栈道铭》,又有纤微细腻的手法,如《玩月诗》。其赋虽未脱骈俪体格,但已洗落浮华,平易简练,与古文家之作在语言风格上相近。今传《欧阳行周集》10卷。陈陶,字嵩伯,自称"三教布衣",剑浦人。举进士不第,即不求仕进,恣游名山。其诗内容庞杂,或表现向往神仙和追求长生等虚无消极的道家思想,或抒发建功立业为帝王师的政治抱负,"似负神仙之术,或露王霸之说"(《北梦琐言》)。较为著名的如《水调词十首》、《陇西行四首》,写征戍之苦,刻画细腻,凄婉动人。其诗风格多变,或意境诡异,色彩浓郁;或曲折深婉,生动流转。今传有《陈嵩伯诗集》一卷。黄滔,字文江,祖籍侯官,后迁居莆田,昭宗乾宁二年(895年)进士。其诗清淳丰润,全然脱唐末诗之俗套,自然而流畅。杨万里认为:"诗至唐而盛,至晚唐而工……御史公(黄滔)之诗尤奇。"(《黄御史集叙》)其文富有政论性,叙事简练,分析精辟;其赋常借史寄意,多为唐末之现状而发;其文学主张重视内容,提倡古文,反对骈文。今传《黄御史集》10卷。徐寅,字昭梦,莆田人,乾宁元年(894年)登进士第。其诗常采用曲折的譬喻手法,通过写物来抒发内心感情,构造完整形象,代表作如《寓题述怀》、《路边草》、《松》等篇,《全唐诗》收其诗267首,其中不少为咏物诗。更长于赋,其《外举不避仇赋》抨击了官场的徇私舞弊,《均田赋》抨击了土地兼并现象,《涧底松赋》揭露了贤愚不分的黑暗政治,这些赋都曾传诵一时。其诗歌理论著作《雅道机要》力主"磨练"成诗,实为中晚唐苦吟诗人创作方法的总结。今传《徐公钓矶集》。

这一时期福建有一定影响的作家还有:薛令之,字珍君,长溪人,神龙二年(706年)登进士第。其诗内容广泛,或反映早年读书仕进的经历,如《灵谷寺》;或表现官场生涯,如《自悼》;或抒发隐逸山林的情趣,如《太姥山》。著有《明月先生集》。林蕴,字梦复,莆田人,贞元四年(788年)由明经及第。其诗大多表现对国事的忧虑和游历生活,前者如《答颜太守》,后者如《过秦松岭》。其文如《上宰相李绛李吉甫书》、《上宰相元衡宏靖论兵书》、《上安邑李相公安边书》等,情绪激昂,条理谨严,为时人所赞颂。今传有《林邵州遗集》。王棨,字辅之,咸通三年(862年)进士,官至水部郎中。他的贡献主要在赋,是晚唐作家中存赋最多的,也是表现特定生活经历的抒情赋最多的作家,对律赋的领域有新的开拓。其《江南春赋》虽写江南秀色,却能针对时事抒情,打破了诗赋的常规,赋中"今日并为天下春,无江南兮江北"是传诵一时的名句;《凉风赋》表现了对人民的疾苦的关怀和对末世的哀愁,这在过去的律赋中是看不到的。今传有《麟角集》。翁承赞,字文饶,福唐人,乾宁三年(896年)进士,曾为王审知宰相,颇有盛名。其诗或表现仕途得意,如《擢探花》、《擢进士》;或吟草木缀风月,如《晨兴》、《柳》;或与友人赠答,如《寄舍弟承裕员外》。今传有《昼锦集》。孟贯,字一之,建安人,曾客居江南,颇有诗名。其诗或表现对尘世名利的厌恶,如《怀友》、《秋江送客》;或表现对悠游生活的喜爱,如《山斋早秋雨中》;或表现对寂静孤冷环境的向往,如《宿山寺》。这些诗在当时都有过一定影响。

这一时期较为活跃的福建作家还如:陈去疾,字文医,侯官人,元和十四年(819年)进士,其诗有不少是表现将士的威武和边塞风光,代表作如《送韩将军之雁门》、《塞下曲》等。林藻,字纬乾,莆田人,贞元七年(791年)进士,其诗有不少是表现及第后及仕途通达的得意心情,代表作如《青云干吕》、《梨岭》等。陈诩,字载物,闽县人,贞元十三年(797年)进士,其诗大多表现一种悠闲的心情,代表作如《过马侍中亭》、《郊行示友人》等。陈黯,字希孺,泉州人,屡试不第,其咏物诗较为出色,代表作如《自咏豆花》。郑良士,字君梦,仙游人,曾任王审知主闽时左散骑常侍,其诗大多表现寄情山水、超脱凡尘的思想,代表作如《题兴化高田院桥亭》、《游九鲤湖》等。江文蔚,字君章,建瓯人,后唐长兴二年(931年)进士,为官刚正不阿,不避权势,直谏敢言。博学多才,尤工词赋,多袭六朝遗风,有《唐吴英秀赋》、《桂香赋集》。黄璞,字德温,祖籍侯官,后迁居莆田,大顺二年(891年)进士,著有《雾居子》、《闽川名士传》等文集20卷,《福建文苑传》称其"少善诗歌,一时藩镇间传诵之"。郑诚,字申虞,闽县人,会昌二年(842年)进士,长于文。林滋,字后象,闽县人,会昌三年(843年)进士,工于赋。詹雄,字伯镇,终身未第,擅于诗。时人称诚文、滋赋、雄诗为"闽中三绝"。

宋代福建在诗、词、诗歌理论等方面都出现了不少具有全国影响的作家。诗歌方面代表作家有杨亿和王迈。杨亿,字大年,浦城人,淳化中(990－994年)赐进士,曾为翰林学士兼史馆修撰,官至工部侍郎。他力图以雕琢用典、铺陈词藻、讲究声律来矫正当时平淡乏味、平白浅俗、少有文彩的诗风,为此编有《西昆酬唱集》,是"西昆体"主要作家之一,在当时文坛产生了广泛的影响。其《武夷新集》中存诗清真雅正,诗意如画,开晚唐向宋诗过渡之先河。王迈,字实之,一作贯之,自号臞轩居士,仙游人,嘉定十年(1217年)进士,历任南外睦宗院教授、漳州通判等职。其诗受江湖派影响较大,但内容泼辣尖锐,风格清朗俊伟,无论写景或叙事议论都真切感人,强调个人情操、修养对诗歌创作的影响,著有《臞轩集》。词方面最有代表性的作家为柳永和张元干。柳永,字耆卿,崇安人,景祐元年(1034年)进士,官至工部侍郎。他是北宋第一个专力写词的作家,并把短小纤巧的小令发展为长篇巨制的慢词,将小令所难以表达的内容,曲折尽致地表现出来,还用都市生活开拓了词的领域,有时还以俚语入词,这些都对宋词发展起了重要作用,著有《乐章集》。张元干,字仲宗,永福(今永泰)人,政和年间始入仕。他冲破了词写离别相思、绮罗香泽的传统题材范围,把时代社会的重大主题纳入词中,把爱国主义题材引进词的领域,在题材和风格上都对后来辛弃疾爱国词派产生了重要影响,著有《归来集》、《芦川词》。在诗歌理论方面,最有代表性的为严羽和魏庆之。严羽,字丹丘,邵武人,一生未仕。他的《沧浪诗话》是一部体系完密而具有多方面建树的诗歌理论专著,共分为五门:"诗辨",主要谈诗歌艺术的基本理论问题;"诗体",主要辨别诗歌种种体制;"诗法",主要示人以作诗要领;"诗评"对"诗辨"中提出的一系列诗歌审美观念进一步阐发;"考证",辩正诗歌中一些具体问题。它在诗歌的历史演变、诗歌美学、诗歌基本理论等方面都做了独到的探索,是宋代最负盛名、对后世影响最大的一部诗话。严羽还有《沧浪吟卷》传世。魏庆之,字醇甫,号菊庄,建安(今建瓯)人,一生无意科第,种菊自遣,编有诗话集《诗人玉屑》,分门别类辑录宋人诗论,意在指示作诗门径。由于此书能博观约取,去芜存菁,因此不但在写作上和鉴赏上有许多用处,而且在校勘辑佚上也有重要的参考价值。在诗、词、诗歌理论等多种领域都作出贡献的作家,最有代表性的为刘克庄。刘克庄,字潜夫,号后村,莆田人。其诗笔力遒劲,风格豪迈,为南宋江湖派主要诗人,也是继承陆游爱国主义传统的重要诗人;其词以爱国主义的思想内容与豪放的艺术风格见称于时,在辛派词人中成就最大,甚至被认为"与放翁、稼轩犹鼎三足"(冯煦《宋六十家词选例言》);他的诗歌理论集《后村诗话》能注意联系史实及作者生平,提倡独创,在当时有过一定影响。著有《后村先生大全集》。

在宋代,福建有一些文人并不主要从事文学活动,但他们的文学成就却在文学史上占有重要地位。如一代名臣蔡襄,字君谟,仙游人,天圣八年(1030年)进士,从仕三十余年,精于吏治,其诗文清遒粹美,多涉及时政,却皆入妙品,名篇曾为士人争相传诵,著有《蔡忠惠公文集》。著名爱国宰相李纲,字伯纪,邵武人,政和二年(1112年)进士,南宋抗战派领袖,其诗多记述行踪游迹,寄寓爱国情怀,表达宏大抱负;其词形象鲜明生动,风格沉雄劲健;其文"纤微曲折,究极事情,绝去雕饰,而变化开阖,卓荦奇伟"(朱熹《梁溪先生文集序》)。著有《梁溪全集》。著名理学家真德秀,字景元,浦城人,庆元五年(1199年)进士,他继承并发挥了朱熹的心学和仁学思想,其诗大多关心国家政事,表现自己的政治主张,诗风平白晓畅,极少雕琢,著有《西山集》。

这一时期较有影响的作家还有:郑文宝,字仲贤,宁化人,太平兴国八年(983年)进士,其诗风格清丽柔婉,所作多警句,为欧阳修、司马光所称赞,著有《郑兵部集》、《谈苑》。萧德藻,字东夫,三山人(一说闽清人),绍兴二十一年(1151年)进士,曾从曾几学诗,又任过姜夔老师,颇负诗名,诗风古硬顿挫而有深致,近似晚唐,杨万里称其诗工致,并将其与尤袤、范成大、陆游并举,称为"四诗翁"、"四诗将",著有《千岩择稿》。蔡伸,字伸道,莆田人,政和五年(1115年)进士,其词铺叙详赡,语言精炼,词风早期近似柳永、周邦彦,晚年格调雄爽近似苏轼,特别是国破后的诗歌深沉悲凄,著有《友工词》。黄公度,字师宪,莆田人,绍兴八年(1138年)进士第一,其词典雅庄重,意境清新,陈廷焯备为推崇,认为"洵风雅之正声,温、韦之真脉"(《白雨斋词话》)。著有《知稼翁集》。敖陶孙,字器之,福清人,庆元五年(1045年)进士,其诗歌评论集《臞翁诗评》,以比喻评论古今名人诗的风格,切中肯綮,要言不烦,富有形象性。刘子翚,字彦冲,崇安人,以父荫得官,其诗注意反映社会现实和抒发自己感受,较少因袭,风格多样,五言古诗气韵高古,音节华畅,近体诗清新豪爽,无作做之态,其《汴京纪事》二十首感情真挚,影响较大。著有《屏山集》。黄昇,字叔旸,建安人,不愿仕进,以读书吟咏自适,词受姜夔影响,辞意曲折隐晦,语言典雅,重音律,曾以婉约、纤巧、流丽为标准,著有《花庵词选》。谢翱,字皋羽,霞浦人,后迁居浦城。其文得力柳宗元,风格峭劲,使南宋亡国前后散文重放光彩;其诗感情真挚沉郁,多表达遗民对故国的怀念。他的诗文不仅在当时有影响,甚至在清初和清末的反清斗争中也产生过积极的影响。著有《晞发集》。郑思肖,字忆翁,连江人。曾多次向朝廷上策抵御元军南下,皆未被采纳。其诗主要感慨时事,怀念故国,表现了忠于赵宋的坚贞气节;其诗论主张"灵气"说,认为诗是天地、人心"灵气"的集中表现。著有《郑所南文集》。

这一时期较为活跃的作家还有:杨徽之,字仲猷,浦城人,周显德二年(955年)进士,曾奉诏编《文苑英华》诗歌部分,其诗大多为宫廷唱和,一些表现自然风景的诗较为清新秀丽,有文集二十卷传世。李虚已,字公受,建安人,太平兴国二年(977年)进士,常与婿晏殊唱酬,精于格律,著有《雅正集》。黄鉴,字唐卿,浦城人,大中祥符八年(1015年)进士,曾为国史馆编修,专门研究杨亿,有《杨文公谈苑》。郑褒,字成之,惠安人,太宗时(976-997年)进士,其文力脱浮华,故蔡襄认为"闽中文章自欧阳詹后惟推褒"。陈襄,字述古,侯官人,仁宗庆历二年(1042年)进士,他力反西昆体,其诗文内容广泛,反映社会生活的各个方面,与乡人陈烈、周希孟、郑穆四人在诗文革新运动中作出了贡献,被时人称为"古灵四先生"。著有《古灵集》。章粢,字质夫,浦城人,治平二年(1065年)进士,与苏轼过往甚密,其诗大多纪游咏物,曾作水龙吟词咏柳花,为苏轼所称道。邓肃,字志宏,沙县人,靖康元年(1126年)赐进士出身,其诗多抨击朝廷腐败、奸臣误国,力主抗敌,充满了爱国正气,著有《栟榈集》。陈瓘,字莹中,沙县人,元丰二年(1079年)进士,其词极喜表现种种复杂感情,反映社会生活面较广,为打破词为艳科作了努力,著有《了斋集》。高登,字彦先,漳浦人,绍兴二年(1132年)进士,其诗大多反映报国壮志和穷困潦倒的生活,也表现了对奸臣弄权的愤懑,艺术上深受民间歌谣影响,通俗易懂,今存《高东溪先生遗文集》。刘学箕,字羽之,崇安人,一生未出仕,常年隐居武夷山中,其词大多写风光景物,但也时时流露出对奸臣误国的愤慨,著有《方是闲居士词》。

元代福建颇有名气的作家有:杨载,字仲弘,浦城人,寓居杭州,年四十未仕,以布衣召国史院编修官,后中进士,官至宁国路总管府推官。他在当时颇负盛名,被称为元四大家之一。其文以气为主,很得赵孟𫖯等推重;其诗大多歌颂现实,也微露不满,晚年颇多叹老嗟卑的情绪,但总的基调并不消沉,一些好的诗作含蓄老练而不陈腐,新意迭出。其诗歌理论《诗法家数》强调学习与继承的关系,对继承与创新有独到认识。他将"陈烂不新"作为诗之"十戒"之一,还将"赋比兴"看成是"诗学之正源,法度之准则",在当时产生了很大影响,著有《杨仲弘集》。黄镇成,字元镇,邵武人,曾考过科举,因与考官不合而退隐不仕,历游南北,后归乡著书和从事理学研究。其诗在描写山水方面成就较高,特别对江南农村景色的描写,疏落几笔,便可引人入胜。诗境清新、安详、静穆,风情声韵,逼近唐代刘长卿;他还有不少诗暴露了当时的阶级矛盾,反映了人民的疾苦。著有《秋声集》。卢琦,字希韩,惠安人,元至正二年(1342年)进士,曾任省监课司提举。其诗反映生活面广泛,有的以悲愤的调子吟出了社会下层人民的痛苦,有的以明朗清新的抒情笔调描绘了山川情物和农家风味,一扫元代隐逸诗人抑郁低沉、萎靡不振的诗风。著有《圭峰集》。洪希文,字汝质,莆田人,以消极、退隐和不合作表示对异族统治的不满,其诗或表达隐逸思想,或歌颂劳动生活,并时时流露出不畏强权,同情民生疾苦的感情,诗风清遒激壮,为元代隐逸诗人的代表。著有《续轩渠集》。

　　这一时期有名气的作家还有：陈旅，字众仲，莆田人，曾被荐从馆职，任过江浙儒学副提举，其诗大多为应酬官场、点缀升平之作，也有少量抒发了诗人仕宦生活中的感慨，一些题画诗别有新意，著有《安雅堂集》。林泉生，字清源，永福人，元天历二年（1329年）进士，曾任漳州知府，后召为翰林直学士知制诰同修国史，其诗大多表现仕途失意的牢骚、游仙隐逸的情思和对自然山水的赞美，也有不少官场应酬之作，著有《觉是集》。黄清老，字子肃，邵武人，其诗早年多酬送、题画、山水之作，晚年多表现对归隐的向往，风格虚无飘渺，著有《樵水集》。释大圭，僧人作家，俗姓廖，字恒白，自号梦观，晋江人，其诗有不少揭露社会黑暗，反映社会现实，一些写景诗新鲜活泼，著有《梦观集》。毛直方，字静可，建安人，曾在乡间讲学，其诗大多表现对脱离尘世、悠然自得生活的向往，对仕途行役的厌倦，着重抒发个人生活情趣，著有《聊复轩斐集》。

　　明代福建著名的作家有林鸿，字子羽，福清人，与高棅同为"闽中诗派"代表，为影响广泛的"闽中十才子"之首。他宗法唐人，绳趋尺步，其诗在讲求宫商之美的同时，也表现了深切的生活感受，声情并茂，可谓得天下风气之先而为之倡，是明初福建文学的典型代表，著有《鸣盛集》。高棅，字彦恢，长乐人，曾以布衣荐授翰林待诏，"闽中诗派"代表人物。他影响最大的是在诗歌理论方面，其汇编的《唐诗品汇》、《唐诗拾遗》、《唐诗正声》，首次将诗体分类，并注重对诗歌风格流派的研究。特别他标举盛唐，原意为纠正宋末诗风的卑杂琐细和元代诗风的华丽诡奇之弊，却成为明代前后七子"诗必盛唐"

主张的先导,启示了整个明代诗学潮流的发展。十才子之一的王偁,字孟阳,永福人。永乐初,荐授翰林检讨,修《永乐大典》,为副总裁官。其文章雄伟,诗有唐人风,有《虚舟集》传世。杨荣,字勉仁,建安人,官至文渊阁大学士,与同为台阁重臣的杨士奇、杨溥号称"三杨"。其诗大多歌功颂德、粉饰太平,饱含富贵福泽之气,貌似雍容典雅、平正醇实,却缺乏深湛的内容和纵横的气度。但由于他们三人身居高位,一般利禄之士得官之后竞相摹仿,以致沿为"台阁体"流派,在永乐至成化年间(1403－1487年)风靡一时。著有《杨文敏集》。王慎中,字道思,初号南江,后又号遵岩,嘉靖五年(1536年)登进士,后期大力仿效欧阳修、曾巩,主张"文从字顺"、"自有机杼"、"变秦汉为欧、曾",与唐顺之一起成为唐宋派首领而驰誉文坛。著有《遵岩集》。谢肇淛,字在杭,长乐人,为明代著名藏书家,其诗清朗圆润,为万历年间闽派诗人代表;其笔记小品见识独到,详实客观;其小说戏曲评论具有时代感,特别他为《金瓶梅》所写的跋代表了《金瓶梅》成书时人们的看法,是不可多得的珍贵资料。著有《五杂俎》。

明代福建还有一些文人虽然不主要从事文学活动,但其文学成就却不仅在福建,甚至在中国文学史都占有一定位置。如著名思想家李贽,字卓吾,号宏甫,泉州人。其思想具有极大的叛逆性和顽强的战斗性,在文学理论上提出了著名的"童心说",强调"自然"与"发情",并重视戏曲小说,他的文学观与封建正统的文学观相对立,集中表现了明代中叶以后社会发展的要求和文学发展本身的要求,事实上成为明代后期新的文学思潮的纲领,对当时的文学理论和创作,尤其对汤显祖、袁宏道、冯梦龙等进步文学家发生了巨大影响。他的散文摆脱了传统古文格局，或长或短，脱口而出，淋漓痛快，具有深刻的思想性和强烈的战斗性。著有《焚书》、《李氏文集》及诗话《骚坛千金诀》等。著名抗倭将领俞大猷，字志辅，号虚江，晋江人，为常住地方的高级武官，屡破倭寇，战绩辉煌。他也是个才华横溢的诗人，其诗充满着爱国主义激情，沉雄质朴，气势宏伟，在东南沿海民间广为流传，为当时华贵典雅的形式主义诗坛注入了新鲜血液。著有《正气堂集》。著名理学家林希元，字茂贞，一字次崖，同安人，正德十二年（1517年）进士，授南京大理寺评事，后归隐。其文学主张鲜明地反对摹仿和因袭秦汉，反对八股文，主张"文以载道"；其诗在表达压抑心情同时，也反映了倭寇骚扰、人民惨遭涂炭的社会现实，诗中没有理学家的陈腐说教，往往俚语与雅词相参，俪句与散体间用，这不仅在那些理学家的诗歌中不多见，就是对那些专事闲情逸趣、歌功颂德的诗来说，也具有进步意义。著有《次崖先生文集》。著名音韵学家陈第，字季立，号一斋，连江人，曾参与抗倭。他的《屈宋古音义》和《毛诗古音考》论述古今音不同，对后世音韵学影响很大。其诗或真实反映了边塞将士生活和沿海军民抗倭情景，充满爱国激情；或描写山水田园风光，表现出对宁静富裕理想社会的向往。著有《陈一斋全集》。著名爱国志士黄道周，字幼玄，又字幼平，号石斋，在南明政权危在旦夕之际，他英勇顽强地冲杀在抗敌最前线，最后从容就义。他的诗歌深受屈原爱国主义精神影响，反映了明末统治者的腐败和他力图恢复祖国河山的决心，慷慨激昂，气象空阔，在明末诗坛别具一格。著有《黄漳浦集》。

这一时期较为知名的作家还有：张以宁，字志道，古田人，曾任侍读学士，其诗大多是写山水、题画和唱酬之作，但有时在写旅途所见时，也真实描写了社会现实；在形式上注重摹拟盛唐音调，后人称其诗"兼唐宋诸体"。著有《翠屏集》。蓝仁，字静之，崇安人，他一生大都在乡村度过，生活清贫，早年不少诗表现了战祸给人民带来的痛苦；晚年离群独居，啸傲山林，表现平静清逸的田家生活，他是明初仿唐调较有成就的作家，《四库全书总目提要》称其诗"和平雅澹，词意融洽，语不雕镂，气无脂粉，出乎性情之正"。著有《蓝山集》。蓝智，字明之，崇安人，明初应荐，授广西按察佥事。其诗大多为登临送别、应酬赠答，但诗风质朴，七言五律有较高的成就，后人称其诗"专法盛唐，间之晚唐"。著有《蓝涧集》。王恭，字安中，闽县人，永乐初以儒士荐，起授翰林典籍，预修《永乐大典》，为"闽中十子"之一。其诗大多为登临送别，赞美隐逸生活，哀叹时光如水，后人称其"生平佳句超子羽、彦恢而上之，孟、杨二元诸子永拜下风"(《竹窗杂录》)。张经，字廷彝，侯官人，正德十三年（1518年）以进士授嘉兴知县，后长期从事军事生活，为著名抗倭将领。其诗不少是战斗场面的纪实和边塞生活的写照，诗中常流露出对国事和民生的关心、忧虑，感情真挚，意境舒旷，具有刚烈之气。著有《半洲诗集》。曹学佺，字能始，侯官人，万历二十三年（1595年）进士，曾编校《十三经注疏》而名震京都，历任四川按察使、广西右参议等职，天启六年（1626年）为魏忠贤党羽刘廷元所忌，罢职为民，后家居二十年，清兵入闽时自缢殉节。其选编《十二代诗选》盛行于世，诗以清丽为宗。著有《石仓全集》。黄文焕，永福人，官翰林院编修,与黄道周疏劾杨嗣昌、陈新甲,同下狱。一生著作甚丰,在狱中同黄道周讲论《骚》、《易》,诗《赭留集》一卷,为狱中所作。郑善夫,字幼之,闽县人,曾任礼部主事,一生倍受排挤,是反对"台阁体"的骨干。其诗反映生活面广,大多深刻真实地反映了社会风貌,他力摹唐诗,特别崇尚杜甫,诗风沉郁苍凉。著有《少谷山人集》。余翔,字宗汉,莆田人,嘉靖十五年(1536年)中举,授安徽全椒县令,后被迫离任。其诗大多为咏史、赠答、遣怀和山水纪游,充满了对世外桃源的向往,也流露出不愿同流合污的感情,诗风多清幽静雅,给人一种恍然隔世之感。著有《薜荔园集》。曾灿垣,字惟闇,侯官人,因家庭贫困而长期生活在社会下层,其诗能真实表现统治者的暴虐和社会动荡给人民带来的灾难,在艺术上具有古乐府民歌特点,语言平易,形象鲜明。著有《即庵诗存》。蔡玉卿,字润石,漳州人,为黄道周继室,能诗会画。其诗主要表现对满清入侵和奸臣误国的愤慨,对人民苦难的同情和关心,充满爱国主义精神,诗风或慷慨悲壮,或清新秀丽。著有《山居漫咏》。

　　清代福建没有出现极著名的作家,较为著名的作家有:李世熊,字元仲,宁化人,誓死拒绝清统治者征召,隐居山中四十年。其诗大多表现对献媚买官卑鄙之徒的愤怒和对有志之士的同情,并表达自己的守节不渝,多悲壮感慨之语。其散文成就高于诗歌,或借物感怀,或为名人作传,或为纪事小品,多倾注了鲜明的爱憎,有着积极的社会意义。著有《寒支集》、《史感志》、《物感》等。林云铭,字西仲,侯官人,顺治十五年(1658年)进士,授徽州推官,后拂袖归里,曾以卖文为活。其诗大多抨击世俗的恶浊,感叹世态炎凉,多含讽刺,语言泼辣。著有

《挹奎楼集》。叶矫然,字子肃,晋江人,顺治进士,官工部主事。其诗大多为风景诗,也有不少对农民生活的描绘,著有《龙性堂诗集》,但最具影响的还是其诗论《龙性堂诗话》初、续二集。其论诗不主一家,不拘一格,无门户作梗,自然平实。黄任,字于莘,永福人,曾任广东四会县令,书生和名士习气十足,不懂为官奉迎,后罢官归里。其诗或讽谕现实,或怀古论史,或抒情言志,艳体诗细腻温美,尤为所长,风景诗也很有特色。著有《秋江集》、《香草笺》等。孟超然,字朝举,闽县人,乾隆二十五年(1760年)进士,官至吏部郎中,后因母老辞归故里,主讲鳌峰书院。其写景诗意境开阔,色彩鲜明,是他诗歌的主要成就。他还有不少诗宣扬封建伦理和儒家仁政思想,也表现了对人民痛苦生活的恻隐之心。由于其鳌峰书院的不少门人为之鼓吹,所以他的诗作在福建有广泛的影响。著有《亦园亭全集》。陈寿祺,字恭甫,闽县人,嘉庆四年(1744年)进士,初授翰林院庶吉士,后授编修,因念母老而归里,主讲鳌峰书院。其诗力模唐人,隶事典切,结响沈雄,山水诗尤佳。由于他门生极多,所以诗也颇负盛名,文人曾争相抄诵,被称为"魄力沈雄,雄视一代","可与梅村抗衡"。著有《左海诗集》、《左海文集》等。

　　清代福建还有一些人虽然在其它方面取得突出成就,但其文学成就仍占有一定地位。如著名政治家李光地,字晋卿,安溪人,康熙九年(1670年)进士,为官近五十年,几乎与康熙帝相始终,他作为康熙年间的宰相兼吏部尚书,为康熙盛世作出了积极的贡献。其诗大多宣传自己的政治主张,由于他有很高的文化素养,更由于他身居高位,曾被时人推为"儒林巨擘",所以他的诗文在当时产生过广泛的影响,著有《榕村全集》。著名学者陈梦雷,字则震,侯官人,康熙九年(1670年)进士,授编修。他的主要成就是编撰了一部我国最大类书《古今图书集成》,为我国文化事业作出了重大贡献,康熙曾赠予"松高枝叶茂,鹤老羽毛新"一联。他一身屡遭不幸,曾被谪戍黑龙江,虽含冤受贬仍忠心耿耿,这二者矛盾地统一在他的诗文中,使其诗文与一般文人不同,时人称其诗文"忧愁拂郁,浩气奔泄,如疾风寒夜,金铁皆飞;又如深岩流泉,鸣声幽咽"(《闲止书堂集钞》序)。不少人读后为之扼腕涕下,掩卷叹息。著有《闲止书堂集钞》。诗、书、画三绝的著名画家华嵒,字秋岳,上杭人。他在从事绘画同时,也写了大量的题画诗和赠答诗,特别其题画诗不是一般的应酬和消遣,而是借题发挥,不仅在于点明画的主题,而且要借此抒发自己的感情,表现对黑暗社会的不满和对人民的同情、对农村的热爱,在中国题画诗发展史上占有重要地位。著有《离垢集》、《解弢馆诗集》等。杰出的现实主义画家、"扬州八怪"之一的黄慎,字公懋,宁化人,他鄙视功名利禄,终身不仕。其诗与画一样享有盛名,不少名流争相为其诗集作序,称之为"清远流丽","闲远萧疏","如巉岩绝巘,烟凝霭积","自抒胸臆,浑朴古茂",其诗的最大特点是具有图画美,形象鲜明,意境清新,语言通俗,给人生气蓬勃的感觉,只是由于他绘画创作在雍正年间就名扬于世,"尺纸零缣,世争宝之,致其诗名,为画所掩"。著有《蛟湖诗钞》。

清代福建较有名气的作家还有:卢若腾,字闲之,同安人。曾在明唐王称帝福州时任兵部尚书,后渡海至台湾,为清初重要遗民诗人。其诗大多反映社会动乱,著有《岛噫集》。孙学稼,字君实,侯官人,明亡后不愿应举,常背匣琴放浪远游。诗多通过咏史怀古,寄托对故国的怀念,著有《蓝雪轩诗钞》。余怀,字广霞,莆田人,明末布衣,诗常借古伤今,多含亡国之苦,语调沉郁,著有《研山堂诗》、《西陵唱和集》等。许友,字有介,侯官人,一生未出仕,深居山村,诗多为农村纪事、山水景物,著有《未友堂集》。熊兴麟,字雏郊,永定人,曾被清兵所俘,后归家四十年,其诗包括"娱心志"和"沥血陈情"两个方面,充满着故国之思,著有《素园诗稿》。丁炜,字瞻汝,晋江人,顺治时以诸生从军得官,由兵部职方司郎中,迁湖广按察使,后以目疾归里,其诗前期大多表现社会现实,后期大多描写山区农村的纯洁宁静,音调谐和,著有《问山诗集》。黎士宏,字媿曾,长汀人,顺治十一年(1654年)举人,官至布政司参政,后辞官归里,其诗大多为酬唱赠答,因生活困顿,故"苦语多而欢惊少"(《清诗纪事初编》962页),别有风格,著有《托素斋诗文集》。毛鸣岐,字文山,侯官人,顺治十一年(1654年)举人,曾游食四方,晚年归里,主鳌峰书院,其五言尤工,专意学杜,酬唱应和之作为多,周亮工称其"鸿厚浑明,闽中一人而已"(《清诗纪事初编》963页),著有《菜根堂全集》。魏宪,字惟度,福清人,诗多反映兵乱和哀叹人民生活困苦,充满隐逸情调,著有《枕江堂集》。陈常夏,字长宾,同安人,顺治八年(1651年)举人,授官米脂知县,不赴任而归隐南涧,筑屋躬耕马岐山下,虽饥寒交迫亦不悔。其文常常娓娓数千言而奇崛不苟,指陈地方利弊而不拘出处;其诗愤世悲梗,自比五柳先生。著有《江园集》。谢亦骥,字玉路,龙溪人,康熙十四年(1675年)举人,诗多为咏吟行役之作,著有《浩园诗草》。张远,字超然,闽县人,康熙三十八年(1691年)乡举第一,曾任云南禄丰知县,自谓"文辞达意而已,不知有左国两汉八家;为诗言志而已,不知有六朝三唐两宋"。故其诗文不受羁勒,文笔天骄,其诗《闽中杂感八首》曾传诵一时。著有《无闷堂诗文集》。林佶,字吉人,侯官人,康熙五十一年(1712年)特赐进士,补官内阁中书。曾从王士禛学诗,从汪琬学文,诗多为应酬之作,文修洁典雅。著有《朴学斋诗集》。萧正模,字模木,将乐人,屡试不第,后致力于诗文创作。其咏史诗能从古证今,颇有特色,时人称其诗"滔滔自运,未尝有所摹拟,而奇伟悲壮;文汪洋千顷,而诠理叙事,必中于成法"(《清诗纪事初编》978页)。著有《后知堂文集》。朱仕玠,字璧丰,建宁人,乾隆时拔贡,其山水诗意境开阔,语言清丽,在当时颇有影响。著有《筠园诗稿》等。

  近代福建有不少作家在全国享有盛誉。如:张际亮,字亨甫,建宁人,道光十五年(1835年)中举,后屡次会试不中。他一生虽没有得到官职,却极为关心国家命运和社会现实,诗多揭露抨击清王朝的政敝民贫,给近代诗坛带来了新思想、新内容,诗风俊逸豪宕,激切奔放,在当时极负盛名,为著名爱国诗人,著有《松寥山人诗集》。林昌彝,字惠常,侯官人,道光十九年(1839年)举人,多次会试不中。他具有强烈的爱国思想,诗多以驯雅之词表达愤世刺时之情,骨气坚苍,沉雄矫健。他的诗歌理论将论诗与时事政治紧密相联,具有鲜明的政治色彩,彻底改变了以往诗话回避现实的状况,大大提高了诗话的社会地位和文学地位,在中国诗话史上占有重要地位。著有《敦旧集》、《射鹰楼诗话》等。梁章钜,字闳中,长乐人,嘉庆七年(1802年)进士,曾任江苏巡抚,兼署两江总督。他在任官之余,综览群书,善记掌故,其笔记由记录琐事闲谈转为记录时事之风气,在中国笔记发展史上有其特殊意义。著有《浪迹丛谈》、《退庵随笔》等。魏秀仁,字子安,侯官人,道光举人,后连试不第。其诗文甚丰,或记述羁旅,或怀古思旧,或愤世嫉俗,皆为时人所激赏。其小说《花月痕》写自己出入倡门所见所闻,文笔细腻,哀艳凄婉,开鸳鸯派小说之滥觞,在当时落拓文人中极有影响。著有《咄咄录》等。陈衍,字叔伊,侯官人,光绪八年(1882年)举人,曾任北京大学、厦门大学教授,为近代重要诗派"同光派"闽派诗人领袖,其诗重在学习王安石、杨万里的曲折用笔,骨力清健;其浩繁的《石遗室诗话》力主"三元说",对中国近代旧诗坛产生过广泛的影响。著有《石遗室丛书》等。

近代福建有不少杰出人物虽然不主要从事文学活动,但他们的文学成就却在中国近代文学史上占有一定地位。如:著名民族英雄林则徐,字元抚,又字少穆,侯官人,嘉庆十九年(1814年)进士。他一生主要从事政治军事活动,只是"余事为诗"(徐世昌《晚晴簃诗汇》)。由于他是睁眼看世界的带头人,因此其诗"气体高壮,风格清华"(林昌彝《射鹰楼诗话》),不同凡响,始终充满着爱国主义激情,极大地拓展了诗的境界,是我国近代著名的爱国诗人,其著名诗句"苟利国家生死以,岂因祸福避趋之"一直为人民所传诵。著有《云左山房文钞》、《云左山房诗钞》等。著名思想家严复,字几道,侯官人,曾留学英国,并直接参与过维新运动,是我国近代向西方寻找真理的代表人物之一,首开翻译和介绍《天演论》等西方社会科学之风气。他的散文突破了桐城派的藩篱,能结合新事物来表达新思想,往复顿挫;他的诗论主张不必学唐学宋,强调要写出作家的个性和品格;他的诗歌朴实真切,深美可诵。著有《严几道文钞》、《瘉壄堂诗集》等。著名翻译家林纾,字琴南,闽县人,他一生翻译了四十余种世界名著,这在中国至今还不曾有过第二人,且译笔轻快明朗,不少至今还有生命力。他的散文生动而有感情,常杂以诙谐,于闲漫细琐之处曲曲传情。著有《畏庐文集》、《畏庐诗存》等。近代著名的"戊戌六君子"之一林旭,字暾谷,侯官人,曾参与戊戌政变,后被捕遇难。他是闽诗派主要骨干,诗学黄庭坚、陈师道,以苦涩奥僻为尚。甲午中日战争后,关注时局,忧心国事之作渐多,其绝笔诗《狱中示复生》抒发了壮志难酬的遗恨,曾传诵一时。著有《晚翠轩诗集》。

  这一时期福建较著名的作家还有:谢章铤,字枚如,长乐人,光绪三年(1877年)进士,曾主江西白鹿洞书院、福州致用书院,诗歌大多表现鸦片战争前后社会现实,其《赌棋山庄词话》论词不囿成说,敢于置疑,在词话史上有重要价值。著有《赌棋山庄全集》。陈宝琛,字伯潜,闽县人,曾为宣统帝太傅,为同光体主要成员,其诗大多与达官贵人酬唱赠答,记游咏物,由于他的特殊地位,其诗在当时也颇有影响,著有《沧趣楼诗集》、《听水斋词》等。薛绍徽,女,字秀玉,侯官人,自幼从母习书画,曾与丈夫陈寿彭远游。其诗大多表现夫妻间融合感情及吟花弄月,也有少数表现了对帝国主义入侵后人民痛苦生活的同情,曾校正《历代宫闱词综》,选编《清代闺秀词综》,著有《黛韵楼文集·诗集·词集》。

第四章 文学

这一时期颇有名气的作家还有：林直，字子隅，侯官人，曾游历各地，诗歌不少反映了鸦片战争的社会现实，充满爱国精神，著有《壮怀堂初稿》、《岑海诗存》。陈书，字伯初，侯官人，光绪元年(1875年)举人，官直隶博野知县，天才超逸，专学白居易、苏轼，曾批点《山谷诗集》，诗法谨严，著有《木庵先生集》。刘家谋，字仲为，侯官人，道光进士，曾任宁德、台湾等地教谕，其诗有不少反映了宁德乡土人情和畲族风俗，描写渔港夜市，著有《东洋小草》、《斫剑词》等。王景，字兰生，侯官人，光绪十七年(1891年)举人，曾遍游蜀中山水，得诗数百首，后赴台湾，著有《秋影庵遗诗》。刘存仁，字炯甫，闽县人，道光二十九年(1849年)举人，曾入林则徐幕府，后为延平道南、印山两书院山长，著有《屺云楼诗集》等。何则贤，字道甫，闽县人，道光十五年(1835年)举人，广搜典籍，曾考订福州名宦乡贤，并录编诗文丛笔多种，著有《蓝水书塾文草·诗草·词草》等。郭柏苍，字兼秋，侯官人，道光二十年(1840年)举人，习掌故，尤熟全闽人物名胜，曾审录《全闽明诗》，葺补《蕉山馆诗集》多种。林文，字广尘，侯官人，为广州黄花岗七十二烈士之一，诗多抒发爱国爱民思想，音节悲壮，著有《肇白楼选集》。林觉民，字意洞，闽县人，为广州黄花岗七十二烈士之一，长于著述，通外文，写有小说、散文等，其参加起义前夕写给爱妻的《绝笔书》最为后人所推崇。陈子范，字勒生，侯官人，为同盟会中坚分子，因制造烈性炸药时失慎而死，写有时论和短评多篇，诗歌大多为慷慨悲凉之作，著有《陈烈士勒生遗集》。王锦机，字进忠，号梦醒，永春人，嗜金石文字，勤力收集乡邦文献，大力襄助本乡人士进学，所交皆名士，平时喜吟咏，善赋文，诗文雅洁明晰,清刻有致,曾传诵一时,弘一法师称其"文以载道,岂唯辞华,内蕴真实,卓然名家"(《题王梦惺居士文稿》)。辑有地方文献《桃源文征》、《桃源诗征》,著有《菜园文稿》、《慈风草堂诗集》等。

二 闽文化与福建文学

福建文学的发展与以下几个方面有着密切关系。

科举考试使福建作家有机会走向全国。福建远离政治文化中心,较其它省闭塞,缺少思想文化交流,福建作家想在全国产生影响,只有走出福建,得天下风气之先。而科举考试为闽籍作家提供了走出福建的绝好机会。综观福建作家,几乎都经过科举,并多为进士,这是外省不曾有过的奇异现象。中唐以诗赋取士,吟咏之风气始兴于闽地。虽然唐代福建正处于开发阶段,但已有75个闽人登进士,其中不少人都有自己的诗文集,如欧阳詹的《欧阳行周文集》,周匡物的《周几本诗集》等。宋代福建科举更为兴旺,登进士约有七千余人,占宋代进士总数五分之一,被《宋史》收入的名人中,福建人数最多。这些进士中云集着最优秀的文学人才,他们的许多诗词文曾传诵一时。明清两代,福建的科举也始终未曾衰落过。科举考试不仅为福建一些地处僻壤的贫寒之士提供了仕宦的机会,而且对福建作家产生了深远的影响。首先,它开拓了福建作家的眼界,福建作家可借此结交名流,切磋艺术,遍读珍本,广泛汲取闽地所没有的各类文化。其次,它丰富了福建作家的创作题材。应京赶考、跋山涉水、沿途所见、及第后互相酬赠、上任后宦海沉浮、落第后失意愤懑等,都成了创作的好题材。再次,形成了一种特有的文学氛围。同场考生、同乡文人、同榜进士,或相互激励,或同病相怜,或孤芳自赏,往往结伴成社,吟咏赠答,蔚然成风。福建各种应试文人结成的各类文学社团数不胜数,虽大多为昙花一现,却也或多或少地推动了当地的文学创作。

重视教育使福建作家有较高的文化素质。文学的兴盛和人们的文化素质高低有很大关系,而文化素质又与教育是否普及有着直接关系。福建历来被称为教育之乡,对教育的重视,在闽地有着悠久的历史传统(参见"教育"章)。教育的长期兴盛使闽人文化素养得以提高,这无疑有助于文学创作。

理学的盛行对福建作家产生了深远的影响。福建是理学的故乡,有的学者甚至认为宋以后的福建文化,就是理学。这种见解如仅指思想领域,也是有道理的。理学对福建作家的影响主要可从三个方面看:首先,从思想影响上看,福建理学在长期发展过程中,形成了自己鲜明的特色,其积极方面如以天下为己任、生活刻苦、讲究民族气节、以民本为核心谋求社会进步、敢于创新等,闽地很少文学家不受其熏陶,因此福建爱国作家多,遗民诗人多。如宋代的李纲、谢翱、郑思肖,明代的俞大猷、黄道周,元代的洪希文,近代的林则徐、张际亮、林昌彝等。其次,从作家队伍组成上看,许多著名作家本身也是理学家,是朱子学说的研究者和传播者。如宋代的真德秀,元代的黄镇成、陈旅,明代的林希元、黄道周,清代的李光地、孟超然,近代的刘存仁等。即使是终身从事理学研究的朱子门人,也多有诗文传世。如宋代黄干有《勉斋诗钞》,元代熊禾有

《勿轩诗集》、陈普有《石堂先生诗》、吴海有《闻过斋诗集》等。再次,从学风上看,由于福建的理学传播者穷年累月地精研儒家经典,并以教授经典为己任,所以也对福建文坛带来消极影响。一是使不少极有才华,完全可以驰骋文坛的文人将一生的精力役于此,致使创作不多,深入不得;二是理学毕竟是抽象思维,它的传播束缚了不少文学家的形象思维,致使不少诗文缺乏灵气。

福建是中国罕见的艺术聚宝盆,漫浸其中的福建作家受到耳闻目染的影响,从中汲取了丰富的养料。仅以绘画和戏曲为例,亦可看出艺术对福建作家的巨大影响。(一)绘画。福建风景秀丽,在重视诗书同时,许多人还善绘丹青,这种传统沿绵到今。如文化部先后任命福建的龙海、同安、晋江、莆田、漳平新桥、诏安、建瓯、建阳等为"书画之乡"。绘画对作家的影响是多方面的。一是诗画互相影响,可谓"诗中有画,画中有诗"。一些诗人本身也是画家,影响更为明显。如宋代郑思肖的《墨兰图》表现出一种清绝的风致,其诗亦凄婉悲凉;清代黄慎作画不拘常法,简劲绝俗,其《蛟湖诗钞》亦情韵清远,总非凡境;清代华喦 作画用笔奇峭,被称为空谷足音,其《离垢集》、《解弢馆诗集》,清超拔俗,不同凡响。二是丰富了题画诗的内容。中国画往往在空白处由画家或本人题诗,已成章法,这也扩大了诗歌的表现领域,丰富了诗歌的创作。除上面所提到的郑思肖、黄慎、华喦等画家有大量的题画诗外,一些不以绘画为长的诗人也创作了大量的绘画诗。他们或抒发情感,或谈论艺术见地,或咏叹画面意境,其中不乏有较好的诗作。如元代的杨载、陈旅、黄清老,明代的张以宁,近代的林纾等人的题画诗,都在他们的诗作中占有重要地位。三是提高了画论的质量,由此又提高了文论、诗论的质量。一些作家通过观画,发表自己独到的艺术见解,触类旁通,也丰富了中国古典文论的宝库。如李贽对唐《桃源图》的鉴赏,谢肇淛对绘画艺术的见解,梁章钜对南唐《放牛图》的评述等,都极为精到,常被研究文论、诗论者所援引。(二)戏曲。福建早在唐代民间已有了戏曲活动,由此一直兴盛不衰,以其众多的剧种和丰富的剧目而引人瞩目。福建戏曲对福建作家的影响也是多方面的。一是丰富了作家的题材。有不少作家在诗文中对戏曲活动进行了描绘,拓展了诗文的表现领域,最有代表性的如南宋的刘克庄,他创作了大量生动描绘戏曲活动的诗,读后真是令人神往。二是使不少作家涉笔剧本。在戏曲氛围感染下,福建不少作家都曾或多或少参与剧本写作。如明代马惟厚、林章,清代张际亮、林纾等都写有剧本多种。福建戏曲实际是诗剧,是以唱词为主,这也促进了诗歌的创作。三是推动了戏曲评论。李贽、谢肇淛、陈第、梁章钜、谢章铤,丘炜菱等都写了大量的戏曲评论,有的为开拓之作,丰富了文艺评论的内容。

刻书业的发达使福建作家在习书藏书方面得天独厚。闽刻书业始于五代,后随着读书应试风气与日盛行,再加上福建造纸原料丰富,所以刻书业鼎盛于宋元明,无论官刻本、家刻本、坊刻本都在同行业中独占鳌头,长期不衰。宋代建阳麻沙书坊,号称"图书之府",与当时杭州、四川书坊并称全国三大刻书坊,所刻之书被后人称为珍贵的"建本"。元代书坊也以福建地区为最多,如建安陈氏余庆堂、朱氏与耕堂、梅隐书堂、双桂书堂等,都刻了很多精美的书籍。明代书坊福建更盛,在建阳、金陵、杭州、北京这四大书坊中,建阳书坊最为著名。闽刻书业的发达,对福建作家产生了不可低估的积极影响。一是使福建文人有条件更好地习书,使文化更为普及。二是使福建文人的集子得以刻印,借此保留,不至于散失湮没。三是促进了福建文化积累,福建文人由此获益不浅。福建刻书业发达,所以出了不少著名的藏书家。四是由此培养了一批文化人。一些书坊主由于耳濡目染,有着很高的文化素养,开始自己编书。如建阳书坊主人熊大木是一个以英雄传奇为题材的作家兼刻书人,他刊刻和编撰了众多通俗历史小说如《全汉志传》、《唐书志传通俗演义》、《大宋中兴通俗演义》、《全像按鉴演义南北两宋志传》等等。这些自编的小说都有较大的印书量,曾风传一时。

外地宦游流寓入闽的作家为福建作家提供了学习交流的机会。福建山清水秀,远离战乱中心,不少外省著名作家常流寓福建,与福建作家相互酬唱,产生过积极影响。早在南北朝时,江淹就宦游入闽,任过建安吴兴(今浦城)令,在福建留下了佳作。唐五代著名诗人韩偓长时期住在闽地,曾借寓于福建文学领袖黄滔家,与黄滔、黄璞等一起参加了当时的文学活动。宋代陆游曾两次入闽,一次任宁德主簿,一次任建宁通判,其爱国诗词对刘克庄有很大影响;辛弃疾曾在福建任过三年安抚使,与福建不少文人交往甚密,他的豪放词风也对福建词坛产生过影响;文天祥曾在福建坚持抗元,在福建很有号召力,如霞浦谢翱毁家赴难,直奔文天祥队伍。谢枋得、曾巩、程师孟等不少文人也都宦游过福建。明代后七子宗臣曾任福建参议,地理学家徐霞客曾五次来闽考察,豫章社领袖艾南英曾入闽见唐王,竟陵派领袖钟惺也曾多次入闽,通俗文学家冯梦龙曾任寿宁县令。他们与福建文人多有交往,并在福建写有不少作品。清代也有不少文人入闽,如抗清诗人张煌言,浙派诗人朱彝尊,诗论家杭世骏等。他们与福建文人过往从密,不但常酬唱应和,还有人专门研究闽人作品,如杭世骏的《榕城诗话》则专论闽人诗作,推动了福建的诗文创作。

三 福建文学的特点

在闽文化熏陶下,福建文学形成了自己鲜明的特点。

长于文论,是福建文学第一个特点,恐怕没有哪一个省的文学理论像福建这样兴盛过。中国大量的诗话应产生在宋代,但早在福建还处于开发阶段的唐代,释叔端的《艺苑搜隐》就对当时的诗歌进行了相当深刻的评论,可谓开诗评风气之先;欧阳詹的文学主张对唐代古文运动起了推波助澜的作用;黄滔的文学批评亦为纠正唐末形式主义文风做了先导。宋代严羽的《沧浪诗话》是宋代最负盛名、对后世影响最大的一部诗话;魏庆之的《诗人玉屑》是研究宋代诗论不可或缺的诗话集;刘克庄的《后村诗话》和敖陶孙的《敖器之诗话》都是著名江湖派诗论代表作。元代杨载的《诗法家数》、《诗学正源》、《杜律心法》都是元代主要的诗话著作;蒋昌的《榕荫诗话》也极具特色。明代高棅的《唐诗品汇》拉开了唐、宋之争的帷幕,引导了整个文学潮流,对中国文学史和批评史的研究具有特殊贡献;王慎中的诗文主张曾被唐宋派奉为圭臬;李贽的"童心说"等文学理论成为明代后期新的文学思潮的纲领,对当时进步文学家产生了巨大影响;谢肇淛对小说戏曲中艺术真实和生活真实等一系列精僻论述,大大提高了小说戏曲在文学史上的地位。清代和近代,福建的文学评论也毫不逊色,如叶矫然的《龙性堂诗话》、刘存仁的《屺云楼诗话》、梁章钜的《东南峤外诗话》、《闽川诗话》、《雁荡诗话》,林昌彝的《射鹰楼诗话》,陈石遗的《石遗室诗话》、谢章铤的《赌棋山庄词话》及丘炜菱的小说评论,严复和林纾的文论等,都在中国文学批评史上占有重要地位。没有闽派文论家这支队伍,中国古代文学理论将大大失去光彩。福建在文论上的优势甚至沿续至今,以至在当代文学评论中形成京、沪、闽"三足鼎立"的局势,而闽籍文论家所显示出的思辨能力尤为人所惊叹。地处僻壤、消息闭塞的福建竟能在文论上经久不衰,其原因,正是与闽地特有的文化有关。如严羽受禅宗"顿悟"影响而创立了"诗禅之说",刘克庄因崇尚理学而在诗论中强调诗与现实的紧密关系,出身航海世家通外语的李贽因受海外文化的冲击而具有反叛性格……。写文学批评不存在语言交流上的障碍也是一个主要原因。福建小说不发达,不少有识之士找出了种种原因,诸如闭塞、没有师承等,但却忽视了语言这个构成小说最基本的要素。福建方言之多、之复杂,为全国罕见,甚至过一个村便无法对话交谈,关键在于这些方言不但在语音上,还在词义上与传统书面语言差距极大。如福州话"光棍"是古怪骗人、占便宜的意思,"起动"是恳求的意思,但无法写成书面语言。即使有些方言俚语勉强写成书面文字,或因与原意相左而令人啼笑皆非,或因诘屈聱牙而难以卒读。而小说中最丰富形象的语言往往在这些土话俚语之中,这不能不说是福建小说家的一个悲剧。中原作家在这方面却有得天独厚的优势,他们的俗语、俚语只要稍一变化,就可成为极生动形象的书面白话语言。福建地方戏极为兴盛,而戏曲文学却不甚发达,这也是个主要原因。语言障碍使福建地方戏只能演,无法读,不像北杂剧那样,场上案头两全其美。

擅写山水诗,是福建文学的第二个特点。纵观唐至近代的福建作家创作的集子,最令人惊异的是山水诗在他们的作品中皆有重要地位和比重。其中有以写山水诗为主的作家,其大多为隐逸诗人和遗民诗人。如宋代的萧德藻、李吕、潘牧、邱葵、郑思肖、陈普、黄今是,元代的洪希文、毛直方、郭完、杨稷、吴海等,清代的李世熊、卢若腾、林佳玑、邵梅春、孙学稼等;有以诗文著名的作家,如杨亿、刘克庄、王迈、黄公度、王慎中、林鸿、黄任等;有爱国诗人,如黄道周、俞大猷、林则徐等;有以文论著名的作家,如严羽、李贽、林昌彝等。甚至连理学家真德秀、黄镇成等也写出了形象优美、感情真挚的山水诗。在中国山水诗发展史上,福建作家无疑应占有重要地位。福建山水诗发达的原因主要有三:一是自然环境得天独厚。福建四季常青,从东北到西南,有洞宫山、武夷山、杉岑山,中有纵贯南北的鹫峰山、戴云山、博平岭山,奇峰挺秀,层峦迭嶂,山底溪涧穿横,河谷与盆地错落,闽江、木兰溪、晋江、九龙江、汀江等河流穿切其间。这种自然环境是产生山水诗的最佳温床,很少有人不被吸引而徜徉于这独特的山水清音之中。直至今日,福建作家最拿得出手、最有影响的也是这些富有乡土气息的山水诗文。以至有的北方客人来到福建后,纷纷惊叹福建山水真宛如福建作家的诗文。二是福建远离战乱中心。由于福建远离政治文化中心,在改朝换代之时,统治者往往无暇顾及,因此又成为抗元复宋、抗清复明的基地;再由于福建山高水深,容易藏匿不甘于异族压迫的前朝遗民,所以明清两代福建前朝遗民人数为全国最多。他们归隐山林,吟风弄月,写出了大量与众不同的山水诗。三是漫游生活的影响。福建作家的山水诗不仅仅局限于八闽山水,还包括描绘异地的山水诗。不少生于斯、长于斯的福建作家一旦走出闽地,对那些与闽地完全相左的异地山水便有着与众不同的感受和惊人的表现力,这正是不少福建山水诗人诗风前后有很大变化的原因。在山明水秀的闽地时,诗风多秀丽明媚;到了云蒸霞蔚之地时,诗风多空灵舒卷;到壮阔苍茫之地时,诗风多雄浑厚实。因此很难从总体上把握那些常年在外漫游的福建作家的山水诗风格。

第五章 艺　　术

一　音　　乐

　　福建素有歌乡之称,人民群众口头代代相传的民歌散发着浓郁的泥土芳香。福建依山傍海,江河纵横,山文化、水文化与海文化的交织,使山歌和渔歌成为福建民歌中最有特色的样式。

　　福建的山地丘陵地约占95％左右,山歌是最为普及的一种民歌。福建山歌受方言区的影响,其调式、音调等都有很大的不同。主要如:(一)闽西山歌。闽西山歌旋律高亢,节奏自由,音域较窄,绝大部分是徵调式。调式主音大部分是全曲最低音,曲调简单、朴素、原始。每首一般为四个乐句,乐段大多由平行的上下两句组成,一般用三个乐音或四个乐音就构成一曲。由于地理习俗的影响,闽西山歌又可分为三种:1、客家山歌。流行于长汀、武平、上杭、永定等县,以曲调绵长、字少腔多为特色。如《选种》:"凤生凤来龙生(吓)龙嗬哎,田间(吓)选种(哎)莫放(吓)松嗬哎,好种不但多打谷嗬哎,四箩还比五箩重嗬哎。"2、龙岩山歌。流行于龙岩及漳平山区,多是七字一句,四句一首,结构严谨。曲式结构多为上下句的反复。如《山歌越唱音越高》:"山歌越唱音越高噢,月琴来和九龙箫噢,一节山歌一团火呀,唱得满山烈火烧噢。"3、连城山歌。流行于连城县及连城、上杭、龙岩三县市的交界区域,节奏急促,字多腔少。如《大风吹来小风凉》:"大风吹来小风凉哎,郎吃甘蔗妹吃(罗)糖,郎吃凌冰妹吃雪,凌冰跟雪一般(罗)凉。"(二)闽北山歌。闽北山歌样式多种,主要有"刀花山歌"、"油茶谣"、"锁歌"等。"刀花山歌"指唱山歌时,以茶刀和竹担互击伴奏而得名,演唱形式有齐唱和对唱两种。"油茶谣"为丰收时所唱的歌,音调充满活力,节奏丰富多变。"锁歌"即一人提问一人回答的歌唱形式,问即锁,答即开,环环相扣,节奏时缓时急。此外,闽南山歌、畲族山歌、莆仙山歌、闽中山歌等也都颇有特色。

　　福建不仅有绵长的海岸线,还有众多河流,其中流域面积500平方公里以上的一级河流有闽江、九龙江、汀江、晋江等十二条江,以捕鱼为生的渔民常用歌声表达自己对生活的感受。福建渔歌主要有两种:(一)海上渔歌。主要流行于闽东、闽中沿海各县,内容多为直接反映海上捕鱼生活。如福鼎的《海上归来渔满仓》:"哎!朵朵白帆映霞光,海上归来鱼满仓。男女老少齐欢呼,明日风帆又远航。"节奏悠长,音调宽广,充满对生活的热爱和丰收的喜悦。有的海上渔歌是直接配合劳动歌唱的。如福鼎的《拔帆起锭》:"中帆拔起咧咧哮噢,起锭吹螺就开流罗,各个渔民齐齐到噢,船到渔场就要敲罗。""锭"指船锚;"咧咧哮"指车帆时发出的声音;"敲"指敲特制竹筒,是以强烈声响使鱼震昏然后围捕的一种捕鱼方式。节奏较强,旋律充满浓郁的生活气息。(二)水上渔歌。主要流行于江河纵横的闽中、闽南各县。在福州一带的闽江渔歌中,有的歌充满豪情。如福州的《渔歌》:"老子自幼在江边,不怕地来不怕天,看不尽青山绿水,吃不尽鱼虾渔鲜。"有的描述了在江上讨生活的艰辛。如福州苍霞的《水上渔歌》:"我是船下讨鱼婆,母女二人去江河;天晴是我好日主,拍风段雨没奈何。我伶使力来拔篷,一篷能转八面风;篷转风顺船驶进,看着前斗好地方。""日主"指日子;"拍风段雨"指刮风下雨;"前斗"指前面。这类渔歌节奏整齐,结构匀称,唱词中杂夹着不少地方方言。

福建民歌中还有许多样式,如劳动号子、唱诗、小调、舞歌、习俗歌曲、儿歌、生活音调等。其中最有名的如流传在闽南一带的儿歌《天乌乌》:"天乌乌,要落雨,阿公仔举锄头要掘芋,掘啊掘,掘啊掘,掘着一尾旋鰡鼓,真正趣味。阿公仔要煮咸,阿妈要煮淡,两人相打弄破锅,依哟灰都当叱当枪,哈哈哈。"全曲前一部分唱阿公挖了泥鳅回来,全家高兴;后一部分唱二老争吵,把锅给打破了。每一部分各由两个乐段组成,旋律以第一乐段为基础,慢慢衍化,音域也逐段向上扩展,层次清晰,乐段的结尾处常用衬腔,最后仿佛打破锅的声音,妙趣横生,余味无穷。全曲大多一字一音,与口语相近,语言朴实自然,语调诙谐生动,音化形象朴实无华,极富闽南农村生活气息。

福建曲艺音乐有着悠久的历史,其主要形式如:南音、锦歌、南词、评话、伬唱、建瓯鼓词、芗曲说唱、大广弦说唱、俚歌、竹板歌、莲花落、飑歌、十音八乐、北管唱、九莲唱、摇钱树、答嘴鼓、唱歌册、说古文、讲故事、说书等二十余种，其中影响最大、最古老、最具有浓郁地方特色的是南音。

　　南音也称南曲、南乐、南管、弦管，从南音所用乐器、演奏特点、曲牌名称等方面看，它与唐、宋、元、明时期音乐关系密切，是保存我国古代音乐文化最丰富和最完整的乐种，被称为"活的音乐历史"和"音乐化石"。南音不仅是唐末五代燕乐杂曲的遗响，还可从中探寻到宋代南戏的声腔，甚至可以从中找到在戏曲史界已无法寻觅的海盐腔、早期弋阳腔、青阳腔及昆山腔、二簧腔的音调，堪称绝响。南音发祥于泉州，流行于福建南部，还被运用于闽南一些地方戏曲，成为它们唱腔和器乐曲的一个重要组成部分。南音的演奏形式分上四管与下四管两种，上四管比较清雅，适合在室内演奏，以洞箫为主奏乐器的叫洞管，以品箫为主奏乐器的叫品管。下四管比较活泼，演奏上较复杂，适合在室外演奏或参与民间行列仪式。南音的乐器有：洞箫、二弦、琵琶、拍板、唢呐、三弦等。打击乐器有：响盏、小钤锣、木鱼、四宝、铜铃、扁鼓等。南音中的琵琶(也称南琵琶)，弹奏时是横抱着的，用手指头拨弦，不同于北琵琶是竖立着弹奏，用拨器撩拨。南琵琶大弦弹奏发出的声音，深沉如钟鸣，和北琵琶的"大弦嘈嘈如急雨"大异其趣。南音的艺术风格可用"古朴幽雅，委婉柔美"来概括，其曲目分三大部分：1、指，亦指"指套"，每一首套曲均有唱词、乐谱和琵琶弹奏指法三个方面，较为完整，有48套，每套又可分为若干节，而每一节都是一首独立的乐曲。2、谱，每一首套曲的乐谱包括工尺谱和演奏技法的标志两个方面，没有唱词，有16大套，每套内均包括三至八个曲牌,内容大都是描写四季景色、花鸟昆虫或骏马奔驰等情景。3、曲,即散曲,计有一千多首,其结构简短,词曲活泼,内容多为抒情、写景与叙事之类,曲词大多取材于梨园戏文,也吸收昆腔、弋阳腔、潮腔、民歌等,予以南曲化,融合后自成一格。由于简短通俗,曲调优美,善于抒发感情,长期以来成为闽南民间自弹自唱的乡音。

福建民间器乐遍及城乡,种类繁多,几乎每个地区都有自己的代表器乐,现择其主要评介如下:(一)福州十番。"十番"名称由来说法不一,有认为据清代李斗《扬州画舫录》卷十一记载,此乐种因用笛、管、箫、弦、提琴、云锣、汤锣、木鱼、檀板、大鼓这十种乐器轮番反复演奏而称"十番";有认为福州话"番"与"欢"同音,"番"由"欢"演变而来。福州十番音乐是一种著名的民间器乐演奏形式,它是由当地民间龙灯舞演变发展而来的,原来只是龙灯舞的伴奏打击乐,乐器只有狼帐、清鼓、大小锣、大小钹等,后又逐渐加入笛、管、笙、椰胡等丝竹乐器。十番音乐的曲目有百余首,曲调来源可分四类:1、曲牌,为流行于当地的民间音乐;2、小调,为逐渐器乐化的民间小调;3、哗牌,当地流行的唢呐曲;4、打击乐,只用打击乐器演奏的"清锣鼓"。最常用的有五大曲牌:《东瓯令》、《西江月》、《南进宫》、《北云墩》、《月中桂》等。演奏形式分室内与室外两种,室外演奏边走边奏,室内演奏乐队为前堂和后堂,前堂以金革为主,后堂以丝竹为主。演奏时,先由笛子奏出前面的一两个音符,具有引子性质,接着其它乐器全部加入演奏。演奏音量既粗犷、热烈,又不失悠雅、抒情。节奏明晰,顿挫分明,情绪跌宕起伏,速度变化井然,慢时如高山流水,快时似电闪雷鸣,最后在热烈的气氛中结束。(二)闽南十音。一般认为这一乐种是从北方传入闽南,在发展过程中,汲取了闽南的民间戏曲、民歌、民间器乐曲中许多精华,形成了浓郁地方风格。其曲调可分成沉静、优美幽雅、欢乐活泼、诙谐风趣、热烈红火、昂扬激烈等六类。乐器分主乐、副乐,管弦乐中以唢呐为主,打击乐以板鼓为主,它们掌握着演奏的起始、结束、力度。演奏时,常以一个基本曲调反复三遍,作慢、中、快的速度变化,由此形成一首完整的乐曲。演奏形式为室内、室外两种,室外多为游行演奏,俗称踩街,打击乐在前,丝竹乐在后;室内演奏俗称坐奏,丝竹乐列前,打击乐坐后。(三)闽西十班。因其中由十个人掌握十件乐器组成班子而得名。它是由外出经商者从江浙或汉口一带传入,然后在闽西流播,并地方化。曲牌可分为三种:1、大牌,为十班所特有器乐曲牌,音乐典雅优美;2、小调,为船灯伴奏时所吸收过来的民间小调;3、戏曲过串,取自汉剧、潮剧的过场音乐。乐器有:笛子、管、头弦、二胡、三弦、月琴、琵琶、鼓板等,演奏形式有坐奏、路奏两种。(四)莆仙十音。这是流行于莆田、仙游两县的民间音乐唱奏形式,因以十人组成一队,奏十件乐器而得名。其主要形式有二种:1、文十音,乐器有笙、箫、琵琶、三弦、枕头琴、云锣、老胡、二胡、拍鼓和丹皮鼓等,演奏时节奏徐缓,旋律委婉,词少腔多,风格古朴曲雅。2、武十音,乐器有云锣一、横笛三、碗胡、四胡、尺胡、贡胡、八角琴、三弦各一,演奏时,曲调加花繁多,气氛热烈。福建民间器乐还有晋江十番、静板、福鼎拾锦、龙溪西壁、闽南笼吹、长汀公嬷吹、连城鼓吹、永春闹厅、京鼓吹、五音吹、漳州十八音等。

二 舞 蹈

福建民间舞蹈的最主要特点是种类繁多,形态各异,仅已发现的就有七百多种。其迥异的风韵、丰富的内涵、独特的魅力,真让人大开眼界。现择其主要评述如下。

灯舞。如流行于闽西客家人集居地区的《龙凤灯》,为元宵灯舞。客家人"灯"、"丁"谐音,"出灯"即"添丁"。元宵之夜,村民们从祖祠出发周游村寨,表演者装扮成生、旦、丑等角色,把黄龙、凤凰、雄狮、猛虎、公鸡、白鹤、大象、山鹿等彩灯系于腰间,头在前,尾在后。同时左手还托着一盏诸如鼓子灯、龙头灯、飞蝶灯之类花灯,右手策动马鞭,由两匹大红竹马灯领头。队形变化频繁,花式多样,有"关公巡城"、"围篱笆"、"倒插花"、"扎三门"、"黄龙盘珠"、"退马"、"猴子烧蜂"等,每一画面的转接过程都以"双龙出水"为间隔,承上启下,层次清晰。再如流行于连江城关一带的《茶篮鼓》,是一种形式活泼、充满吉祥气氛的灯舞。每逢元宵佳节,少男少女手托五彩"茶篮"(即彩灯),游于街市。"茶篮"中插象征生女的红花、象征生男的白花,由新婚或婚后未育的媳妇们挑选采摘。此时,一对俗称"孩哥孩弟"的大头娃娃嬉戏于彩篮花灯之间,专与争相采花的媳妇们捣乱,你进我退,你阻我拦,场面情趣盎然。表演时以走队形、摆画面为特点,主要动作有"单一托篮"、"连接托篮"、"晃篮"、"比花"等。其中花女动作,如"举案齐眉"、"比花"、"观花"、"选花"等,细腻生动,大头娃娃动作则风趣诙谐。有的灯舞不仅以舞队形式走街,还进入厅堂表演。如流行于浦城东乡的《茶灯》，表演者左手托着烛光透亮的茶灯，右手挥舞轻柔飘逸的纱绢，以圆场步表演"托灯"、"举灯"、"盘灯"、"穿灯"等各种舞蹈画面，进入厅堂庭院后，乐队奏"采茶调"，舞队边歌边舞，最后舞队向主人拜年。流传于福州地区的"龙灯舞"也颇有代表性，表演时，每个龙节为一盏灯，点亮蜡烛，每盏灯由一人执拿，加龙珠一盏灯共为十人。执龙珠者由身材矮小者担任，执龙头者由身材高大者担任，其余前矮后高。舞龙者各节动作各有不同，第一节与第二节以"迈步"为主，第八节舞者以"侧身马步跳"和"跨步跑"为主，龙尾以"阔步跑"为主，其余为"小跑步"，在前者小跑，愈后者跨步愈大。其舞法程式有三个特色：一是队形以对称的"太极图"为基础；二是动作有一套规定，如"臂关落"（即龙身各节由前者的头顶正中臂落下而舞）、"转手吞节"（即左右手上下对换，左右变换以及上手的推收演变）、"小跃脚"（即前掌小跑步）；三是舞法有一定讲究，如"随前节，顾后节，勿前推，忌后拉，眼光敏捷，顺顺舞来"等。流行于全省各地的灯舞不少，如光泽的《马仔灯》、永定的《竹马灯》、连城的《马灯舞》、长汀的《踩马灯》等，都有一定代表性。

球舞。主要流行于泉州一带。如《甩球舞》，表演者多位于迎神、踩街队伍前面，在人群熙攘的地方，常出其不意地向观众甩去彩球。其彩球用藤条编制而成，直径为14.5厘米，藤条上缠绕着各色彩带，悬挂在一条长230厘米的棉绳上，绳的另一端系垂细线穗子。表演者手握绳索，以大幅度的抛、甩、投、收等动作，上下挥舞，左右环绕，彩球宛若流星，让围观近者自觉回避。或边行进边表演，或让队伍停下围场表现，让彩球上下飞抛，左右甩投，刚柔相济，沉浮参错，洒脱优美。再如《彩球舞》，以数女一婆一男为主，男孩将彩球上下左右抛引，使数女手托脚踢，肩碰膝顶，婆婆则运用头、手、身、足逗弄彩球，做出多种诙谐风趣表演，整个画面生动活泼，妙趣横生。"球舞"还有多种形式，如《抛球舞》、《滚球舞》、《绣球舞》等。

武舞。如流行于闽东的《藤牌舞》，原是驻扎在福鼎秦屿镇的陆军烽火营会操检阅时的舞队，后成为乡民一种游舞活动。藤牌舞队游舞时，分为两列纵队，一队饰全红色的陆军，一队饰全蓝色的水军，左手执虎头藤牌，右手握大刀，随着击乐队演奏的节奏便步沿街行进，有时亦成陆、水军简单的对打表演。至宽广处，往往停下围场表演，执旗者圆步先舞，接着陆、水军分别由左右侧出场，右手舞大刀，做砍、杀、劈、刺、扫、架等进攻动作，左手握藤牌做抵、挡、顶、阻、架等守卫动作，左右手协调配合，动作干脆有力，勇猛矫健，刀牌相击，铿然有声，显得威武豪迈，气势雄浑。队形变化多以横、竖、斜、圆的粗线条为主，气氛热烈。再如流传于建宁县的《打团牌》，为男性执矛、盾、枪、棍等对舞的表演。枪、棍表演多为刺、劈、挑、撩等进攻性动作，凶猛异常。执盾者多为闪、避、架、顶等抵挡性动作，快速敏捷。

傩舞。这是一种头戴面具表演的舞蹈，流行于闽北。"傩"指驱逐疫鬼仪式。当时人们对瘟疫等病束手无策，只好求助神灵佑助，因此戴上由木雕、纸、油布制的几种面具起舞，以驱逐疫鬼，去除邪气。闽北傩舞种类丰富，有"跳幡僧"、"跳八祸"、"跳弥勒"、"跳五神"等。傩舞的跳法以集体舞为主，个别领舞为辅，舞队一般由"开路神"清整出一块场地就跳一通。

舞时同时动作，程式基本一致，以弓步、跨步转身为主，加以队形变化，也有用后踢跳、狐步的。如流行于邵武大阜岗乡的"跳八祸"，为每年农历六月初二奉祀出巡时表演，由男八人各扮成成对的脸戴木面具的开路神、弥勒、黑脸、绿脸进行表演。开路神执锣，弥勒握铜，黑绿脸腹前挂一扁鼓，分为两组，成单列纵队行进。观者多时，即开始变换队形，由纵队成圆形，再变成四方形画面，然后以"退弓步"、"转弓步"、"续转步"为主要步伐，配着夸大、美化敲击着道具的双手动作穿插起舞。

畲族舞蹈。福建畲族分布在四十多个县市内，其中以闽东最为密集。畲族能歌善舞，创造了许多丰富多彩风格独具的民族舞蹈。如流行于福鼎的《栽竹舞》，是畲族法师做法时的舞蹈。竹子是畲家吉祥物，妖魔鬼怪被法师用竹子赶打过后，永世不得翻身重现。法师做法时，分别向东南西北中五个方位，带随意性的翩翩起舞。并模拟栽竹劳动中的动作程序，从栽、砍、破、下池、舀浆、造纸一个一个动作做下来，一直做到打成纸钱奉给上、中、下三界菩萨而结束。动作流畅、跳跃，柔韧力度适中，身体和手脚配合协调。舞者按鼓点节奏，左右急旋转时，神裙张如伞形的舞姿，给人以轻快、优美的感觉。流行于宁德漳湾的《猎捕舞》，主要表现猎手的围猎过程，由四名左手执螺号，右手握猎刀的畲族男青年表演。整个舞蹈由"窥探"、"围捕"、"越障"、"吹螺"、"刺杀"、"凯归"等舞蹈场面构成，动作主要运用跑与跳相结合的方式，以强调体现猎手们在险峻的深山老林里猎捕野兽的气概。流行于福安的《雷诀》，是畲族巫师祭师祭祀活动做道场时，贯串始终谓之"防身打鬼"的成套手势造型动作，由一人表演，共有 46 个手势造型动

第五章 艺术

作,分为"藏身诀"、"打鬼诀"、"吊楼诀"、"罗房诀"四类。以"藏身诀"为主,即用指、掌的手势变化造型,模拟观音、哪吒、王母娘娘、鲁班及虎、龟、蛇、鹤等,以威慑鬼怪。"雷诀"可称为是巫舞中手势造型动作程式的汇集。流行于宁德八都的《铃刀舞》、连江的《迎龙伞》、霞浦的《祈福》及《畲族婚礼舞》等,都是福建畲族舞蹈的经典之作。

宗教舞蹈。在莆田,道士设醮仪式有好多种舞蹈场面。如"迎真走庭",即在三日三宵醮典正午举行的"迎真"时,设一法坛在大庭上,并搭一高栅象征天阙,由7个道士从法坛上朝天阙,迎真下降,来回都在大庭上穿花进行,舞蹈场面很壮观。再如"进贡围炉",即法事结束时,将法坛上所有疏封都收叠在一起,捧出大庭焚化炉中送它"上天庭",道士们围绕焚化炉穿花舞蹈。流行于闽南的《献铙钹》,是道士超度亡灵时的一种舞蹈,目的是使亡灵稳得房子和库银。表演时由一人独舞,动作有"推出"、"照镜"、"云龙过日"、"炒茶跳舞"、"绞刀剪浮铜"、"板钹"等二十多个,表演时间达两个小时,故通常有两人交替进行,除一些固定程式外,舞者可以随意选择动作进行即兴表演。表演时动作惊险,表演者把一面飞旋着的铜钹抛向空中,再用另一面钹把它接住,在抛与接的过程中,作出一系列难度动作。如做"直送如"动作时,右手做"旋钹"向上高抛钹,落下时以中指尖接住钹锥,钹乃旋转,反复三次后,接轻抛呈"抓蒂"接住,再作一次"旋钹",高抛中指接钹锥后,手臂由腋下向上屈时画圆还原,掌心始终朝上,上身随着前俯后仰,最后作轻抛接钹呈"抓蒂"。流行于闽清的《穿花舞》,佛、道两家兼用。在佛教中,是和尚做"普度",为死者招魂引度的一种法场舞蹈;在道教中,是道士设坛做"报孝",以超度父母亡灵所表演的一种法事舞蹈。表演时,8人右手执铜铃,左手提托灯笼,在民间音乐伴奏下,脚走台步,身形左右辗转成"S"形地板样式,相互沿供桌穿插、绕走,画面变化有致,快慢相间得当,显得飘逸流畅。流行于闽东北的《奶娘踩罡》,流行于三明、永安的《保奏》,顺昌洋口的《仙女洗镜》,闽东的《香花舞》,南平峡阳的《战台鼓》,莆田和仙游的《皂隶摆》等,都是福建很有代表性的宗教舞蹈。

高跷。如流行于闽西长汀的《高跷扑蝶》,表演时为两人,一扮"丑公",一扮"丑婆",丑公左手执扇,右手举着系有蝴蝶的竹片。舞蹈以丑婆为主,丑公以蝴蝶逗引丑婆,时而上下,时而左右,迫使丑婆左蹲右转,前俯后仰,时而眉开眼笑,时而歪嘴眨眼,时而娇媚柔态,时而气急败坏。通过"望蝶"、"戏蝶"、"追蝶"、"扑蝶"等情节铺陈,运用"小秧歌步"、"蹉步"、"单腿小跳"、"双腿小跳",以及"劈叉"、"下前腰"等技巧动作,生动地表现了公戏婆、婆扑蝶等欢乐情景,场面活跃,格调诙谐。

福建民间舞蹈所以形态各异,其原因是多方面的。如由于受交通、方言等影响,福建民间舞蹈难以在全境交流,没有一个舞种,能覆盖全境。在交通、经济相对发达的区域,如闽南,一些舞种经过长期碰撞、交融,流播的面还相对广些。而在一些较为封闭的区域,则只在一个县,一个乡,甚至一个村流传。如流传于沙县湖源乡湖四村的《打车鼓》,为明代村中青年人为求保佑家族平安而跳,经过民间艺人一代复一代的加工润色,形式日趋丰富,内容愈加完善,但至今也仅在本乡流传。流行于宁化高地村的《走阵灯》(又名《关刀舞》),是高地村池姓家族世代相传的一种祭祖舞蹈,虽然早在南宋就已形成,但至今也只在本村演出。流传于闽侯县荆溪关口村的《扛猫》,生动地展示了猎户猎虎满载而归的过程,但至产生以来,一直未出过关口村,也是关口村唯一流传的舞蹈。此外,民风不同也是一个原因。福建"十里不同风,一村有一俗"。很难想象,闽西北的人民会接受闽南上身赤裸、沿街拍打的"拍胸舞";而闽西北一些细腻的《采茶舞》,也难以在闽南流传。

福建民间舞蹈的产生和形成,主要与五个方面有关。

(一)产生于本地的劳动生活中。福建民间舞蹈是生活在八闽大地上人们抒发激情的一种艺术,它体现了人们的生存、劳作,表达着人们的欢乐、向往。如流传于闽北的《竹林刀花》,生动地反映了人民的劳动生活情景。当地农民出工时都要自带柴刀、竹担,开始只是为解闷而随意敲打,有时和着山歌,变换不同节奏边歌边舞,自娱自乐。后经过不断加工修改,成为表现当地人民劳动情趣的一种舞蹈。流传于闽北的《茶灯舞》,其动作也是融各种采茶姿势而成。产生于闽地的民间舞蹈与闽地特有的民俗有着极为密切的关系。如流传于闽南的《戏灯》(也称《抢灯》),即由民俗演变而来。闽南有"送灯"的习俗,女儿出嫁三年内,每逢元宵佳节,都要由父母购花灯,由家中小孩送给亲家。新婚第一年送一对,一为莲花灯,表示能生男孩;一为绣球灯,表示能生女孩。第二年,如女儿还未生,再送一对;如已生,改送"桃灯"。第三年再送一盏"鼓灯"。《戏灯》演的是:一小女孩,于元宵佳节,奉父母之命,将一盏花灯送到姐姐的婆家去,有一玩竹马小男孩在半路要抢花灯,女孩不给,二人你抢我闪,你躲我逐,表现了儿童的天真活泼,嬉戏逗趣。闽地民间舞蹈的产生和发展也与当地传统有关。如流行于南平峡阳的《战台鼓》(也称《战斗鼓》、《战胜鼓》),表现了战争中将士们随着鼓声缓进、速进等进军过程,气势磅礴。这是当年在郑成功军中任旗手,后退伍回峡阳的一位姓薛的传授的。它之所以能代代相传,与峡阳有浓厚的习武传统有关。峡阳多习武世家,考取武进士、武举人及在朝廷任武职的很多,习武成风。闽地民间舞蹈的形成与当地人民要表达自己爱憎和风情有关。如流传于漳州和龙海的《大鼓凉伞》(也称《花鼓阵》),表演时男演员身上挂着鼓边舞边打,若干女演员手拿彩伞,为打鼓的演员遮凉,边舞蹈边表演。溯其源,是当年闽南人民为戚家军胜利归来击鼓庆功,戚继光看到人们在炎热的太阳下打鼓(一说在雨中打鼓),个个满头大汗,心里十分感动,就命令战士和侍女撑着伞为打鼓者遮凉,随着队伍走动,形成了这种边打边舞的场面。

(二)外地传入。外地传入福建的舞蹈主要有三个途径:1、中原传入。中原文化多次传入福建,使无数中土舞蹈荟萃于福建,并以得天独厚的历史与地域条件,受到围护而得以积淀。如流传于闽西客家居住区的《龙凤灯》,原为中原舞蹈,距今已有七八百年,流传至今不变。2、由台湾传入。如流行于南安诗山凤坡村的《凤坡跳鼓》,是由台湾传入凤坡的。二百多年前,凤坡村有一人往台湾扎蓑衣谋生,在台湾学会了《跳鼓》这一舞蹈,返乡后恰逢家乡谒祖进香,他表演了《跳鼓》,从此每逢迎神赛会、谒祖,凤坡必有《跳鼓》表演。3、东南传入。

如流行于建宁的《打团牌》，是明代由湖南传入的。流行于闽西的《九连环》，就其使用道具而言，实际是苏皖一带的"莲汀"（也称"霸王鞭"、"钱棍"）。明末江淮动乱，百姓南逃至闽西，民间艺人在汀州街头操起"莲湘"，沿街卖唱，并唱起当地小曲"九连环"。久而久之，就变成了闽西民间歌舞。流行于龙岩的《采茶灯》，其曲谱和战鼓，均为苏坂乡美山村林氏十七世祖由广东传入，距今已有二百五十多年。

（三）脱胎于戏曲。福建是戏曲之乡，不少戏曲唱做俱佳，其表演程式和科步动作，具有很强的舞蹈性，因此福建舞蹈不少直接源于戏曲。如流传于莆田、仙游的《走雨》，原为莆仙戏《瑞兰走雨》"踏伞"中表现剧中人物瑞兰母女冒雨赶路的情景。流行于闽南的《抬四轿》（即"四人抬轿"），也直接脱胎于戏曲。在梨园戏、莆仙戏中，"抬轿"的动作被发挥得淋漓尽致，备受观众青睐，由此诱发了舞蹈者的仿效，久而久之，经过加工的舞蹈《抬四轿》更加幽默风趣，神情惟妙惟肖：四个演员头戴尖顶帽，身着轿夫装，用身体摹拟抬轿的动作，上山、下坡、涉滩、过桥等，再伴以闽南原始轿歌，更增添了舞蹈活泼气氛。流行于长汀策武乡的《碟子舞》，则从湖南来策武乡演出的《骂门生祭》戏中某个精彩片断演化而来。有的舞蹈形式被戏曲所吸收，后又独立出来。如流行于闽南的《摇钱树》，最早为乞丐讨饭要钱时跳的，后被高甲戏《大名府》所采用，并加以改造，使其动作更规范，以后又成为人们在春节期间跳的"恭禧发财"的舞蹈。

（四）宗教的影响。如流行于仙游枫亭的《簪花轿》，就是由道观传入民间的，所以带有浓重的宗教色彩。流行于莆田的《九莲灯》,以莲花灯象征圣洁的灵光,寓意"照破重重黑地,勋成皎皎清天",以"引灵魂脱凡尘,上西天"。每段舞蹈之间都穿插演唱三教教义,表演时灯随人舞,旋转不息。

(五)多方面的影响。福建不少民间舞蹈,既有外地传入成份,又经本地民俗的熏陶,还受到戏曲、宗教等影响,可以说是汲取了多方面精华,因此内涵丰富,令人百看不厌。如流行于闽南的《拍胸舞》,是福建最有代表性的民间舞蹈之一。舞者为男性,头套草圈,上身裸露;动作以趋于单一节奏的击、拍、夹、跺为主;部位集中在胸、肘、肩、掌,并辅以雄健的蹲步和怡然自得的摆头,构成粗犷、古朴、诙谐、热烈的风格。关于《拍胸舞》的来源有多种说法,如:1、与古闽越族祭祀舞蹈有关,其外在表演形式和内在动律都保留有闽越遗风;2、与古代中原踏歌有关,其神态、动态、形态与宋代马远"踏歌图"有相似之处,是随中州移民进入泉州;3、与古代闽南人劳动习俗有关,闽南人民习惯赤脚劳动,休息时常击掌拍胸,自娱起舞;4、与宗教有关,唐宋时泉州僧尼云集,"拍胸"是在迎神赛会上出现的一种舞蹈形式;5、与戏曲有关,为梨园戏《李亚仙》中郑元和与乞丐为伍行丐时所跳。这些看法并不矛盾,《拍胸舞》在长期演出过程中,受到各种因素影响,也由此汲取了各方面精华,很难说它仅源于此而无缘于彼。也正是因为其广博的包容性,才使这一舞蹈表现出深层次的内容,并由纯朴的民间舞蹈形式生发出较高层次的舞蹈审美意义。

第五章 艺术

三 戏 曲

福建虽然在唐代才得开发,但戏曲形成的时间却几乎与全国同步。唐咸通二年(861年),福州玄沙寺住持宗一法师"南游莆田,县排百戏迎接"(宋·沙门道原纂《景德传灯录》卷十八)。至宋代,宋杂剧传入福建莆仙,与盛行在民间的古乐和百戏结合,并用莆仙方言演唱,形成具有莆仙地方特色的杂剧。因宋时莆仙属兴化军,故名兴化杂剧。南宋莆田诗人刘克庄大量记载了莆田戏曲的盛况,如"抽簪脱袴满城忙,大半人多在戏场"(《即事三首》)。宋时杂剧在漳州也很流行,以至宋庆元三年(1197年)陈淳在漳州写了《上傅寺丞论淫戏书》,一方面反映了道学家对民间戏曲的鄙夷,但从另一方面也可看出当时漳州戏曲的兴盛。宋末元初,南戏开始传入福建,逐渐与莆田的兴化戏、泉州的梨园戏、漳州的竹马戏相结合,并从剧目、表演和音乐上促进了这三个戏的发展。福建戏曲萌芽于唐,形成于宋,成熟于元。其因素,一是晋末至唐五代,北方人士南移入闽,使中原古乐传入福建;二是唐五代福建相对安定繁华,不仅官邸宴舞为常事,民间也出现歌楼;三是福建唐五代佛教兴盛,寺院林立,庙会成了演出场所;四是宋代福建中举及在外居官者甚多,他们返乡时,常带家伎随侍娱乐;五是宋南渡后,大批皇族入闽,且闽人多官于浙,而浙人多官于闽。皇族和官员多蓄养家班,他们入闽后,即将盛行于杭州的温州杂剧带进福建,皇族家班开始流入民间。

明代是福建戏曲的发展时期。弋阳腔、昆山腔、四平腔等相继传入福建,为福建各地戏曲声腔所融合吸收,不仅产生了许多新的声腔剧种,还对已有的剧种在程式、行当、服饰、脸谱等方面产生了较大的影响,各种新旧剧种争奇斗胜,异彩纷呈。据有关文献记载,从城市到乡村,各种演出极为频繁,且剧目丰富多彩。如在泉州演出的有《西厢记》、《陈三五娘》等,在莆田演出的有《范蠡献西施》、《潘必正》、《霍小玉》等;在福州演出的有《鸣凤记》、《彩毫记》、《采茶》、《出塞》等。此外,明万历间,福建戏班还曾到琉球国演出,深受欢迎。明代福建戏曲发展的原因有四方面:1、外来声腔传入途径多样化。一是随商人入闽,如徽池一带戏班,曾随徽商入闽,将弋阳高腔、昆腔、徽州腔、青阳腔等传入福建;二是外任官员返乡,如曾任江苏嘉定县令的陈一元,喜昆剧,返乡后在福州家中蓄昆曲"歌童一部",以演出娱宾。2、传入路线多方面。如"稍变弋阳"的四平腔,曾分三路传入福建,一路从赣东经闽北传到政和、屏南和宁德;一路经浙江东路沿海流传到了闽中沿海的福清、长乐、平潭等地;一路从赣南流传到闽粤交界的平和、漳州、南靖等地。3、涌现了一批戏曲作家与作品。如福州陈轼的《续牡丹亭》、陈介夫的《异梦记》、福清林章的《青虬记》及何壁撰校《北西厢记》等。4、涌现出一些在戏曲评论方面有见地的学者,如长乐的谢肇淛、莆田的姚旅、泉州的李贽、连江的陈第、福州的曹学佺等。

　　清代是福建戏曲的繁荣时期。其标志:1、戏班众多。如据清莆田人陈鸿《莆靖小纪》载,1693年,莆田戏班已有28班。福建官吏常蓄家班演戏,甚至连厦门海防厅都设有戏班,专为官衙内部演出。2、流播国外。1685年至1688年,福建戏班曾到泰国王宫、大城等地演出喜剧、悲剧等；1840年至1843年，高甲戏"三合兴"班曾到新加坡、马来西亚、缅甸等国演出《三气周瑜》等戏；1843年至1844年，高甲戏"福金兴"班曾到泰国、新加坡、马来西亚、印度尼西亚等国演出《白蛇传》等戏。3、演出更加普及。各地方志对演出的盛况多有详尽记载。如清康熙《平和县志》卷十"风土志"载："诸少年装束狮猊、八仙、竹马等戏"；清乾隆《长泰县志》卷十"风俗"载："锣鼓喧天，旌旗蔽日，燃灯结彩，演剧连朝。"清道光《龙岩州志》卷七"风俗"载："自元旦至元夕，沿家演戏，鸣锣索赏。"清道光《永定县志》卷十六"风俗志"载："迎神申敬，演戏为欢，亦不可三五日而止。"清道光《罗源县志》卷二十七"风俗"载："他邑梨园子弟，惟是月有至罗者，演唱庙中匝月。"清代侯官人聂敦观在《观剧》中，对福州戏曲演出的盛况有过生动的描述："就中闺门粗识字，听词能诵《鸾凤记》。香车逐队无猜忌，搭棚一丈为标识；棚前众目不相识，歌声未起人声沸。……流连竟夕都忘寐，但觉歌词有情致。"清代福建戏曲的繁荣，最主要原因是大量的外地戏曲进入福建后，与当地的民间艺术融为一体，成为各具特色的地方戏。如从清中叶至20世纪30年代，湖南祁阳班经江西到龙岩、连城、宁化等地，许多艺人就地落籍，并吸收融合了闽西木偶戏、民间的中军鼓乐和西秦戏，形成了"外江戏"这一地方剧种，后又称"闽西汉剧"。以吹腔为主要唱腔的"乱弹"，于清中叶经浙江、江西传入闽东北的寿宁、古田、屏南、福安等地，并吸收了当地民间艺术，形成后称"北路戏"的剧种。徽班经浙江、江西传入闽西北泰宁县梅林乡一带，吸收了当地道士音乐和民歌小调，后称"梅林戏"。江西戏班传到闽北浦城一带,后称"赣剧"。

福建诸多剧种中,最主要的有闽剧、莆仙戏、梨园戏、高甲戏、芗剧这五大剧种。

闽剧俗称福州戏,流行于福州方言地区及宁德、建阳、三明等地。闽剧是明代末年的儒林戏和清中叶以来的江湖戏与平讲戏这三种不同艺术风格的剧种,互相渗透融合,并吸收了徽戏和昆曲而形成了以唱逗腔的儒林戏为主的综合性多声腔剧种。闽剧传统剧目很丰富,据统计有1500多个。著名的如《女运骸》、《双玉蝉》、《甘国宝》、《陈若霖斩皇子》、《伍老与周良显》、《红裙记》等。今人改编整理的如《桐油煮粉干》、《贻顺哥烛蒂》、《钗头凤》、《炼印》等。闽剧的音乐曲调富有浓厚的地方色彩,它由典雅婉约的"逗腔"、粗犷激越的"江湖"、通俗流畅的"洋歌"和清新活泼的"小调"这四类曲调构成。伴奏乐器分"软片"、"硬片"两类,软片伴奏以丝竹为主,主要乐器如京胡、三弦、笛、笙、唢呐等;硬片伴奏以金革为主,主要乐器如清鼓、堂鼓、大小锣、大小钹、鱼鼓、清水磬等。脚色行当早期只有生、旦、丑,后来日渐完整,分有正生、小生、老生、贴生、武生;正旦、青衣、花旦、小旦、武旦、老旦、丑旦;小丑、三花、武三花;大花、二花、武二花;末、外、杂等。闽剧表演动作强烈、粗犷,如舞台上常有三赶三追、扁嘴憋脸、抖手颤腿、耍发甩须等表演程式。但也有部分生、旦其动作较为细致、典雅。旦角的表演,十分细腻柔美。闽剧对身段要求严格,有"有脚才有手,有手才有身"、"脚动手动,手动身动"和"一动百动"之说。

莆仙戏主要流行于莆田、仙游两县及邻县的兴化方言区。因宋时莆田、仙游隶兴化军,明、清时隶兴化府,故又称"兴化戏"。莆仙戏历史悠久,早在700多年前,莆田著名诗人刘克庄曾在其诗中大量描述过当时演戏的盛况。莆仙戏传统遗产极为丰富,仅传统剧目就有五千多个,八千多本。刘念兹在《南戏新证》(中华书局1986年版)中指出,莆仙戏剧本之多,"全国以至全世界,还没有别的剧种可以与之相比。它是迄今收藏世界戏剧艺术作品最丰富的一个图书馆和博物馆"。著名的传统剧目如《目连》、《叶里》(又名《叶里娘》、《翁懿娘》)、《张洽》、《春江》、《商辂教书》等。今人整理改编的如《团圆之后》、《状元与乞丐》、《春草闯堂》、《琴桃》、《嵩口司》等。莆仙戏音乐属兴化语系的兴化腔,唱腔结构形式为曲牌体,有谱可传的曲牌不下千支,男女同腔同调,行腔委婉缠绵。乐器伴奏早期只有锣、鼓、笛,后又陆续增加了横笛、大胡、二胡、月琴、三弦、文鼓、单皮鼓、钟鼓、碗锣等。据称,锣鼓经共有五百种以上,有谱可传者现有二百余种。脸谱用色为红、白、黑三种。据《莆仙戏传统舞台美术》介绍,目前收集到的脸谱有三百多个。脚色有生、旦、靓妆、末、外、贴、丑等七个行当,以生、旦为主,讲究优美细腻,富有舞蹈性,特别以表现古代女子"行不动裙"的蹀步为最优美,走时两膝夹紧,双足靠拢,足尖着力,一跷一落,蹉着行进。练时需在膝头夹个铜板,以走时铜板不掉算到功。

梨园戏流行于泉州等闽南方言区。宋末元初,当时流行于泉州一带的民间优戏杂剧,吸收了传入泉州的温州南戏的剧目和表演艺术,形成了以闽南地方语言演唱南音为主的戏曲。梨园戏分"上路"、"下南"和演员为童龄的"小梨园"三种不同艺术流派。各个流派都有各自的专有剧目和专用唱腔曲牌。梨园戏剧目有一百多个。"上路"中著名的传统剧目如：《王十朋》、《王魁》、《刘文良》、《朱文走鬼》、《朱寿昌》等，大都以夫妻悲欢离合的家庭故事为多，表演风格较为古朴。"下南"中著名传统剧目如《刘大本》、《吕蒙正》、《郑元和》、《苏秦》等，多以讽刺封建社会的世态炎凉为主，也有部分公案戏，剧本文词较粗俗，表演风格较为明快、粗犷。"小梨园"中著名的传统剧目如《陈三五娘》、《郭华》、《董永》、《蒋士隆》、《韩国华》，剧文结构严密，文词典雅，内心描写细致，表演风格柔雅精致，多载歌载舞。梨园戏音乐由南音、笼吹、十音和部分潮调等组成，唱腔结构属曲牌体。上路曲牌较为刚劲有力、淳朴、哀怨；下南曲牌较为明快、粗犷、诙谐；小梨园曲牌较优美、纤细、缠绵。脚色沿用南戏旧制，小梨园以生、旦、净、丑、贴、外、末七个行当，"上路"和"下南"则增加老旦和二旦。表演细腻优美，规范严谨，有"一句曲子一科步"，"举手到眉毛，分手到肚脐，拱手到下颏"，"进三步，退三步，三步到台前"等舞台术语。

高甲戏流行于闽南方言区，渊源于明代泉州地区民间街头妆扮游行。最早因多扮演《水浒传》里宋江故事，故早被称之为"宋江戏"。清中叶，"宋江戏"与南安岭兜村"合兴班"互相吸收融化，突破了只演宋江故事的框框，受到弋阳腔、徽调、昆腔、四平腔以及后来京剧的影响，使自己在兼收并蓄中日趋成型为今日高甲戏。高甲戏传统剧目约600多个，大部分来自木偶、布袋戏和古典小说，也有部分来自民间传说。著名的如《大闹花府》、《织锦回文》、《詹典嫂告御状》、《管甫送》。今人改编整理的如《连升三级》、《真假王岫》、《桃花搭渡》、《许仙谢医》、《凤冠梦》等。音乐曲牌以南曲为主，兼收木偶调和民间小调，传统曲调有200多首，唱字行腔雄浑高昂，也有清婉细腻的音韵。乐器分文乐和武乐。文乐以唢呐为主，配以品箫、洞箫、三弦、二弦等；武乐有百鼓、小鼓、通鼓、大小锣、大小钹等。脚色行当有生、旦、北、丑、杂，以丑角戏的表演最有特色，有男、女丑。男丑又分文丑和武丑，文丑有"长衫丑"和"短衫丑"；武丑有"师爷丑"和"捆身丑"。女丑有"夫人丑"、"媒人丑"、"老婆丑"等。表演时身段动作优美细致，表情幽默诙谐活泼，夸张性大，妙趣横生。

芗剧也称"歌仔戏"，流行于闽南漳州地区。明末清初，随着郑成功收复台湾，漳州地区的锦歌、车鼓弄等民间音乐也传入台湾，并与当地民间艺术相结合，又吸收了其它剧种技艺，发展成为一种新的戏曲——歌仔戏。1928年，台湾歌仔戏"三乐轩"班首次回闽南演出，受到漳州、厦门等地乡亲们的喜爱，于是又在闽南故土迅速发展。芗剧传统剧目有400多个，题材多取自民间传说、神话、公案、传奇和历史演义，如《山伯英台》、《火烧楼》、《安安寻母》、《杂货记》、《李妙惠》等；今人改编整理的如《加令记》、《三家福》等。芗剧唱腔多，说白少，腔调主要有七字调、哭调、台湾杂含调、内地杂碎调及来自民歌和其它地方剧种唱腔共五大类。乐器分为文场和武场。文场乐器有通鼓、竖板、板鼓、木鱼、小钹、大钹、大小锣等；武场乐器有月琴、台湾笛、二胡、唢呐等。脚色行当一般分生、旦、丑、净；生又分为老、少、文、武；旦分青衣、老旦；净分文武大花脸和二花脸；丑分男、女、文、武、粗思丑。表演讲究夸张，用语幽默诙谐，有一整套表演要求。如指法有"小旦到目眉，小生到肚脐",眼功有"指出手中,眼随指从","眼出情,指出神"等要领。

除了这五大剧种外,福建较为有名的地方戏还如:1、竹马戏。流行于长泰、南靖、龙海、漳州、厦门、同安、金门等地,发源于漳浦、华安等地,由民间歌舞"竹马"发展而来,因表演者身扎竹马进行歌舞而得名。2、潮剧。也称"白字仔戏"、"潮音戏",流行于诏安、云霄、东山、平和、漳州、南靖及龙岩等地。明中叶前形成于广东的潮州、汕头一带和福建南部的潮语方言区。3、大腔戏。流行于三明、永安、大田、龙溪等地,因"大嗓子唱高腔,大锣大鼓唱大戏"而得名。4、闽南四平戏。流行于漳州、平和、漳浦、诏安、云霄、南靖等地。因演出戏台大,照明灯火大,锣鼓声响大,亦称"大戏"、"老戏"。5、词明戏。流行于福清、平潭、长乐等地。刚由浙江传入时,唱白均用官话,为了让当地人听懂,强调"词句唱明",故有此称。6、平讲戏。流行于屏南、古田、宁德、福安及闽侯、长乐等地,因用当地方言演唱戏文而有此称。7、闽西汉剧。流行于龙岩、三明及龙溪等地,因其主要声腔属弹腔南北路,故称"乱弹"。又因其声腔来自外省,亦称"外江戏"。8、北路戏。流行于闽北和闽东,因主要乐器为长膜笛,故又名"横哨戏"。9、梅林戏。流行于三明、泰宁、明溪、将乐等地,因其发源于泰宁县朱口乡梅林村,故有此称。10、三角戏。因只有生、旦、丑三个脚色,故又称"三子戏"、"三小戏"。流行于邵武、光泽、泰宁、建宁等地。11、小腔戏。因由赣东传入,故又称"江西戏"。流行于尤溪、永安、大田、沙县等地。12、打城戏。因是在宗教做法事"打城超度众生"基础上发展起来的,故又称"法事戏"、"和尚戏"、

"道士戏"等。流传于泉州、晋江、南安、龙海、漳州等地。13、山歌戏。因在闽西山歌的基础上发展形成的,故有此称。流行于闽西各县。

福建地方戏的主要特点有五个方面。

(一)保存了全国最多的南戏剧目和中原古剧,被称为"南戏遗响"和中原古剧的"活化石"。特别莆仙戏、梨园戏在传统剧目、音乐曲牌、脚色行当等方面都与南戏关系密切。莆仙戏有存本的传统剧目中,有五十多个与《南词叙录》"宋元旧篇"著录的南戏剧目相同或基本相似。莆仙戏保存了大量古南戏稀有曲牌,而且其部分曲牌的名目、音韵、词格等,亦与唐宋大曲和宋词调相同。莆仙戏的表演和舞曲,也与唐宋大曲有一定继承关系。梨园戏不仅保留了大量宋元南戏剧目,在音乐和演奏上也都保留了唐代古乐的结构特点和演奏遗风。

(二)剧种的形成过程复杂,汲取营养丰富。福建戏曲所以难以明显区别外来剧种、本地剧种,是因为它所受的影响是多方面的,是各种艺术、各种剧种互相融汇的结果。以潮剧为例,似乎纯属外来剧,其实它固然形成于广东潮、汕一带,但其早期称"正音戏",是用中原音韵的"官话"演唱的,属宋、元南戏的一支。后又受到梨园戏的影响,如潮剧传统剧目《荔镜记》,曲文即以泉州方言杂潮语写成。潮剧主要乐器,也与梨园戏基本相似。此外,潮剧还受到畲歌疍舞影响,许多潮剧传统剧目中还保存有斗畲歌的形式和疍民船上歌舞的形式。

(三)保留不少稀有剧种。这是福建的封闭性所致。如过去许多戏剧史家们认为,"四平腔"作为一个独立的剧种已经绝灭。但1981年夏却发现宁德洋中乡的"眉屿"和屏南县熙岭乡的"龙潭"两个偏僻小山村中,有四平戏的遗响。

(四)赴东南亚演出频繁。据《福建戏曲志》统计,从明万历年间至1948年,福建戏班赴东南亚演出,有资料可查的有30个左右,共35次。剧种为高甲戏、闽西汉剧、莆仙戏、梨园戏、闽剧、芗剧等。赴外演出时间之悠久、戏班次数之多、剧种之多,为全国地方戏中所不多见。

(五)演出习俗繁多。福建各剧种演出习俗之多、之细、之繁,实为罕见。开演前、演出中、演出后各剧种都有一套详尽程序。如闽西汉剧在首场演出时,必须先由一演员扮唐明皇,口念"风调雨顺,国泰民安"。潮剧在开演前,先要演一出《团圆》后才入正剧。新戏开演,新戏棚落成等,也有各自规定的习俗。如芗剧在新戏台演出时,必须洗台。洗台仪式极为繁缛。莆仙戏在新戏开台时,都要先演"田公踏棚"。有的剧种连什么日子该演什么,忌演什么,怎么拾礼(拿东道主红包)等,也都有规定。各剧种都有自己所供奉的保护神,如莆仙戏供奉田公元帅,大腔戏和小腔戏都供奉田清源、窦清奇、葛清巽三个戏神。各剧种也都有自己的行话和口诀,如梨园戏称演员唱每一句曲白都要选用能准确表达其含意的表演程式为"一句曲一步科",称演员在舞台上滥动为"歹戏多科步,歹傀儡多线路",称鼓一响即要上台为"军令不如赌令,赌令不如戏令"等。

福建戏曲以其独到的表演艺术而令人赞叹。福建各剧种虽然都用方言演唱,却在屡屡上京晋演时,倾倒外地观众,并多次得奖。即使观众听不懂演员的唱白,也能从演员那出神入画的动作表演中得到美的享受。虚拟是中国戏曲的主要特点之一,而身段和动作,又是虚拟凭借的主要方式,"通过演员的身段和动作,把没有实物的实物意象传递给观众欣赏。舞台空无所有,演员心中却一切具有"(参见拙文《中国古代戏曲的民族特色》,《中国文学导读》北京大学出版社,1990年2月版)。

福建各剧种都注重基本功的训练,讲究步、手、肩的配合,但各剧种又有自己独特的要求。以步法为例,莆仙戏有三步行、踩步、摇步、拖步、挑步、云步等。闽剧的步法有正步、平步、快步、慢步、叠步、抬步、雀步、错步、趋步、云步、拖步、颠步、摸步、老步、膝步、转步、退步、迈步、弓箭步、跳步、矮步、分水步、探步、滑步、跨步等。芗剧有贴步、碎步、叠步、磨步、垫步、踢裙、跑步、蹉步、上楼步、迈步、颠步、八字步、弓步、勾步、踢步、矮步等。梅林戏有踏步、跺步、蹉步、蹿步、跪步、云步等。各个脚色行当,所用的步法也不同。如莆仙戏旦脚最主要的是"踩步",两足并立靠拢,足尖一翘一落,膝头夹紧,足尖着力,不断搓着行进,表现了古代女人婀娜走步的形态;生脚最主要的是"三步行",举步时足尖稍抬起,踏地时膝盖稍曲即又伸直,表现了儒雅稳重的风度。再如北路戏,表现花旦欢跃情态时,多用"金鸟步",即脚尖落地用碎跳跃前进,身躯与头部紧密配合,一俯一仰轻巧自然;表现成年妇女稳重大方时,多用"后跟步",即用脚跟着地,轻移莲步,一进一退,或三进一退。

再以手法为例,闽剧的手法如兰花手、菊花手、弧形手、抱拳手、山膀手、背拦手、哭介手、遮雨手、云手、抖手、翻手、穿手、握手、指手、拦手、背手、拱手、摊手、拉手、上下摆手等。各剧种的手法也都有严格的程式,如竹马戏中的"指手",是将右手从小腹前弯弯划至胸前,向正前方指出,掌心朝外,指尖朝上,高度齐鼻,左手同时插在腰上;"分手"即两手以螃蟹手姿式,从两侧向腹前翻转;"啄手"即左手插腰,右手以观音手姿式划至胸前,然后再着力指出。各种手法作用也都有明确规定,如梨园戏中"指手"是指人、指事、指方位;"啄手"是用于羞怯、偷看、探视或远处暗自思忖;"拍手"是表示欢喜、赞美或庆贺团圆;"提手"是表示疑惑、惊讶或反问;"分手"表示没有、发问或不解;"拱手"表示尊敬等。

福建戏曲属于地方剧种,虽受方言限制,却有不少被全国各地方剧团移植,如莆仙戏《春草闯堂》被全国一百余家剧团移植,高甲戏《连升三级》被全国三十余家剧团移植。其高超的表演艺术使其充满魅力。如莆仙戏《杀狗记》"迎春牵狗",表现女婢迎春,奉主娘之命,到王婆家买狗后将狗牵回。全出没有唱词和道白,靠迎春的手势、台步、身段、眼神,表现了一只虚拟狗的存在。据《福建戏曲志》载,其层次为:①迎春运用长短手牵狗,跑圆场;②狗往回跑,迎春三拉三拖;③迎春紧拉狗索,与狗对面连续长短手三下翻;④狗迎面扑来,迎春麻利地作三下跳躲闪过去;⑤迎春跌坐在地上,用臀部将狗索压住;⑥迎春抚摸狗头,用动作表示狗不再调皮了;⑦迎春对面逗弄狗,走小圆场;⑧迎春用绳索向狗作"三下扑",重打绳索套在狗头上;⑨迎春左手抓狗,用绳索打狗,狗蹲地,迎春又抚摸狗,从袖中拿饼给狗吃;⑩狗吃饼,迎春双手提索牵狗走"雀鸟步",欢欢喜喜下场。形象细腻地表现了牵狗的过程。再如高甲戏《骑驴探亲》,亲家姆是一位麻利的农村老妇人,她挥鞭跑驴时,打一鞭,驴跳一步退两步;打两鞭,驴跳两跳又退回;

再重抽一鞭，驴突然向前飞奔。打两个圆场后，驴才慢慢恢复正常。演员运用腿、肩、颈及眉、眼、嘴的表演，使观众感觉到一头难以驾驭的驴的存在，表现了人急驴不急的有趣场面。

福建各剧种还常借扇、伞等砌末中的套数，形象地表现角色性格和思想感情。据《福建戏曲志》载，莆仙戏《百花亭》"百花赠剑"中，生、旦同时慢慢打开扇子，向左边作"乌云盖顶"，然后双方把台位拉开，打开扇向左右搭，作"双飞扇"。再扇叠扇，作"双宿"扇法，三上三下，再转换台位，叠扇为"阴阳扇"，左掀右翻，慢慢蹲下，相对照面，再次接连作"三托扇"，然后双扇如蝴蝶翩翩起舞，若即若离，构成"花鱼戏水"的扇舞。高甲戏《笋江波》中，官宦公子吴世荣未出场先伸出手中扇子上下盘旋，接着以扇遮面；扇向右拉，露出半个脸；扇向左拉，又露出半个脸；扇又向下拉，才逐渐把脸露出来亮相。再将扇子架在脖子上，头向前伸，活脱脱一个花花公子形象。各剧种的扇功五花八门，如芗剧扇功有：持扇、捧扇、点扇、转扇、开扇、托腮扇、瞅视扇、遮羞扇、反夹扇、腰扇、拱扇、背扇、扑蝶扇、卧鱼扇、打风扇等。潮剧文生也注重扇功，各种扇功都有一定程式，当欣赏风景或表示激动，就以右边扇，托左袖颤扇来表达；当发现近处景物时，结合唱词运用左指扇；表现端庄大方的形象，用反花扇亮相。再以伞为例。梨园戏有"十八雨伞科"，如《孟姜女》"送寒衣"中，以张伞、撑伞、顶伞、施伞、升降伞、飘伞、放伞等动作，形象地表现出人物顶风冒雨艰难行进的情景。《高文举》"玉真行"中，王玉真以捧伞、托伞、停伞、荷伞、掷伞、拖伞、开山伞等动作，真切地表现出孤身行路时的惊惧、疑虑而又坚强的心情。《陈三五娘》"留伞"演陈三愤然而去，婢女益春苦苦挽留,通过陈三和益春对一把伞的争夺,表现了一个要"去",一个要"留"的心理:陈三拾伞、荷伞欲走,益春追上挽伞,二个拉、挽各持一端;益春夺过伞并置地下,陈三捡伞,益春踩伞,陈三手被压而缩,益春歉疚,陈三再拾伞、挟伞而行,益春夺伞,两人握伞绕圈,最后陈三将伞夺回,益春抢前握住伞柄,道出缘由。

　　福建戏曲常用身段动作来表现虚有的实物,使观众身如其境。如表现"撑船"时,演员牢记"人在船上,船在水中",通过身段动作来表现本不存在的船(参见拙文《中国戏曲鉴赏》《语文导读》中国经济出版社1994年2月版)。如闽剧《渔船花烛》,玉珍上船时摇摇晃晃、小心翼翼地一步一步往前挪,表现出跳板之险;在船上,玉珍脚步趔趄,头碰船篷,表现出船的窄小和倍受风涛颠簸。竹马戏《搭渡弄》中,旦脚左手模拟扶桨,身子微微倾斜,捧桨的手缩回胸前时,左脚垫在右脚跟,左手推桨向外伸时,右脚跟垫在左脚跟后,表现了船在水中的动荡。再如表现坐轿行走,演员通过一系列动作,惟妙惟肖地表现出本不存在的轿。梨园戏《商辂》,演吴丞相乘轿上殿时,家院作掀轿动作,丞相双腿下蹲入轿,端坐轿内,家院则绕着四周忽快忽慢地行走,表现轿子以不同速度在行走。最为让人称道的是莆仙戏《春草闯堂》"问证"中,知府让春草坐轿,自己步行相随,春草、知府、轿夫分别采用踏步、双跳步、双踏步、蹀步、跶步、矮步、抽步、颠步等步法,逼真而又生动地表现了上坡下坡、直跑转弯、涉水过沟等形态,使观众强烈地感受到轿子的存在。

四　绘　画

福建画家可查考的主要在唐以后。据清代浙江海盐人黄锡蕃编撰的《闽中书画录》载,福建画家,计唐4人,五代1人,北宋52人,南宋24人,金2人,元20人,明408人,清188人;女画家24人,僧19人,道士18人,流寓7人,游宦35人,总802人。黄锡蕃曾游闽10年归,所引书籍327种,五易其稿而成此书,其记载当较为可靠。但黄锡蕃编此书时为嘉庆六至十二年(1801-1807年),故此后的画家未编入。据有关资料考查,清代福建画家约300人,与明代相近。福建画家在分布上有两个特点:一是面广,几乎所有的县都出画家;二是画家群体只集中在几个主要县市。近人孙黓所著《中国画家人名大辞典》(神州国光社1934年版)收入福建画家350人,据其载,福建画家最多集中在莆田,约50人;其次集中在福州(即侯官与闽县),约40人;再次为晋江,约20人;邵武、诏安、沙县、建阳等各约15人左右。

福建画家最鲜明的特点是能融合各家之长,表现出极强的创造性。他们不墨守陈规,敢于创新的特点,在中国历代画家中是很突出的。

宋代福建画家人数虽不多,却特点鲜明。建阳人惠崇擅长花鸟和山水,其画荒率虚旷,世称"惠崇小景",充满江南牧歌式的情调,与南方山水画派同宗而异趣,其特点是作者将学禅妙悟后的神遇,借"小景山水"表达,别具灵寄,意境虚和萧散。传为其作的《溪山春晓图》,山峦朦胧,江水清澈,渔舟初放,飞鸟啼鸣,展示了江南水乡山村春天早晨时的秀丽景色。在构图上运用了平远法,山林连绵起伏,沙渚水溪相接。福唐(今福清)人陈容善画龙,或全体,或一爪一首,隐约不可名状。其《云龙图》中巨龙自高而下地盘旋于画面中的位置,龙头昂仰,双目惊视,利爪奋攫,周身云翻雾滚,一片迷朦,形象地表现出巨龙气吞万物、叱咤风云的气概。画幅右下角自题四行三言六句,可称诗、书、画三绝。这种三位一体的表现形式和手法,在南宋文人画中已开始出现,但为数很少,陈容则开元代及以后普遍化先河。

元代最著名的福建画家是由南宋入元的连江人郑思肖。入元后,他隐居不仕,其《墨兰图》花叶萧疏,画兰而不画土,寓意国土被异族践踏,兰花不愿生长其上。短茎小蕊的兰花,借助舒展之姿和浓重水墨,体现出刚劲和清雅之质。这种不着地,没有根的墨兰,是一个新的创造。"露根兰"由此成为一种绘画流派,在福建一直盛行到清末。

明代,许多福建画家以自己的创新丰富了中国绘画的宝库。沙县人边景昭精画禽鸟、花果,师南宋院画中工笔重彩一体,又有所创造。他注重对象的形神特征,其《竹鹤图》描绘溪水之畔,翠竹之间,两只丹顶白鹤悠闲而处的情景,神态生动自如。其《三友百禽图》绘入冬季节,百禽栖戏于梅松竹之间,它们或飞或鸣,或嬉或息,呼应顾盼,各尽其态。如此繁复的构图,众多的禽鸟在作者笔下穿插掩隐,多而不乱,这在南宋院体画派中是罕见的。莆田人李在吸收各家之长,又有创新。他的画细润处接近郭熙,豪放处似马远、夏圭。他在继承两宋院体画基础上又吸取元代文人画技法,对戴进和吴伟的画法也悉心学习，融会变化，自成风格。其《琴高乘鲤图》描绘神话故事中周代赵国人琴高回水中时和学生揖别的情景，虽然是以人物为主，对自然环境也作了精彩描绘，在河水翻腾、野风狂裂、山动水跃的环境中，衬托了琴高乘鲤仙去的情景。因此，它也是一幅精妙的山水画。李在与明初画家马轼、夏芷根据东晋陶渊明的《归去来辞》一起创作了《归去来兮图》，其《抚孤松而盘桓》、《临清流而赋诗》等画，展示了广阔超脱的精神境界，在明初院体画中具有鲜明的特色。莆田人吴彬善画人物，擅长佛像，形态怪异，与前人迥然不同，自成门户。美国哈佛大学高居翰（James Chahill）教授将吴彬一些作品与17世纪初传到中国的一些西洋版画对照，认为吴彬的画必然受到西洋画的影响（参见《The Compelling Image》哈佛大学出版社1982年版），是有见地的。吴彬所绘的山水画是一种想象的主观世界，是梦境、幻影的综合，自然形态在他笔下都被夸张，改变了原形。其《仙山高士图》，奇峰突起，云雾蒸腾，巨石团团，欲腾空而去，这种幻景般的世界，不存在人间。其《文杏双禽图》风格奇诡，他将水中鸳鸯画在树上栖息，文杏树情状奇特古朴，款印都署在最高的一枝枯树间，与明末文人画的习惯相异，具有强烈的个性。晋江人曾鲸对肖像画有独到贡献，能突破成法，创造出一种新的表现方法。《国朝画征录》说："写真有两派：一重墨骨，墨骨既成，然后敷彩，以取气色之老少，其精神早传墨骨中矣，此闽中曾波臣（曾鲸）之学也；一略用淡墨勾出五官部位之大意，全用粉彩渲染，此江南画家之传法，而曾氏善矣。"前者为曾鲸始创，后者为传统与写真法。据《无声诗史》载，曾鲸"每图一像，烘染数十层，必匠心而后止，其独步艺林,倾动遐迩,非偶然也。"这种创新的画法富有立体感,人称"凹凸法"。

清代,闽西出现了一些杰出的画家。长汀人上官周为表现他认为值得称颂的古人,创作了120幅人物白描,工夫老到,各具神态,于唐寅、仇英之外,另辟蹊径。其《晚笑堂画传》中的"王子安像",把王勃绘成眉目端秀、面颊丰满,他身着宽袖长袍,赤足站在一片大芭蕉叶上,左手拿一柄大纨扇,右手托一只大酒杯,双眼似微睁,诗人似乎已喝了不少,但犹未尽兴,仍要喝下去。上官周抓住诗人恃才、嗜酒的特点,表现了诗人的放浪形骸和恃才傲世,将诗人仕途上的不得志又不愿受羁绊等情感细腻含蓄地表达出来。上杭人华嵒绘画"无不标新领异,机趣天然"(秦祖永《桐阴绘画》),具有独开生面的"绝技",在画坛上独树一帜。华嵒的山水画由于注入了超脱尘世的思想,画面清净无尘,清明爽朗,有一种可望而不可及,可爱而不可求的境界。他的花鸟画具有意在其中,情见于外的艺术魅力,自成特色,达到了"并驾南田,超越流辈"(秦祖永《桐阴绘画》)的境界,开拓了由恽南田开创的、以北宋徐崇嗣没骨法为基础的新花鸟画创作道路,为清代中期花鸟画的新发展作出了贡献。其《山水图》,左方危崖屹立,其上林木扶疏;右方巨坡横卧,坡下拖沙垒石;崖坡之间江水萦回,远处山峦层叠。峻拔与舒缓,险与夷有机地统一在画面空间,了无痕迹。其《天山积雪图》描绘了一位牵驼的旅客在冰山雪岭间缓步行走的情景,一只孤雁横空而过,雁鸣声引起旅客和骆驼皆举首仰望。画面绝大部分布置高耸雪山和暗淡愁云,又使人感到在旅客寒驼脚下,长年积雪的天山是不足畏惧的。其《春水双鸭图》，描绘了两只游鸭在清碧见底的春水中嬉戏的情景：一鸭探身水中，瞪目求食；一鸭浮于水面，缩颈静观，双鸭动态新颖生动，神情活灵活现，生活情趣饶足。其《红叶画眉图》，将一只啭鸣枝头的画眉鸟表现得工致而又细腻，作者汲取了五代孟蜀宫廷画家黄筌工细写实的手法，却注入了自己淡泊、空疏、闲逸的气息情调，手法空灵巧妙而不失闷塞。其《鸟鸣秋树图》描绘一只画眉鸟栖止在秋树干上，引吭高鸣，表现出不畏秋霜的气派，下面的坚石和劲竹进一步强化和深化了这种豪迈气氛。小鸟和秋树以"没骨法"画成，别有一种柔和、蕴藉、闲逸的韵味。宁化人黄慎以人物画为最，早年以工笔为主，中年以后运用狂草笔法作画，把书法笔法和画法相结合，粗笔挥写，以简驭繁，形成于粗犷中见精练的艺术风格，独步画坛。其《驴背诗思图》为"减笔"之作，作者以枯笔干墨，以"柴笔描"画法，描绘了一个骑在驴背上的老诗人，左手捋着胡须，聚精会神地沉浸在构思中，人物形象简练生动。其《醉眠图》将人、葫芦、包裹和铁拐堆在一起，构成一个三角形。大葫芦仅用几笔线条勾出，化实为虚；铁拐李头部前额凸出，头发和眉毛用秃笔点刷，自然逼真，下垂的眼睑和肥大的酒糟鼻，淋漓尽致地表现了铁拐李于沉醉中的特有形象。其《苏武牧羊图》，以伤痕瘢剥却坚劲无比的老树、冰天雪地的恶劣环境，烘托鬓发、眉须尽白的苏武，造型极为写实。其《渔父图》中，一位身躯微曲、携着钓竿的渔父，手中拎着一尾活鱼，似在求人购买。作者用笔具有草书意味，笔法粗犷，挥洒自然。处理人物衣褶时连钩带染，渗透着笔情墨趣。

福建画家这种勇于创新的特点，主要与以下三个方面原因有关。

福建画家大多有外出的经历，生活阅历丰富，眼界开阔，故能融百家之长，独立机杼。福建画家的外出，主要有这几种途径：1、应选。如明代遴选天下画家入京任职，福建画家应选者不少。沙县人边景昭曾任武英殿待诏，为宫廷作画，故有机会师南宋画院体格，最终成为明代早期画花鸟画高手。莆田人李在应召入京后，与戴进、谢环、石锐、周文靖同值仁智殿，互相学习，取长补短，甚至日本画僧雪舟亦与他切磋画艺，论者谓"当时戴进以下，一人而已"。闽县周文靖于庭试《枯木寒鸦图》，获第一而历官鸿胪序班。闽县的郑昭甫、邵武上官伯达、浦城詹林能等均曾应召到宫廷作画。2、游历。福建人从山清水秀的南国，浏览异地，往往有自己特殊的发现，故能以独到的视角来表现所见景物。如北宋瓯宁（今建瓯）人徐竞曾遍游名山大川；南宋道士、闽清人葛长庚15岁后就遍游名山；上官周晚年曾游粤东。3、任官。外出任官，丰富了画家们的生活，拓展了他们的视野。宦海无常，也加深了他们对事物的理解。如陈容曾为国子监主簿，出守莆田；吴彬曾任工部主事，后被捕入狱；明代晋江人张瑞图曾擢武英殿大学士，后被罢官。他们的绘画，都打上这段生活的印记。4、流寓。特别明代之后，福建画家流寓外地不少，使他们有机会汲取各种营养。如明代莆田人宋玉、曾鲸都曾流寓金陵。华嵒曾流寓杭州、扬州，以卖画为生；黄慎也曾流寓金陵、扬州，他们被称为"扬州八怪"中的"二怪"。

家族、同乡、师生之间的承承相袭，有时青出于蓝，由此形成各类流派。福建画家中，有许多是父子、弟兄画家，如宋代莆田人林希逸、林泳父子,欧宁(今建瓯)人徐竞、徐德正兄弟,陈容、陈珩兄弟,明代建安人苏坤、苏钲父子,莆田人陈元藻、陈元衮兄弟,将乐人郑时敏、郑文英父子,福清人郑麟、郑环父子,闽县人周文靖、周鼎父子等。再加上同乡之间、师生之间的互相促进提携,形成了各种流派。如明初沙县人边景昭是明代花鸟画的鼻祖,其子楚祥、女婿张克信,外甥俞存胜及同乡邓文明、罗织、刘琦、卢朝阳等都学他的风格,形成一股有影响的"沙县画风"。曾鲸(字波臣)的肖像画独步艺林,他收徒甚多,其弟子谢彬、金谷生、徐易、郭巩、沈韶、廖若可、刘祥生、张琦、张远、沈纪、徐璋等,都继承了他的画法,形成盛极一时的"波臣派"。至清康熙、乾隆之际,"波臣派"几乎一统肖像画坛。清初长汀人上官周注重人物传神,开创了"闽派"画风。其弟子黄慎不囿于老师的画技,认为"吾师绝技难以争名矣,志士当自立以成名,岂肯居人后哉"？(参见《扬州八怪传》第163页,丁家桐等著,上海人民出版社)志在创新,受到上官周的称赞。清道光、咸丰年间,诏安人谢颖苏、沈瑶池继承了上官周等闽人画法,以工笔画为基础,糅合写意笔墨,以孤冷淡雅自成一格,影响了福建画坛数十位画家,人称"诏安画派",也称"闽派"。至近现代,福州林纾,仙游李耕,诏安马兆麟、林嘉等,都深受其影响。

各种画论的流行。福建有文论兴盛的传统,在画论上也不逊色。福建画论内容驳杂,一是对福建画家的评议,如明代徐𤊹所编《闽画记》,清代林家溱、林汾贻所编《闽画记》等,对闽地画家的作品皆有精到的评议;二是为福建画家作传,如清代黄锡蕃所编《闽中书画录》;三是评论画理,如梁章钜的《退庵金石书画跋》,对画境有精到评论;四是将诗画合一评述,如李贽《焚书·诗画》,将诗画互相印证;五是各种文集中对绘画的评论。福建许多文人对绘画有独到的见解,这类文章大都收进他们的文集中,仅评宋代画家,嵌夹在福建文人集中的,如李纲的《梁谿全集》、张元干的《芦川归来集》、朱熹的《朱文公文集》、刘克庄的《后村先生大全》、林希逸的《竹溪鬳斋续集》、陈旅的《安雅堂集》、黄镇成的《秋声集》等。

第六章　工　艺

一　年　画

除了装裱成卷轴或册页的"中国画"外，我国还有一种以工艺形式制作的年画，它主要供民间逢年过节新婚之用，有时也用于冥事活动，可以直接粘贴在土墙粉壁或门窗柜橱上。福建年画产地主要集中在泉州、漳州、福安、福鼎等地，以木版年画为主。雕前先将梨木、红柯木、石榴木等木板浸泡一个月，而后晾干制成平板，并将粉本反贴于平板上，干透后用墨鱼草将稿纸磨薄，使画稿反面线条清晰可见，然后再以刀刻之。福建年画内容丰富多彩，几乎涉及到人们生活的各个方面，如神像门画、历史戏文、劝善讽世、男耕女织、添丁进财等。漳州的年画最为有名，它既有北方年画之粗犷，又兼有江苏年画之秀丽，用色追求简明的对比，简朴遒劲；用线则根据内容和颜色，粗细迥异；印刷上采用"饾版印刷法"，即分版分色来套印。在程式上先印色版，后印线板；并按时令用途，分红黑两种表现喜哀以应喜庆或丧事的不同需要。漳州年画口诀有

"画一行,像一行,画中才有好名堂"之说,注重抓住人物身份的主要特征。不仅能栩栩如生地表现单张的内容,还能多张地演绎各种人物故事和民间故事,如八幅《孟姜女前本》年画,将孟姜女与丈夫成亲、丈夫被抓、她历经千辛万苦寻夫的过程,生动地表现出来,画面深沉而又富有变化。如丈夫被抓之时,五个人物神态各异:孟姜女从家急步追出,双手向前,似要拽住已被扣住的夫君,脸呈焦急和哀愁;其夫君双手被木枷枷住,但还频频回头,流露出对家庭的无限眷念;一差役一手提棍棒,一手牵住梏住夫君的木枷,回头张望,显然是被孟姜女的叫声惊动;县官高举一令旗,以示不可违抗;另一差役在远处牵马,也回头张望,显然也被孟姜女的哭叫声打动。漳州年画还善于推陈出新,源于传统题材,但又有新的拓展。如《老鼠娶亲》是我国常见的年画题材,但漳州年画《老鼠娶亲》则又有一番风味:图中老鼠有捧鱼的、抱鸡的、吹喇叭的、吹笛子的、敲锣的、躺地以腿击鼓的、抬轿子的、拿仪仗开路的,个个尖腮细腿,憨态可笑。有意思的是新郎不是骑马而是步行,它头戴清朝官帽,手拿摺扇,急不可耐地回头顾盼新娘;新娘身着红装,坐在轿中,往新郎方向张望,神态极为可爱。泉州年画则往往与乡间民俗结合在一起,如泉州李福记堂印制的《累积资金》图,以墨、绿、黄、红四色套版印制。中间有一黄古钱,上刻"累积资金"四字,由各身着云纹黄衣和绿花锦衣的两童子合捧。传说这两童子为"和合二圣",祀之可使人在万里之外,亦能回家。泉州人多远赴南洋,故最喜此图。再如李福记画店印制的《福禄寿星》图,以大红色为底,套以紫、黄、绿、粉红等各种颜色,中间为一手捧如意的天官,两仙女各擎障扇分立于左右；天官左方为怀抱一子的禄星，右边为手托仙桃的老寿星；前有一头戴紫金冠、手举绣球的童子。全图给人以吉祥和睦、喜意盎然之感，故深受南洋同胞的欢迎。福鼎的年画也别具一格，如取材于《说岳全传》的年画《八锤大闹朱仙镇》，图中岳云、何元庆、狄雷、严正方各举双锤围战手持双枪的陆文龙，金兀术头戴夏帽，斜披马褂，在后观阵。间隙中，露出王佐半个脸。全图外缘，画一簪花美人斜倚于一琴几之上，后有盆景，碧草茂生，这种美人与武打同出一图的处理，为其它各地年画所罕见。福鼎年画《小上坟》取材于民间传说：刘禄敬入京应试中举后未归，其妻肖素贞疑已亡为其上坟，后刘任县令返家途中遇一孝服女子哭祭于荒冢间，审之才知是妻。图中刘禄敬戴团纱，穿官衣，肖素贞穿大襟清装，头扎素巾，手举香烛祭盘，后有二衙役，绘刻精美，为年画中孤本妙品。

二 石 雕

福建最著名的石雕是惠安石雕和寿山石雕。惠安石雕包括建筑装饰、人物、动物、用具等。海内外许多地方都可看到惠安石雕艺人的精工之作：南京中山陵前的华表、台湾龙山寺的八对大龙柱、厦门南普陀的装饰石雕、集美陈嘉庚陵园的石雕人物、北京人民大会堂的柱座、台湾鹰灵山的庙宇和500罗汉、日本鉴真和尚墓园、太湖大型壁画、福州西禅寺全国第一高的报恩塔……，真是包罗万象。惠安石雕共分四大类：1、圆雕。即将石头上下左右镂空成型，再用其中的碎石雕成附件，如口含可滚动石珠的狮子，人称南狮。还如日本式的石灯笼，大小不一,有几百种样式。圆雕中许多精品令人叹为观止,如《鹰蛇搏斗》,鹰的利爪钳住蛇腰,蛇的后半身缠住鹰腿,而头对峙,利爪凝聚铁的力量,舌头吐出火的气势,倚在云片上,给人以凌空、惊险之感。2、浮雕。即在石板面上精雕细刻,使形象凸起,有立体感,主要用于建筑物的装饰,如门窗、柱、墙面、塔等。厦门集美"鳌园"内建筑雕刻,均采用浮雕技法刻成,各种花鸟虫鱼、飞禽走兽、花卉树木、山水风光、历史人物……,姿态纷呈,栩栩如生,琳琅满目。名雕《剑舞》,刻画古代少女舞弄宝剑的神态,舞姿轻盈,横空劈出的利剑长半尺许,宽不过半公分,两条蝴蝶结式的镂空缨带飘逸在剑柄下。3、沉雕。即形象下凹,线条分明,大多用于雕刻文字、花卉、图案,作为碑类、建筑局部装饰处理。著名的如《四季小屏》,由一块青石加工并连在一起的四块小屏,刻下四季花纹和文字,图文并茂,小巧玲珑。4、影雕。即将精良青石锯成1厘米多厚的薄石片上,磨光上灰后使其变成黑色,然后再用大小不同的锋利钢针,在石片上精心雕琢。凭借钻点的疏密大小、深浅将图像显示出来。影雕既能再现摄影细腻写实的效果和体现中国画用墨浓淡枯润的特点,又能较好地表现原作的意境。一些作品,如雄伟的万里长城、古朴的泉州东西塔、徐悲鸿的奔马、齐白石的对虾等,都细腻逼真,具有传神之趣。

寿山石雕因所用石材产于福州市郊寿山而得名。寿山石石质脂润,斑斓多姿,颜色有朱、紫、青、黄、黑、白等,也有一块石上五彩皆有。寿山石雕在1500年前就已问世,南朝墓葬中出土的寿山石雕"卧猪"形象逼真,雕工简朴。唐代已用寿山石刻制佛像、香炉、念珠等宗教用品。宋代由官府组织作坊刻制各种寿山石俑,供官僚贵族作殉葬品。元明之际,石雕艺人创造出独具一格的印钮雕刻艺术。清代是寿山石雕的鼎盛期,各种艺术流派争奇斗艳,或纯朴深厚,或精巧玲珑,精品多为宫廷所收藏。在北京故宫博物院秘藏的寿山石雕中,著名的如九龙章:在一块印钮上端,雕刻了神态各异、变化多端的璃龙、黄龙、兀龙、烛龙、蟠龙、虾龙、鳌龙、夔龙,图的四周又雕了博古图案。寿山石雕分圆雕、浮雕、镂雕、薄意和印钮五大类,有花果、人物、动物、古兽、山水等陈列品,也有印章、文具、烟具、花瓶等用品,品种近千种。其中以具有闽南特色的荔枝、雪藕、佛手、蟹篓、葡萄等为题材的装饰品最为有名。寿山石雕艺术特色是"石",即根据石质、石纹、石形和石色来选择与之相适应的题材,也称"因势造型",有"一相抵九工"之说。现陈列于人民大会堂福建厅的"求偶鸡",利用石料的红色部分刻一雄踞在竹笼上的垂翅的公鸡,笼内母鸡跃跃欲动,四周小鸡唧唧觅食,惟妙惟肖,意趣盎然。当代寿山石雕最著名的为工艺大师林亨云及其两个儿子林飞、林东,人称"林氏三杰"。林亨云以雕刻动物见长,所雕熊尤为传神。林氏兄弟所雕《独钓寒江雪》、《盘古开天地》、《酒逢知己千杯少》等,皆为巧夺天工的精品。

三 木 雕

福建盛产林木,民间木雕颇为盛行,最早源于建筑装饰、神像、日用家具雕刻。如泉州开元寺24尊雕附在斗拱面的"飞天乐伎",是罕见的木雕珍品。许多住宅在完全外露的梁架、托架、椽头、门窗、隔扇等处,精雕细刻的故事、图案随处可见。一些用具,如永春銮轿,与雕刻技艺融为一体,将分块的雕刻进行整体拼装,轿围上刻满的人物、动物栩栩如生,木雕正面巧妙地用浮雕衔接,虚实疏密得当。闽东的床雕,常以戏文故事为内容,床内有柜,一个柜面就雕一幅图案,有的一张古式床就近30块木雕图案,构图与情节均为连续性的戏文。福建木雕以后逐步发展成为独立的木雕工艺品种,龙眼木是主要木雕材料之一。由于龙眼木质地略脆,纹理细密,故适于雕刻。龙眼木雕作品磨光后用皂矾水洗净树脂,晾干后可染成龙眼核、荔枝核、古铜、桔柚黄等颜色,盖上漆后永不退色。此外,还有樟木、楠木、红木、杉木等,也多作为雕刻材料。明末清初长乐人孔氏,利用一些年深日久、沉入溪底被流水冲刷,或暴露地面,经风霜雨露侵蚀而形成的各种怪异的自然形树根,制成天然根雕作品。之后,根雕技艺渐有发展。艺人根据天然疤树的自然疤、纹、凹、凸、弯曲、线条等各种形状,构思主题,因材施艺;艺术上讲求斧痕凿韵,并饰以原漆,使作品达到天然与人工的统一,古拙、质朴、简练,富有意境和神韵。清代福州木雕有三个主要流派:以大坂村艺人陈天赐为代表的大坂村派,约三十多人,主要雕刻弥勒佛、十八罗汉、八仙、观音、仙女、仕女、动物等;以雁塔乡王清清为代表的雁塔派,主要擅长雕刻图案花纹,及与漆器相结合的浮雕花鸟;以象园村柯庆元为代表的象园村派,擅长创作虫草花卉、果盘等。前辈艺人柯世仁,擅雕佛像,善于根据黄杨、红木等材料特性,运用劈、削、雕、剔等各种手法,集传统技法大成。艺人陈望道,在人物眉、眼、鼻、手足、衣折、服饰等雕刻技艺上,又有进一步的发挥创造。

四　木　偶

　　福建木偶戏的精华所在是木偶头,它不仅是舞台演出用品,也是一种精致的民间工艺品,可供案头陈设。福建木偶头,有采用"梨园戏脸谱"的泉州木偶头,采用"京剧脸谱"的石码木偶头,采用和以汉调"客家调脸谱"的漳州木偶头这三大类,其中以泉州木偶头最为出色。泉州木偶头的制作工艺颇为复杂,要先将樟木锯成木偶头大小的木坯,划出面部中线,将两颊削斜,定出五官,雕成各种人物形象的白坯;接着裱褙棉纸,磨光,彩绘脸谱,盖腊;最后上发髻、胡须等。早期泉州木偶以"西来意"的佚名工艺师、"周冕号"的黄良师、黄才师等最为出名,他们的作品形象逼真,性格突出,面谱造型、粉彩都具有鲜明的民族特色。青年男女两颊丰满,正派人物龙眉凤眼,颇有宋画风格。现代木偶头制作著名艺人江加走住泉州北门花园头,故人称他的木偶为"花园头"。江加走创造了二百几十余种不同性格的木偶形象,数万余件,他吸收了民间木雕神像和戏曲脸谱的表现技法,熔"西来意"、"周冕号"长处于一体,并将雕刻与绘画巧妙地结合起来,用绘画的加工与渲染来反衬人物的性格。他常用夸张变形的手法来表现人物形象,如第一号丑角"大头"的额头比脸部的下半段大了近三倍,额头上半部涂以朱红,下半部绘以对称的飞扬皱纹,黑森森、圆滚滚的眼珠与眼白、眉毛形成强烈的黑白对比,再配上粗黑的胡须,一幅凶神恶煞的模样。江加走善于创造富有个性特征的人物形象,如他认为媒婆的笑是言不由衷的,其内心是痛苦的,所以他创造的"媒婆",两片薄嘴能开能合,嘴角上有个长毛黑痣,面容消瘦,额头眼角浮现几道皱纹,太阳穴上有两片头晕膏。这个整日用心良苦,善于随机应变的媒婆是个既被鞭挞,又值得同情的形象。江加走创造的"白阔"头,额头部皱纹上下左右各两条,深至嘴唇般粗。不这么粗,传不了神。细眼睛,大鼻子,银白色的长眉沿脸颊而下,一幅慈祥、安宁而又充满智慧的老者形象。一些丑行人物,多是"缺嘴"、"斜目"、"黑阔"等,使人一见便知是狡猾、愚笨的角色。根据剧情需要,他制作的某些木偶头,眼珠能够上下、左右移动,嘴巴、鼻子、舌头能转动,真是忠良、权奸各有性格。

五 剪 纸

剪纸在福建甚为普遍,各地都有剪纸的习俗,它是农村妇女所热爱的一种民间艺术,也有其广泛的用途:它用作节日的"窗花"、"墙花"、"门头花",婚娶陪嫁物品上的"喜花",节日敬祖求神祭奠物品上的"供花",孝敬长辈礼物上的"寿花"等。其手法多种多样,主要的如平辅式、对称式、多折式、网络式等。福建剪纸比较突出的如泉州、漳浦、柘荣、浦城等地。

泉州剪纸相传始于唐代而盛于宋代,春节时流行刻"红笺",如"福符"一般贴在厅门上楣,五张一堂,宽四寸,长六七寸,刻以麒麟、鲤鱼跳龙门或"福"、"寿"字样,四周饰以古钱图案。"长金"则宽二寸,长六寸,刻作喜鹊登梅、五谷丰登等,一般贴在房门上楣;有的刻纸还作为灯花带雅入俗。漳浦剪纸在北宋时就流传于民间,史志有"元夕张灯烛,剪纸为花,备极工巧"的记载。剪纸在漳浦被称为"铰花",它以"鸳鸯"、"龙凤"、"牡丹"、"鱼草"、"蝙蝠"、"鹿"等组成鞋花、肚围花、猪头花,表示吉祥如意。它具有浓厚的生活气息和乡土情趣,内容也多取之于人们喜闻乐见的题材,如花鸟、走兽、民间故事、戏剧和历史人物等。其最鲜明的特点是风格纤细秀丽、典雅大方。剪纸艺人运用"排剪"将细若发丝的线条成排成组,由此表现孔雀的羽毛、龙的麟片、牡丹的花瓣、松树的松针,以及其他动物的毛、羽等,精巧生动。柘荣剪纸风格粗犷而抽象,常用夸张的手法表现一只虾、一尾鱼、一朵花、一片叶等。鞋帽花是柘荣剪纸中常见的一种形式,剪法明朗、简洁,用作刺绣的底样。柘荣剪纸的随意性很强,几种技巧综合应用,如以猪蹄形状为外廓、内剪各种花卉的"蹄包花"剪纸,既采用对折式,又应用多折式,将所剪之物表现得恰到好处。浦城剪纸也有多年历史,清梁章钜曾任浦城南浦书院讲席七年,他在《归田琐记》中描绘了所见的浦城剪纸:"常见人家馈赠果品,无论大盘小盒,其上每加红纸一块,或方或圆,必嵌空剪雕四字好语,如长命富贵,诸事如意类,其婚娶喜庆之家,所用尤繁。"浦城剪纸样式多样,大小不拘,或方或圆,或菱或长,大则盈尺,小则一寸;常常是画中有物,物中有字,具有独特的风格。

六 陶 瓷

福建烧制陶瓷历史悠久,在商周时代,福建先民已烧制原始青瓷。崇安汉城发掘出的具有闽越风格的原始青瓷,可看出战国至秦汉福建闽越古国烧制陶瓷工艺已有一定水平。从福建境内出土的宋以前的士族墓葬中的精美瓷器，反映出魏晋南北朝至隋唐五代福建陶瓷已达相当高的水平。宋元明清，福建瓷器名声鹊起，不仅走向全国，并大量出口到世界各地，成为收藏家注目的珍品。福建瓷器是在本土先发展起来的，无论原始瓷、青瓷、青白瓷、黑白瓷、白瓷、青花瓷，都极具福建地方特色。在长期的发展过程中，也受到外地烧制工艺的影响，使其日臻精美。福建地下古窑址几乎遍布全省，其数量之多，在全国名列前茅。

福建陶瓷最有代表性的是宋代建阳水吉建窑的黑釉器，元明间德化窑的白釉器和明清时期德化窑、安溪窑、平和窑的青花瓷器。

宋代建阳水吉建窑的黑釉器颜色碧丽奇特，其釉色变化有纯黑色釉、兔毫釉、鹧鸪斑釉、油滴釉、曜变釉和杂色釉六种，质感温润晶莹。最主要的黑釉器，是一种底小口大，形如漏斗的小碗，有敞口和弇口两种，以弇口为多，俗称"建盏"。其造型优美，釉色润净，乌光发亮，漆黑的釉上闪现出一条条银光闪闪的细毫，状如兔毫，故也称"兔毫盏"。釉下毫纹，是利用酸性釉料所生成的酸化痕迹作装饰。因建窑瓷皆仰烧，釉水下垂，成品口缘釉色浅。由于器壁斜度不同，流速快成纤细毫纹；流速稍慢则粗，就成兔毫之状。"建盏"另一特征是沿口较薄，而器身较厚重，特别从腹部至圈足底周最厚，有的器物胎厚达1厘米，有的底足内有"进琖"、"供御"等字，是朝廷贡品。"建盏"曾作为珍宝被带到日本，目前作为日本"国宝"级文物而藏于东京静嘉堂文库的"曜变"瓷碗，高6.8厘米，口径12厘米，造型厚重，外壁釉色黑而发亮，在碗内圆圆的黑色盏体上，环列着大大小小油滴斑点，散开或汇成的形如云朵或卵形的蓝色结晶体。体周生晕，闪闪如同天上的群星，少数还放出微弱的射线。

元明间德化窑的白釉器俗称"建白"，滋润明亮，滑腻坚实，洁白中微见淡黄，纯净无瑕，光洁如绢。胎、釉浑然一体，温润晶明，无需任何色彩和装饰，却典雅隽永，饶有余韵，美如脂玉，又似奶油、象牙。在光线映照下，通体呈乳黄或牙红半透明，故又被称为"奶油白"、"象牙白"、"中国白"，为当时中国白瓷的代表作品。产品以宗教塑像最为突出，如观音、释迦牟尼、弥勒、达摩等，面部刻画细腻，衣纹深而洗炼，能很好地表现人物性格。其它产品还如梅花杯、八仙杯、仿青铜香炉、花瓶、文具等。用低铝高硅的"象牙白"制作观音，有一种特殊的恬静美感，造型端庄慈祥，使信徒自愿敞开灵魂心扉，皈依于观音足下，具有非凡的艺术魅力。如现藏于广东博物馆、明代何朝宗制的白瓷观音坐像，高22.5厘米，观音左手持经书，姿态随意地倚坐在山石上，略微俯首，双目稍合，形态极为慈祥；头挽高髻，素洁的长衣广袖垂拂于盘曲的左腿之上，右腿竖曲，双手随意放在竖起的右腿膝上，衣纹疏朗流畅，姿态自然悠闲。现藏于泉州市海交史博物馆的渡海观音塑像，亦为明代何朝宗制，身高46厘米，观音发结髻，项披巾，衣褶深秀，带作结状，双手藏袖作左拱势，露一足踏莲花，另一足被水花掩盖，双目低垂，嘴角深晰，紧闭双唇，浮现一丝若隐若现笑意。1980年人民美术出版社出版的《中国古代雕塑百图》中，收有一尊流落国外明代德化窑的坐岩观音，观音身披白衣，坐在岩石上,左肘撑着岩石,双臂相抱,头微俯,闭目凝思,面庞丰满秀润,低垂的双眼显得端庄、娴静、凝重。作者将观音温柔的性情、贤淑的品格、善良的心地、高尚的德操形象逼真地表现出来。

  明清时期福建的青花瓷器,主要产于德化窑和安溪窑。德化窑青花瓷器品种有碗、盘、杯、碟、瓶、炉、尊等,其特点是青花中有深蓝色的线痕,胎体坚白细腻,釉色或幽青淡雅,或明快浓艳。青花瓷器题材丰富,如山水人物、花卉鸟兽、草木虫鱼等,纹饰运笔婉转自如,自然洒脱,疏密有致,构图简洁舒展,画风朴实,图案活泼清晰,充满生机,具有淳朴、浓郁的生活气息。福建博物馆收藏的一件清代德化窑山水瓶,古树参天,小楼于起伏山峰边隐出一小部份,远处重峦叠嶂,显出深远的意境。德化青花瓷器的人物题材也细腻传神,福建省博物馆收藏的一件清代德化窑青花山水人物盘,小姐右手臂曲起掌心托住下颌凝思,眼望远方,像在期盼着什么;贴身丫头双手捧琴回头顾盼,湖岸杨柳依依,湖心半岛宝塔玲珑,远处山峰耸峙,浮云堆积。安溪窑青花瓷器常见的有碗、盒、盘、碟等。碗的造型有模印成菊瓣状的,也有外印重叠菊瓣纹,内刻缠枝花卉的。盒子有大小各种式样,盒外多模印纹样,有的在盒外底印有花卉纹,印纹线条比德化窑同类产品粗。青花蓝色较浓,釉里泛黑,常见的图案为植物中的牵牛花、菊花、兰、竹、梅、松等;也有山水,如溪山、舟楫、树石等,还有少量的"福"、"禄"、"寿"文字。

  福建陶瓷业的繁荣,除了与生活所需有关外,还与以下几个方面有关:(一)得天独厚的资源。福建瓷土矿藏丰富,林木茂盛,燃料充足,且溪河交错,便于利用水力资源陶洗瓷土,也便于外运,具有发展各类瓷器的优越条件;(二)民俗的影响。如名冠全国的建阳"兔毫盏"的研制,就与宋代士大夫品茶赋诗消遣的"斗茶"习俗有关。椐北宋蔡襄《茶录》说:"茶色白,宜黑盏。建安所造者绀黑,纹如兔毫,其坯微厚,烧之久热难冷,最为要用。出他处者,或簿或紫,皆不及也。其青白盏,斗试自不用。"可见,"斗茶"者最看重的是建窑的"兔毫盏"。(三)信仰的影响。如泉州在宋元被称为"泉南佛国",因此德化窑、安溪窑生产了大量的佛教人物瓷器,一些观音、如来、达摩、罗汉等佛像成为传统产品的代表。像德化窑,仅观音就有72种姿态造型,大小规格二百多种,千姿百态,各具特色。(四)对外贸易的需要。福建泉州宋元时期为贸易大港,明代万历时期是闽南国际贸易全盛时期,目前东亚、东南亚等地区不少国家都发现了大量的福建陶瓷。陶瓷大量出口,它成为产瓷地区人民的重要经济来源,不仅满足了国外的需要,也直接推动了制瓷工业的发展。

第七章 宗　教

一　佛　教

　　佛教于两汉之际传入我国中原一带,但在西晋之际,佛教就传入闽地。西晋太康三年(282年),晋安郡太守严高在郡北无诸旧城(即今福州市)建造绍因寺(后改乾元),这是见诸文字记载的福建第一个寺院。寺名绍因,有"继承"意义,可能在此之前福州已有佛寺。西晋太康九年(288年),南安九日山建造了延福寺,为福建省第二座佛寺。南北朝时期,福建佛教有进一步的发展。宋昇明至南齐永明,在二十多年时间里,福建所建寺如侯官明空寺、妙果寺,长溪(今霞浦)建善寺,松溪资福寺等,此时佛教已由闽中向闽北、闽东传播。梁武帝时"全省共建佛寺28所"(魏应麒《五代闽高僧与神话考》),并开始建塔,福建尼庵的建立也由此开始。闽县(今属福州)的法林尼寺,建于梁大通元年(527年),正如《三山志·寺观》记载:"闽中尼寺自此始。"陈朝时福建建寺30座。陈永定二年(558年),莆田郑生创建了广化寺前身金仙院。同年,印度僧人拘那罗陀到泉州,挂锡延福寺三年,翻译佛经,由此拉开福建译经的序幕。

隋代福建共建寺12座,佛教继续在闽东、闽北、闽南传播。隋初,陈后主之子镜台到永春避难。隋开皇九年(589年),莆田金仙院升寺,由浙江天台山国清寺无际禅师任寺主,他数十年如一日地修持《法华经》,大弘天台祖业,剃度僧徒百人,授三归弟子万众,是传天台宗的一代名僧。

唐代福建佛教开始有较大的发展,全省新增寺院735所,但发展不平衡。主要在闽中、闽东、闽北,闽南也趋于兴盛。唐代传入福建的佛教有多种渠道,如仅三明地区就有远方僧人到此隐居修行而进行传播,从江西各寺庙传入,由广东经汀州传入,由闽中传入等,因此既有整体性,又有独立性。唐代福建高僧辈出,一些高僧如怀海、希运、灵祐、慧海等都在中国佛教史上占有举足轻重的地位。当时福建名刹林立,一些在全国乃至东南亚享有盛名的寺院,大都是建于这一时期。如建于唐建中四年(783年)的福州鼓山涌泉寺、建于唐咸通八年(867年)的福州怡山西禅寺、建于唐乾宁元年(894年)的福州金鸡山地藏寺、建于唐咸通十一年(870年)的闽侯雪峰崇圣寺、建于唐中和元年(881年)的莆田囊山慈寿寺、建于唐长庆二年(822年)的泉州开元寺、建于唐玄宗开元二十五年(737年)的漳州丹霞山南山寺等。《三山志》卷三十三《寺观》称当时造寺"穷殚土木,宪写宫省,极天下之侈矣"。可见这些寺院规模宏伟,富丽堂皇。

五代闽国,福建"佛法独盛于其时"(《鼓山志》卷七《艺文·碑序》)。其主要原因是统治者的重视和提倡。闽王王审知

"雅重佛法"(《十国春秋》卷九十一《闽一·世家》),全力扶持佛教。光化三年(900年),王审知在福州乾元寺开坛,度僧二千人。天复二年(902年),他在福州开元寺建戒坛,度僧三千人。天祐三年(906年),他在福州开元寺铸丈六高铜佛像一座,丈三尺高菩萨二座;越年,又设二十万人斋于开元寺,号曰"无遮"。同光元年(923年),为庆祝后唐庄宗李存勖灭梁,王审知建太平寺,铸释迦弥勒像,又作金银字四藏经。王审知还特地命令浮海运木料到泉州建造仁寿塔(西塔)。闽国王氏家族对佛教也极为热衷,王审知子王延钧于天成三年(928年)在福州开元寺开坛,度僧二万人。后晋天福元年(937年),高祖石敬瑭在福州再次度僧一万一千人;940年7月,王曦度僧万人,连偏远的顺昌县亦有百余人受度。其侄王延彬在出任泉州刺史的16年中,优礼僧人,大造佛寺,对泉州佛教发展起了极大的促进作用。王氏据闽时共新增寺院706座,连经济开发还处于萌芽状态的孤岛厦门,也由僧清浩建造了第一座寺院泗洲院。正如志书所记:"闽佛刹千有余区,本其兴废,皆王氏织其协力奉教。"(《鼓山志》卷七《艺文·碑序》)南宋人黄干在《勉斋集》卷三十七中记道:"王氏入闽,崇奉释氏尤甚,故闽中塔庙之盛甲于天下。"当时福建僧人猛增,据《三山志》载,仅福州一府的僧尼就达六万多人,福州鼓山涌泉寺、怡山长庆寺、闽侯雪峰崇圣寺的僧人均多达一二千人。当时高僧云集,僧人地位空前提高,如雪峰义存常被迎进节度使府为僚属官将说法,官府斋僧建寺都谘请他决定。王氏在经济上对佛教也大力支持,如福州鼓山涌泉寺,王审知"所施膳僧之田多至八万四千亩"(《鼓山志》卷五《田赋》)。统治者还以法定的方式,使寺院占有肥沃土地。当时一些贵族和富豪也带舍田入寺,"是时膏腴田尽入寺观,民间及得其硗窄者,如王延彬、陈洪进诸多舍田入寺。顾窃檀施之名,多推产米于寺,而以轻产遗子孙,故寺田产米比民业独重"(乾隆《泉州府志》卷二一《田赋》)。莆田、仙游两县许多大姓争施财产,造佛舍为香火院,多至五百余区。

宋代福建佛教愈加兴旺,其寺院之多为全国之冠。淳熙《三山志》卷四十称福州"金银福地三千界,风月人居十万家"。福建寺院"至于宋极矣!名胜地多为所占,绀宇琳宫,罗布郡邑"(《八闽通志》卷七五《寺观》)。仅福州府,庆历中(1041-1048年)有寺1625座;绍兴中(1131-1162年)有寺1523座。这些寺院不仅占好地,也建得富丽堂皇,"祠庐塔庙,雕绘藻饰,真侯王居"(《三山志》卷三三《寺观》)。宋吴潜叹云:"寺观所在不同,湖南不如江西,江西不如两浙,两浙不如闽中。"(吴潜《许国公奏议》卷二《奏论计亩官会一贯有九害》)仅泉州,宋初"寺院之存者凡千百数"(《泉州府志》卷十六《坛庙寺观》)。连闽北建州,寺院也近一千座。这是因为许多"富民翁妪,倾施赀产以立院宇者亡限"(《三山志》卷三十三《寺观》)。寺院经济发达,占据许多良田,正如时人韩元吉在《南涧甲乙稿》卷十五《建宁开元禅戒坛记》所云:"闽之八州,以一水分上下,其下四郡良田大山多在佛寺。"许多达官文人都喜在寺院中设立自己读书处,以便攻读之余和高僧谈古论今,吟诵作诗。如南宋名相李纲在绍兴元年(1131年)曾为邵武同乡宋禅师在泰宁建了寺庙而作《瑞光丹霞禅院记》。一些名人也以游寺为乐事。朱熹曾多次游寺,并多处题写对联,如为漳州开元寺题:

"鸟识玄机,衔得春来花上弄;鱼穿地脉,挹将月向水边吞"。为南安雪峰寺题写:"地位清高,日月每从肩上过;门庭开豁,江山常在掌中看。"两宋时期福建僧尼之多,亦为全国之首。仅福州,"农家之子去而从释氏者常半夫焉"(卫泾《后乐集》卷十九《福州劝农文》)。北宋元丰五年(1082年),福州东禅院僧冲真在城东报国寺举行法会,"斋僧尼等至一万余人,探阄分施衣、巾、扇、药之属"(《三山志》卷四十《土俗》)。至南宋建炎四年(1130年)止,这种每年一次的大型法会共举行了49次。宋谢泌在《长乐集总序》写道:"潮田种稻重收谷,山路逢人半是僧,城里三山千簇寺,夜间七塔万枝灯。"(《全宋诗》卷五十四,北京大学出版社)连闽清小县,宋代最盛时亦有僧尼260人,宋理宗皇帝还为闽清白云寺御书"白云山"三字,以竖碑寺前。僧尼在闽南一带也发展迅速,"至道元年(995年)六月……是岁太宗阅泉州僧籍已度数万籍,未度者犹四千余"(《宋会要辑稿》第二百册《道释》),使皇帝为之惊骇。据《泉州府志》记载,仅泉州市区,就有"僧侣六千",以至朱熹为泉州开元寺写了一副对联:"此地古称佛国,满街都是圣人。"宋代福建被朝廷赐号的僧人为数不少,如赐号"真觉禅师"的省澄、赐号"慧日禅师"的文矩、赐号"法慧大师"的行通、赐号"悟空大师"的清豁、赐号"法济大师"的道岑、赐号"文慧大师"的法周、赐号"真觉道者"的志添、赐号"昭应广惠慈济善利大师"的普足、赐号"昭觉大师"的子琦、赐号"灵应大师"的道询等。据《宋会要辑稿》第二百册《道释》记载,宋真宗天禧五年(1021年),全国"僧三十九万七千六百一十五人,尼六万一千二百三十九人",福建僧尼为"七万一千八十人"。以至时人黄干指

出:"髡其首而游于他州者,闽居十九焉。"(《福州府志》卷十四《风俗》)

元朝,统治者热衷于念经、祈祷、印经、斋僧等各类佛事活动,并大建塔寺以修功德。所以福建元初虽经战乱而毁废了不少寺院,但在短期内又开始发展。至元二十一年(1284年)元世祖忽必烈命僧澄鉴重兴毁于战乱的宁德支提寺,历时15载告竣。元至元二十九年(1292年),平章政事亦黑迷失率军远征爪哇,从后渚港放洋,因无功而还,受杖责和没其家资三分之一的处分。亦黑迷失由此特发诚心,谨施净财,广宣佛典。延祐二年(1315年),释觉琳在建阳县后山报恩寺万寿堂雕印《毗卢大藏经》,亦黑迷失全力支持并亲任劝缘主。翌年,他刻立《一百大寺看经记》碑,指定全国一百座大寺,"各施中统钞一百定,年收息钞,轮月看转'三乘圣教'一藏"(《福建通志》第四十五册)。并将租田二千石,散施泉州、兴化各处寺院,以作看转藏经之资。亦黑迷失指定的一百座寺中,福建占了32座,其中泉州有17座,故《金氏族谱》附录《丽史》称泉州为"僧半城"。泉州开元寺在元代有上千僧人,昌盛一时,正如《泉州开元寺志》称:"历五代而至宋,旁创支院一百廿区,支离而不相属。至元乙酉(1285年),僧录刘鉴义白于福建省平章伯颜,奏请合支院为一寺,赐额'大开元万寿禅寺'。明年延僧玄恩主持,为第一世,禅风远播,衲子竞集。复得契祖继之,垂四十年,食常万指。"元代福建名僧有谥号"广明通慧普济禅师",有赐号"佛心正悟大师"的契祖,赐号"佛果弘觉大师"的如照等。

明代,福建佛教再次兴旺。由于寺院占有大片良田,又拥有免除各种赋役的特权,所以不少民田被施与僧人。明人蔡清曾说:"天下僧田之多,福建为最。举福建又以泉州为最,多者数千亩,少者不下数百。"(《蔡文庄公集》卷一《民情四条答当路》)仅建宁一府,就有一半的农田被寺院控制。洪武十五年(1382年),建宁已出现了管理佛教事务的机构"僧令司",并已有寺庙一百余座。明神宗母亲慈圣皇太后,自号"九莲菩萨",曾于万历年(1573年)请宁德的支提寺大迁法师入京讲法,居住慈寿寺,八个月后还山。万历十八年(1590年),太后敕赐全藏678函和金冠、紫衣、黄杖、龙凤旗等物,三年之后,太后还传旨慰劳。万历二十五年(1597年),太后谕以金铜合金铸造一尊重达千斤的毗卢遮那佛像送到支提山供奉;二十七年(1599年),神宗又命太监赵永奉送《藏经》进山。这种殊荣促使各地官员钦敬,大众膜拜。当时宁德地区不少文人学者,都成为在家子弟。支提寺的天思法师于万历年间被请到福州开元寺讲法,听众达千余人。这时宁德地区建寺已从沿海往山区发展,一些如寿宁、周宁、柘荣等僻远的山区建寺数量激增。明万历年间,福清黄檗山万福寺鉴源、镜源赴京请《藏经》,得叶向高宰相帮助,朝廷赐《藏经》678函,紫袈三袭,同时赐额,改名为"万福禅寺"。闽南一带佛教发展不太平衡,明嘉靖后,官府把寺院经济作为缓解"军储告匮"的主要渠道之一,甚至变卖寺产以充兵饷。一些豪强势族也伺机侵夺寺产,使一些寺院僧逃寺荒。如泉州开元寺、承天寺被军队占领,一度变成锻造兵器的场所。但闽南一些寺院却依旧香火旺盛。《九仙临降谱》卷二记载,福州鼓山密宗派道盛和尚曾于明弘治年间,主持德化大白岩,授徒18人,自成"九仙派系"，其徒并分往尤溪、大田、安溪、永春、同安、龙溪、泉州、沙县等，又分布到全省89个寺、岩、庵、庙传教或住持。一些偏远的地区，佛教也不同程度地发展，如上杭的佛教活动颇兴盛，仅紫金山就先后建有中峰寺、五龙寺、麒麟殿等，僧人达200余人。明洪武十五年(1382年)，上杭开始设僧会司，理佛教事务。明末，由于福建远离政治文化中心，一些文人不满时政而归隐林泉，促使寺院发展。厦门岛上的文人学士与高僧隐士谈禅论佛，往来无间，有些人还积极参与拓建寺院，如万历年间，名士林懋时开拓虎溪岩，正德间(1506－1521年)，觉光和尚大规模扩建普照寺，使厦门佛教初具规模。

清初，一些不满异族统治的人士遁入空门，但身入佛门而犹眷念故国。其中著名的如惠安的如幻，本为明诸生，当清兵下剃发令时，出家于平山寺，以后卓锡于南安雪峰寺，成为闽南的一代高僧。福清黄檗寺的隐元，在明亡后，"登坛为衲子说戒，追念国恩，泪应声落，四众咸为饮注"(《雪峰如幻禅师瘦松集》《黄檗隐老和尚衣钵塔记》)。福州鼓山涌泉寺的元贤，设法多方庇护明末遗民，并写下了"满朝袍笏迎新主，一领袈裟哭旧王"的沉痛诗句。郑成功据厦抗清时，东南沿海一批忠臣义士流寓厦门，他们或托迹山林，或削发出家，较著名的如阮文锡、姚翼明、杨秉机、林英等三十余人，由此极大促进了寺岩的开拓和建设。清初的厦门寺岩，除虎溪岩和醉仙岩外，几乎所有的现存厦门寺岩，如万石岩、中岩、太平岩、云顶岩、宝山岩、碧泉岩、寿山岩、万寿岩、紫云岩、鸿山寺、金鸡亭、日光岩等都建于这一时期，厦门佛教得以发展。清朝统治者笃信佛法，推崇佛教，民间集资修建新寺院甚为风行。福建的各大丛林,在清代均修缮过。清统治者对福建一些寺院多有赐额。如康熙十八年,御赐福州芝山"开元寺"匾额;福州鼓山涌泉寺于清康熙三十八年(1699年)时敕赐御书"涌泉寺"匾额。清朝中叶因"倭患"和"迁界",一些寺院被毁,泉州晋江建于唐宋间的古寺如法云寺、方广寺、崇真寺、普照寺、广教寺、安福寺、龙兴寺、报恩寺等都于当时被毁。但也有因地僻而相对平安,佛教得以发展者。如正德版《顺昌邑志》记载,明代顺昌寺庙被毁,仅存剩18座;到了清朝中叶,据乾隆版《顺昌县志》记载,康熙年间全县有名可查的寺院就有30座。据清康熙《沙县志》记载,康熙年间佛教有较大发展,旧时被毁废的寺院大都复建,全县总数不下百座。

福建佛教的特点主要有以下几个方面。

福建佛教自唐五代后,虽然发展不平衡,但从全省范围上看,至近代持久不衰。一般认为,佛教传入中国后,经历了依附(东汉)、发展(魏晋南北朝)、鼎盛(隋唐)和衰微(宋代以降)。但这种现象在福建没有出现,宋元以后,佛教在福建继续发展。其间虽然有元末战乱、明嘉靖后的倭寇骚扰和以寺院资产充军饷等因素的冲击,佛教局部受到打击,但总的还是有发展。据志书统计,福建唐、五代、宋、元、明、清新建寺院情况如下(见下页表):

这些统计数字不一定精确,一些志书中记载不详的寺院尚未统计在内,但也可大致看出唐至清代福建佛教发展情况。明清时,虽然闽南一带佛教发展缓慢,但在闽中、闽北仍然照常发展,在闽西甚至还较唐宋元有了更大的发展。

地区	唐	五代	宋	元	明	清	总数
福州	330	195	550	15	110	71	1246
厦门	3	1	1	2	3	7	17
宁德	108	95	244	2	54	40	543
南平	204	249	380	194	195	108	1127
莆田	19	11	59	29	23	13	135
泉州	27	47	78	38	30	10	203
漳州	16	8	27	15	12	11	73
龙岩	3	17	39	21	81	49	207
三明	55	83	115	88	74	73	443
总数	735	706	1493	414	582	382	3577

福建许多著名高僧，或开宗立派，或持一家之说，在中国佛教史上占有重要地位，产生了深远影响。以唐代高僧为例，如长乐人百丈怀海在《禅院规式》（又称《丛林清规》、《百丈清规》）中制定了一整套不同于大小乘戒律的丛林制度，特别是要寺院众僧懂得报恩、报本、尊敬祖师与祖先，把儒家的忠孝观念引进禅门，进一步促进了佛教中国化，在中国禅宗史上具有划时代意义。他还提倡"一日不作，一日不食"的农禅并重的作风，对禅宗的发展起了极大的推动作用。同安人怀晖用"即心即佛"说明社会等级合理，将禅复原到佛教传统的轨道。长溪（今霞浦）人灵祐与弟子仰山慧寂共创沩仰宗，为中国禅宗五大宗派之一。那自给自足、自为纲纪、密切与官府和文人关系、争取官府支持的作法，代表了南方禅宗的典型结构。福

清人希运于黄檗山弘扬直指单传之心要,提出"即心是佛,无心是道",临济宗创立人义玄即出其门下。建州(今建瓯)人慧海对洪州禅理作了系统发挥,他提出并论证了"心为根本"的命题,将佛性论彻底转向心性论,显示了佛教同儒学靠拢的重要走向。他将"求佛"与"求心"对立起来,用"调心"反对"调身",在解脱论上提出了一系列惊人观点,标志着禅宗从反对唯经是瞻的本本主义,转向了批判唯佛法至上的教条主义。他还予以许多佛教通用概念以新义,使禅宗进一步扩大了与佛教义学各派的区别,加快了土著化的进程。莆田人本寂,曾受请去抚州曹山崇寿院宣讲南昌洞山高僧良价旨诀,大振洞门之禅风,后人尊其与洞山良价为曹洞宗祖师。南安人义存曾九上洞山参学于高僧良价,承其法系,为南禅六祖。后回归福州芙蓉山,创雪峰寺,备受闽王礼遇,凡斋僧构刹,都以义存为龟鉴,福建禅宗由此大盛。其弟子文偃为云门宗之祖。闽县(今福州)人师备与法兄义存同力开垦雪峰,阅《楞严经》,将"唯识无境"贯彻全部禅行。《楞严经》是最有中国佛教特色经典之一,师备对这部经典被直接引进禅的领域、促进禅宗发展,作出了努力。再以清代为例,建阳人元贤,前后住持鼓山23年,并率众徒从事赈济灾民、埋葬死者等慈善活动,开中国佛教在战争年代从事大规模的社会救济活动之风气。他由儒入释,思想中有浓厚的融合儒释色彩,认为参禅不应排斥教理,其经论注疏以宗释教者颇多。他是继元来之后曹洞宗最有影响的禅师。福清人通容历主金粟、福岩、黄檗、天童诸寺,为慧能下第三十五世(或称"南岳下第三十四世")、临济宗第三十一代僧人(或称"法孙")。福建高僧著述宏富,几乎每一个著名高僧都留下许多著作,据不完全统计,目前可查阅的有留下著作的高僧约百余人,著作近350部。这些著作都具有很高的价值,如泉州拓庆寺沙门静、筠二师于南唐中主保大十年(952年)合撰的《祖堂集》二十卷,朝鲜庆尚南道陕川郡伽耶山海印寺藏有高丽王朝宗三十二年(1245年)开雕本,为禅宗现存最古的灯史。

外省高僧与福建关系密切,他们或云游福建,或长期驻锡弘法于福建,有的成为开山祖师,有的使寺庙兴盛,大大促进了福建佛教的兴盛和发展。汉州什邡(今四川省什邡县)人道一(709－788年),曾到福建建阳佛迹岭创寺而居,对福建禅学的发展产生了深远的影响,《福建通志·高僧传》称:"七闽禅学,实师为之肇云。"其入室弟子一百四十多人,最著名的为闽籍僧人怀海、慧海。大梁(今河南省开封市)人神晏(?－939年),参雪峰义存得法,应闽王王审知之请,主鼓山涌泉寺,为鼓山开山祖师,在鼓山三十余年,求法者多达千人。杭州盐官(今浙江省海宁县)人慧稜(854－932年),来往雪峰29年,后受泉州刺史王延彬请住泉州招庆寺,又受闽王王审知请住福州怡山长庆寺,为怡山第四代中兴住持。杭州人文益(885－958年),曾投福州长庆慧稜学法,又在漳州与桂琛讨论《肇论》,成为五代末影响最大宗系"法眼宗"之开祖。信州玉山(今江西省玉山县)人惠南(?－1069年),曾入闽至同安,后至黄檗,创建积翠庵于溪上。河北省怀安县人善誉(1014－1097年),于元祐八年(1093年)任福州鼓山涌泉寺住持。河北省怀安县人樵隐(?－1334年),于元大德十年(1306年)、皇庆二年(1313年)、泰定二年(1325年)三次承旨主持福州雪峰寺,前后达28年,于寺院多有兴建。明代江西抚州人正映,曾入闽任泉州开元寺住持,后又任雪峰寺住持15年。广东省番禺县人今辨(？－1695年),康熙三十一年(1692年)入闽,主持福州怡山长庆寺三年,百废俱兴。福建近现代闽南佛学的兴旺,更主要由外地僧人促成。江苏如皋人常惺(1896－1939年),于民国14年(1925年)应厦门南普陀寺会泉之请任闽南佛学院副院长、院长、南普陀寺方丈等职。浙江崇德县人太虚(1889－1947年),于民国16年(1927年)任厦门南普陀寺住持、闽南佛学院院长,在闽南佛学院前后达6年。浙江海宁县人印顺,曾于1948年任南普陀寺举办三坛大戒的专证师。最有影响的是祖籍浙江平湖的弘一大师(1880－1942年),他于1929年1月入闽后,先后在闽南14年时间,曾挂锡过厦门、南安、泉州、惠安、晋江、漳州、同安、永春等闽南名刹51所,并创办了"南山律学院"。他在福州鼓山涌泉寺发现了孤本《华严疏论纂要》。他的13部佛学论述,有10部是居闽南时所撰;他的32篇演讲稿,有29篇是在闽南各地所讲(参见拙文《浅谈弘一大师在闽南的撰述》,《人海灯》总第5期)。他的弘法活动,对闽南佛教界产生了极大影响。外地高僧在福建弘法,有着多方面原因,其最主要的是福建有适合他们的土壤,如弘一大师原先是从上海到暹罗(今泰国)而经过厦门,却因与诸法师"很相契"而有"说不出的高兴"(弘一《南闽十年的梦影》),以至留在厦门。

与海外交往密切。福建佛教与海外的联系主要有三条途径:(一)海外僧人来闽游学求法,历代连绵不绝。据《泉州府志》载:南朝时,西天竺优禅尼国僧人拘那罗陀于陈永定二年

(558年)来泉州,在南安九日山延福寺翻译《金刚经》。隋开皇二年(582年),犍陀罗国(今阿富汗与印度之间古国)高僧阇那崛多游方弘法至霞浦县离松山村十里潭渊处,倡议创建"清潭寺"。早在唐五代,朝鲜僧人就频频来闽,如唐初,新罗僧人慧轮由闽地登陆,继至长安。唐天宝年间(742－756年),新罗僧人元表身负《华严经》八十卷,往福建霍童,至支提石室礼诵《华严经》,终不复出。据宋赞宁撰《宋高僧传》所载,元表是最早到支提山的一位僧人。908年前后,新罗僧人大无为游学福州雪峰山,师承义存弟子、青原下六世法嗣。908年前,高丽僧人玄讷游学泉州福清院。908年前,高丽僧人灵照游闽,升雪峰之堂。928年前,高丽僧人洪庆游闽。827到840年前后,新罗僧人龟山游学福州长庆院;949至975年,高丽僧人澄观游学福州长庆院;930年前后,高丽僧人弘法国师游闽。日本僧人与闽地在唐代就开始交往,唐德宗贞元二十年(804年)八月,日本僧人空海所乘船与船队散离而在福建长溪县赤岸镇海口(今霞浦县州洋乡赤岸村)登陆,休整41天后,回船福州住开元寺。唐宣宗大中七年(853年),空海俗甥僧圆珍从九州渡海来中国,因遇风而漂流至福建连江县,后至福州开元寺居住,从寺僧存式学《妙法莲华经》等,勤力收集佛教经籍。南宋嘉定十年(1217年),日本僧庆政上人随泉州回航商船来泉,在泉州开元寺学法。咸淳三年(1267年),日本法师大拙祖能率10名僧人到泉州开元寺学禅。除了游学求法,海外僧人也曾在闽地建寺,如南宋赵汝适在《诸番志·天竺国》中记载:雍熙间(984－987年)有天竺国僧人罗护哪航海至泉州,于泉南买地造佛刹宝林院。(二)闽地僧人赴海外取经弘法及化缘。其赴海外人数之多、时间之长、影响之大,在中国佛教史上是罕见的。从唐代起,每个朝代都有闽僧赴海外。唐代随从鉴真赴日本的14位弟子中,就有泉州超功寺僧昙静,他是鉴真弟子显名于后世的18位名僧之一。据《类聚三代格》记载,昙静在日本任戒师,并设立放生池。五代时泉州僧人智宣渡海到苏门答腊东部的室利佛逝学习梵文,翻译佛经,后又游历了30余国,在印度住了25年。宋代崇安僧人者然,于咸平中(998－1003年)奉旨往天竺取经。元代福建僧人明极、楚俊于元天历二年(1329年),在日僧陪同下往日本授经。影响最大的是福清僧人隐元,于南明永历八年(1654年)率二十余人渡海赴日,于日本万治二年(1659年)主持京都新建的宇治黄檗山万福寺,开创了日本佛教的黄檗宗。之后,又有许多门人应邀赴日,其中福建僧人有24人。清代及近现代,随着交通的日益便利,闽地僧人赴海外人数愈来愈多。但这时已不仅仅是取经、弘法,还带有化缘的任务。福州怡山寺僧耀源,曾于光绪年间(1877－1891年)赴暹罗(今泰国)、槟榔屿、小吕宋等地募款,建成怡山大殿。福州鼓山涌泉寺住持妙莲,为修复涌泉寺,多次远渡新加坡、暹罗、缅甸等地募化。鼓山涌泉寺僧达本,于光绪二十七年(1901年)赴南洋募化。古田人圆瑛于1924年与转道、转物发愿重兴泉州开元寺,先后四次出国,应邀赴日本、朝鲜、菲律宾、泰国、印尼、新加坡和马来西亚等国,筹募巨款,为修葺寺庙提供经费。福建佛教长盛不衰,与大量的海外募化有密切关系。如福州瑞峰林阳寺,正是因为有大量的海外募款,才得以多次修建,其规模甚至越造越宏伟。(三)在海外有大量廨院。海外的廨院或由当地华侨出资兴建后,请闽地僧人前去住锡;或由闽地外出弘法未归僧人在当地所建;或由当地华侨请闽地僧人前去建造。因此,这些寺院多为闽地寺院的下院。闽地一些稍著名寺庙,几乎都在海外有廨院。仅以莆田为例:莆田梅峰光孝寺,在海外有18个廨院;莆田囊山慈寿寺,在海外有8个廨院;莆田龟山福清禅寺,在海外有4个廨院。海外廨院不仅提供大量的修建费,有的还提供日常生活费等一切开支,保证祖庙香火兴盛,特别在兵荒马乱、民不聊生年代,这些资助起了决定性作用。

寺庙兼有其它功能。(一)官驿功能。官驿是政府设立以供往来经过的官吏夫役膳宿之用。由于地理原因,唐宋时从福州经莆田、泉州、漳州的官驿道,不是走今天的福厦公路。当时这条线上多处被大海阻隔,没有桥梁,因此只好沿山麓行走。宋代福建官府交通,除了县、镇设立官驿外,其它站铺都利用僧院来承担。政府或新立庵,或利用现有寺院,置田赡僧,让僧人接待官府过客。淳熙年间,南路有许多寺庵亦为著名的全国宿站,如:木棉庵、甘棠庵、梅林庵、仙云庵、无象庵、黄土庵、云霄庵、竹林庵等,不下几十座。东路、西路亦有不少这种现象。当时为此创建了不少寺庵,如:"鹤鸣庵,郡守黄林创,始且置田以赡过客及寺僧。"(《福建通志·邮驿》)"通源庵,郡守方滐置,亦赡以田。"(同上)宋代一些较为偏远的地方,也由官府置田赡养僧侣,以利驿运,如龙岩县《旧正德志》中载:"路远驿疏,行人无所依靠,当时守郡往往酌量道里之中,随铺立庵,命僧守之,以侍过客,且置田赡僧,卑守庵焉。于是南路一有三庵。又东出漳境为泉州同安界,有鱼孚庵等(共四庵)。

北路至长泰县有武安馆、使星馆,未闻设庵,非要道也。"一些地方官纷纷拨田以赡寺庙,而寺庵也乐于承担此义务。如莆田囊山寺曾于虎溪上建放目亭,派小沙弥在此了望。如果见大路的两头出现了官员夫马,即把亭上旗杆上的旗子扯起,寺里看见旗号,马上鸣钟集众,整袈裟出山门迎接。宋高宗绍兴二十三年(1153年),24岁的朱熹中进士后任同安县主簿,由家乡崇安县起程,经福州,过莆田赴任,途中就投宿于囊山寺。

(二)书院功能。福建寺院多在山清水秀的名胜之处,远离尘世,幽雅静谧,有些又多有藏书,且又可随僧斋餐,故不少士子因寺院之便,聚读于山林。一些著名学者或到寺院讲学,或寄寓寺院读书。这种现象在宋代较为突出。如将乐县含云山的含云寺,宋理学家杨时不仅在寺中度过他幼年读书生涯,一生中还多次在此聚徒讲学和完成了不少宏篇巨著。李纲曾寄寓沙县兴国寺,于寺中"取佛菩萨语而观之,则又取经史百家之言,而参订之"(嘉靖《延平府志》卷十九《艺文志》一)。他在寺中所写诗歌七卷365首,占其诗歌总数四分之一。李纲还于泰宁丹霞寺中读书著述,并"与丹霞僧宗本为莲社友"(《泰宁县志·人物志》)。朱熹更是借寺或求学,或讲学。他曾于建州(今南平)西林院进谒李延平受学,一住数月,"朝夕往来受教",前后共五次住进此寺,并与此寺长老可师结为忘年交。不仅大师们借寺研习讲学,一些士子也如此。如生活于南北宋之交的李富,舍腴田入莆田梅峰寺,并招聚学生于此讲学,所造就的皆知名人士,人皆呼梅峰寺为讲寺,元代又于寺中设官讲,故更以讲寺著名。这种书院功能的传统沿袭到近代,性质开始转变,寺院成了培养僧才的摇篮,在20年代到40年代,主要佛教院校仅闽南就有下面一些:厦门南普陀寺创办的闽南佛学院、闽南佛教养正院,厦门虎溪岩创办的佛学研究社,厦门万石岩创办的大觉佛学讲社,厦门太平岩创办的觉华女子佛学苑,泉州承天寺创办的月台佛学研究社等。寺办各种小型短期培训班、讲习班也颇为普遍。至今,福建的僧教育仍在全国占有举足轻重的地位。(参见拙文《闽南佛学院办学特点浅探》,《教育评论》1995年2期;《培养僧才的摇篮》,《闽南佛学院学报》1995年2期)(三)流通经书功能。历代皇帝多次赐福建各寺予经书,因福建特殊的地理,经书保存得相对完整,再加上宋元福建刻书业的发达,因此福建许多大寺院都流通经书。早在宋代,福州东禅寺刻的《崇宁藏》和开元寺刻的《毗卢藏》,皆在全国大寺院流通,有的还传播海外。福州西禅寺由明至近代,刻经近50种在全国流通;福清万福寺仅明末清初,就刻经24种流通,福州鼓山涌泉寺由明至近代,刻有350余种经书流通。时至今日,全国主要"佛经流通处"仅两处,而莆田广化寺就占一处。

独特的出家形式。(一)菜姑。"菜姑"指闽南一带带发出家住寺女众佛徒。菜姑出家时需投拜一位比丘僧为皈依师父,在佛前举行"三皈"仪式,并摄受《梵网菩萨戒》,便可出家住寺。她们舍家庭,独身不嫁,住佛教寺堂,布衣素食,诵经礼忏,除了仍挽青丝,留发不剃外,与出家僧、尼无异。菜姑这种出家形式因不符合佛教古制七众弟子"剃发染衣"的规范,因而在中国汉族佛教中是独一无二的。闽南历来是佛教发达地区,女子出家人数甚多,但"女众削发出家尼僧少,带发出家菜姑多",闽南一带女出家人中95%均为菜姑。这种现象出现与闽南一带崇尚理学有关。自朱熹在闽南"严禁女子出家为尼"以来,女子落发出家,被认为是败坏伦理道德的悖逆行为,因此,数百年闽南几乎没有女子削发为尼。但在佛教盛传的现实社会中,女众们对佛教的信仰和向往心灵解脱的欲望是禁不住的,于是她们抱着终身不嫁的宏愿毅然出家。也有一种女众没有出家,在家长斋奉佛,立净宝佛堂,潜心修持,并定期到寺庵中住上一段,有人也称这些女众为"菜姑"。必须指出的是,不出家的"菜姑"与出家"菜姑"是有根本区别的,前者受的是《优婆塞戒》,后者受的是《梵网菩萨戒》,还必须是贞女。因此,即使前者长期住寺庙也不能称为"菜姑",更不能披缦衣。"菜姑"的形成,也与比丘尼有关。从佛教戒律上讲,比丘尼还俗是允许的,但一个比丘尼还俗虽然本身无罪,却会引起俗人对佛法的讥嫌,给佛教造成不良影响。但如未经"剃发染衣"的"菜姑"还俗,则不会引起俗人注意,故佛教界的许多高僧大德对"菜姑"的出家形式采取认可态度。(二)香花和尚。其特点是一方面进寺当住持,一方面热衷于为社会上宗教信仰者做佛事(祈禳、做醮、填还功果、放焰口等),场面非常热闹,榜疏辉煌,铙钹喧天,科仪细腻,目的是收取"忏资"。有的名字配有"艹"字头和"香"字偏旁,旨在使编排雅化,如"萬"、"馥"、"馨"等等,已成为职业和尚,授徒基本父子相承。香花和尚在各地影响不一样,如德化县,在民国时期遍布于各寺当住持的大多为香花和尚。莆田云门国清禅寺清末住持亦为香花和尚。长汀一带的香花和尚以专做经忏、设斋作法为主,与真正佛教徒有较大距离,因而丧失信徒。必须指出的是,对"菜姑"和"香花和尚"不可同日而语,民间普遍对"菜姑"

持敬重态度,对"香花和尚"则褒贬不一,也有认为"香花和尚"已不是真正的佛教徒。

寺藏佛学经典浩繁。福建不少寺庙都藏有珍贵的佛典,虽历经战乱兵祸,但仍保存了不少,如厦门南普陀寺现存的经典,据张子权《南普陀寺藏经阁的大藏经》(《闽南佛学院学报》1995年1期)介绍有如:南宋最后一部私版大藏经《碛砂藏》、日本翻刻汉文大藏经最早的一部《北藏》、日本大正一切经刊行会编纂的《大正新修大藏经》及《宋藏遗珍》、《频伽藏》等。据妙莲法师《我国佛教史籍的雕印和泉州开元寺藏宋元版本的整理》(《闽南佛学院学报》1991年2期)介绍,泉州开元寺藏经阁目前存有宋元版本经典12部,26种,67卷(其中8种9卷是完整的)。一些经典弥足珍贵,如福州版《崇宁万寿藏》,为北宋元丰三年(1080年)至崇宁三年(1104年)所刻,由福州东禅寺等觉院沙门冲真、普明、咸晖、智贤、慧定等募雕,为梵策本,计595函,6434卷,惜大部分流入日本。目前开元寺所藏的经典还如:弘一法师1936年从日本请回的《大般若波罗密多经》卷第一百九十五、北宋元丰八年(1085年)雕印的《摩诃般若波罗密经》卷第十二、北宋建中靖国元年(1101年)雕印的《阿毗达磨顺正理论》卷第八。再如福州版《毗卢藏》,于北宋政和二年(1112年)至南宋绍兴二十一年(1151年)所刻,计567函,6117卷,但大部分流入日本。泉州开元寺则藏有《大般若波罗密多经》卷第四六六等。开元寺所藏的残本极为珍贵,如可根据所藏《释大方广佛华严经论论主李长者事迹》题记中了解到当时雕印的缘起、主持人员、刻工等情况。福州鼓山涌泉寺所藏经典浩繁,弘一大师1935年1月曾为《鼓山皮藏经版目录》作序,称鼓山为"皮藏佛典古版之宝窟"(参见拙文《弘一大师与近代闽南佛教》,《近代史研究》1996年1期)。至今,涌泉寺中还藏有佛经、佛像雕版近万块。福建佛学经典之所以浩繁,其原因有三:一是刻经历史悠久。我国雕印经书始于北宋开宝四年(971年),《崇宁藏》和《毗卢藏》则分别于北宋元丰三年(1080年)、北宋政和二年(1112年)在福建雕刻。之后,因福建有雕版印刷兴盛的有利条件,所以历代都刻有大量佛学经典,如元延祐二年(1315年),建阳后山报恩寺雕印了《毗卢藏》中的四大部经。二是朝廷多次向各寺颁赐经书。如明万历十八年(1590年),明肃皇太后赐全藏678函予宁德支提寺;明万历四十二年(1614年),神宗朱翊钧赐全藏678函予福清黄檗寺。清康熙五十三年(1714年),朝廷赐福州鼓山涌泉寺御藏千橱。乾隆七年(1742年),又赐御藏7240卷。三是海外寄赠。福建佛教与海外(特别是东南亚)关系密切,许多经典由海外流入,如南普陀寺所藏《北藏》,原是明清隐元禅师于南明永历十二年(1658年)东渡日本时带去的,由日僧铁眼道光编纂,雕印于宽永八年(1668年),故亦称"黄檗版",后又由日本僧人所赠回。弘一大师当年在南普陀寺时,多次大规模向日本购请佛典,正如他在《佛学丛刊序》中言:"自扶桑国请奉古刻佛典万余卷,多明清季初刊本,求诸彼邦,见亦罕矣。"(参见拙文《弘一大师与中日佛典交流》,《浙江佛教》1996年1期)

二 道 教

道教正式形成于东汉。道教传入福建时间很早。据《后汉书·徐登传》载：泉州道士徐登，精医善巫术，贵尚清俭。吴、晋时，道士介琰曾住建安方山(今闽县境内)，从白羊公杜泌学"玄一无为"之道。著名道士左慈、葛玄、郑思远相继入闽云游或修道。东晋时信奉五斗米道的卢循起义，失败后，部分起义者流散在泉州沿海，称为"游艇子"。南朝时陶弘景开创了茅山宗，曾潜至福州寻找炼丹之处。据《八闽通志·寺观》载，晋太康中(280－289年)，晋江建有白云庙，后改为玄妙观；梁大通二年(528年)，宁德十二都霍童山下建有鹤林宫，人称鹤林洞天；陈永定间(557－559年)，建安城东建有白鹤观，后更名开元、天宁万寿、报恩、光孝。

福建道教在唐五代有很大发展。闽处士张标，"有道术能通冥府"(《福建通志·道士传》)。福州人符契元为上都(即长安)昊天观道士，"长庆初德行法术，为时所重"(《闽书》)。上清派道士司马承祯曾到宁德霍童山修炼，连江人章寿于开元年得仙术后，曾于延平津中斩蛇。泉州人蔡如金弃官入道，修真炼法，其声闻于朝廷，敕赐"灵应先生"。五代时闽王王延钧、晋江王留从效、节度使陈洪进都宠幸道士，热衷修建道教宫观、庙宇。如王延钧以道士陈守元为宝皇宫宫主，王昶继位后，拜陈守元为天师，"作三清殿于禁中，以黄金数千斤铸宝，皇及元始天尊"(《十国春秋》)。并拜道士谭峭为师，赐号"金门羽客正一先生"。留从效在泉州城里建紫极宫迎恩馆，陈洪进建奉先观于惠安城南。南唐李良佐访道人入武夷山,"遂居旧观在洲渚间"(《福建通志·道士传》),并居武夷山37载。

福建道教在宋代达到鼎盛。据《福建通志·道士传》记载,宋代较著名的道士为51人。大多外出遇异人,经点化,苦练得道。宋代统治者追封大批道教神祇和民间信仰神祇,而福建这类神祇极多,推动了福建道教的普及。这时福建还出现了以收精炼气为主的"炼养派"和以役使鬼神为主的"符箓派",一些著名道士都分属这两大派。属"炼养派"的如泉州龙兴观道士吴崇岳、长汀人王中正、崇安人杨万大、清流人欧阳仙等;属"符箓派"的如:漳州天庆观道士邱允、沙县人谢祐、长乐人陈通、长汀人梁野等。宋代还修建了许多道教宫观庙宇,如莆田建有二十余座,泉州建有三十余座。据《延平府志》载,仅宋嘉定八年(1215年)至宋景定四年(1263年),连僻远的沙县城内,都建造了6座道院。宋代福建道士斋醮、法事等活动也十分兴盛,在近年出土的福州黄昇夫人墓里,发现有刻在砖质"买地券"后的符文一道,为保"亡灵安稳"、"生人平康"。

元、明时期,福建道教虽不似宋代那么鼎盛,但由于元代统治者对道教的全真、正一两大教派亦予支持,明代统治者对道教采取推重与利用控制相结合的方法,使福建道教依然久盛不衰。元一统后,南北文化开始交流融合,北方三派新道教中势力最大的全真道教渡江南传,在闽地产生了影响,如金志扬号金蓬头,赴武夷山宣扬全真教旨;牧常晃于福建建宁建有"仰山道院,"撰《玄宗直指万法同归》阐扬全真教理。据《福建通志·道士传》载,福建著名道士,元代有9人,明代有34人。1991年11月漳平市永福镇紫阳村出土了一处土墓,从中发现一具明万历二十八年(1600年)安葬的道士尸体,身穿灰色道袍,头戴莲花漆金木刻道帽,左手拿一把竹柄纸扇,腰缠一条描金带,胸前安放一块约30公分的木笏和7枚"万历通宝"方孔钱。可见,明代福建道士生活应是很舒适的。元、明也建造大量道观,仅莆田就有许多著名道观建于元代,诸如元惠宗至元二年(1336年)创建的江口佑圣观(后改为东岳观)、元仁宗延祐元年(1314年)创建的崇元万寿宫等,明代莆田亦有近二十余所道观创建。泉州有许多著名宫观,也多为明代修建。

  清代,福建道教开始衰微,不仅新建道观少,以往大部分重要道观因得不到维修而久圮湮没,著名道士也寥若晨星。据《福建通志·道士传》载,清代著名道士仅德化人江士元、仙游人杨季雅两人。其主要有三方面原因:一是统治者尊喇嘛黄教为国教,对道教开始限制;二是民间宗教在福建极为勃兴,虽然这些民间宗教多摄取道教内容,往往多神共奉,但也在很大程度上削弱了道教地盘;三是住宫道士日益少见,道士大多走向社会,以为人操办各种法事为职业,人称"民间师公"。

  福建道教在长期传播发展中,形成了以下鲜明的特点。

  先从名山而后向城市农村发展。福建多名山,为道教活动提供了极佳的土壤,东南西北的大山都是道家重镇。闽北的武夷山四面溪谷环绕,不与外界相连,是道家修炼的理想之处。相传尧时彭祖晚年带两个儿子入武夷山修炼,老大名武,老二名夷,武夷山也由此得名。《云笈七签》卷二十七《洞天福地》载武夷山为道教三十六小洞天之中的"第十六洞天",名"真升化玄洞"。唐天宝年间(742-756年),山中开始建道教庙宇天宝殿,宋真宗大中祥符二年(1009年)增修殿宇房舍三百余间,赐额"冲佑诏广观";宋理宗嘉熙六年(1242年),理宗命道士21人于冲佑观启建灵宝道场三昼夜,设醮360分位。白玉蟾曾以武夷山为主要修炼场所,正如他在诗中所云:"千年蓬头跣足,一生服气餐霞。笑指武夷山下,自云深处吾家。"一些著名道士也都长期隐居武夷山修道。武夷山道教极盛时有99观,今仍存武夷宫和桃源洞两处。宋真宗祥符二年(1009年),武夷宫道院屋宇多达300余间,堪称"名山巨构"。闽东的太姥山,旧名"才山",相传尧时有老母种兰山中,逢道士羽化仙去,故名"太母",后又改"太姥",东汉至晋为道教名山,唐以后道教仍很兴盛。闽东的支提山(霍童山)亦为道教三十六小洞天之一,《云笈七签》卷二十七《洞天福地》载三十六洞天"第一霍桐(童)山洞,周回三千里。名霍林洞天,在福建长溪县,属仙人王纬玄治之"。闽东的葛洪山,相传由晋代著名道士葛洪炼丹于此而得名。山中石洞,传为得道者居室,洞中今存有石屏、石几、棋局,上有篆文六字,人难辨识。闽南号称"泉州第一山"的清源山,其右峰山麓老君岩为道教庙观集中地,宋代这里有北斗殿、真君殿、元元洞等,现存露天道教教主老君造像一尊。泉州的紫帽山上有金粟洞,元德真人居此修道,明代曾建有道观和凌霄塔。德化的九仙山,据县志载,曾有道士九人居此修道仙去,故得名。山上峰峦竞秀,著名的永安岩、龙池、灵鹫岩、仙棋枰原为道教场所,后为佛教所据。漳州的鹤鸣山云洞岩,相传隋开皇中潜翁在此养鹤修道,此后道教兴盛,有"丹霞第一洞天"之称,山上胜景三十余处,道教传说和遗址甚多。闽西连城的冠豸山,相传唐欧阳仙率道徒炼丹于此。山中建有大量道观，著名的如三君子堂、三光殿等。长汀县的朝斗岩古木参天，为汀州道教名山，素称"朝斗烟霞"，岩上有吕仙楼、水云庵、驭风亭、五十四可亭等道教建筑。闽中福州的于山，相传古时有何氏兄弟在此修炼成仙，故又名九仙山，现存有九仙观、大士殿、炼丹井等。与于山相对的乌山，又名道山，现存有道山观、吕祖宫等。可以毫不夸张地说，如果没有这些名山，福建道教的传播无从说起。

  道禅合混。这种现象在全国其它地方不多见。其主要表现形式有：（一）理论混为一谈。其代表人物如宋代福建著名道士白玉蟾，他不讲道教的修炼，抛开了"命"，把心、性、道三合一。他认为内丹术里的第一妙法是禅宗的"顿悟成佛"和"以心传心"，把外在的修炼方法变成了内在的精神追求，认为"心上功夫，不在吞津咽气"（《谢仙师寄书词》）。他把金丹比作渡船，一到彼岸，也就不需要了。他在《武夷升堂》中说："渡河须是筏，到岸不须船。""岸"即所谓"道"，是指最高精神境界，是一种清净无欲、淡泊自适的精神状态。这与禅宗的哲理是相通的。（二）寺观合融。福建有不少庙宇，既供佛祖，又供神仙，有时前面供佛祖，后面供神仙。如建于北宋的安溪清水岩，二层为"祖师殿"，供奉清水祖师陈普足；三层为"释迦楼"，供释迦佛像。建于宋代的福清石竹山的石竹寺，是典型的佛道共处，门顶石匾为"石竹禅寺"，厅中却祀"土地正神"。此外，永泰的姬岩寺、方广岩，平和的三平寺等，都有这种情况。福建许多小庙这种现象更为普遍，百姓对佛道的概念也很模糊，既求观音又求老君，如安溪城隍庙里安放着观音大士座位，其背后又立一位神像。（三）在打醮拜忏等表演活动中杂混。以音乐为例:《禅和曲》渊源于佛教,后福州民间艺人组织了"斗堂",其流派有"禅和"与"正一"(道教),二者互相渗透,以后道场也开始用"禅和曲"。以舞蹈为例:流传于闽清的《穿花舞》,既是佛教和尚做普度、为死者招魂引渡时的一种法场舞蹈,又是道教道士设法做报孝、超度父母亡灵时所表演的一种法事舞蹈。以戏曲为例:"打天堂城"讲的是芭蕉大王巡视枉死城,超拔冤魂,为道士表演的节目,唱道情调;"打地下城"讲的是地藏王打开枉死城,分别善恶予以超度,是和尚表演的节目,唱佛曲。但二者间互相渗透,不仅表演形式和内容大致相同,打击乐都用道士做经忏时所用的乐器。

产于闽地却走向全国及海外的多神信仰。道教是多神信仰,所祀神一般为:天神、地(方)神、人神这三个系统,与其它省不同的是,许多闽地神祇信仰已成为沿海各省和东南亚一带的共同信仰。如妈祖,不仅在福建被尊为最高女神,受到最隆重礼拜,由于历代统治者的推动,一次次的褒奖封敕,崇拜活动逐步升级,甚至列入国家礼典,北到京津,南到闽粤,到处建起妈祖寺庙,在台湾十有八九信仰妈祖,并向东南亚乃至更远地方传播。临水夫人陈靖姑信仰不仅在福建流行,在台湾也很流行,据方冠英《陈靖姑信仰在台湾》统计,台湾各地的临水奶庙遍布16个县市,有67座之多。保生大帝吴真人信仰不仅风行闽南,在潮州、汕头也有影响,台湾大部分地区都建有以保生大帝为主的寺庙。据颜章炮《台湾保生大帝香火何以鼎盛》统计,台湾保生大帝宫庙遍布17个县市,共142座。产生于闽中的二徐真人徐知证、徐知谔,因有德于闽,故闽人为其立庙祭祀,在明代被朝廷敬奉达到极点,几乎成了皇室的家神。

与台湾、东南亚联系密切。福建是著名侨区,其道教信仰主要通过先民离乡时带出而传播。除了上述妈祖、临水娘娘、保生大帝等福建地方神在台湾及东南亚一带有广泛影响外,其与海外联系主要还有两种形式。(一)信徒从海外前来进香朝拜。旅居海外的先民们对家乡的神祇特别虔信,视为他们在海外生存、发展的保护神,这种"神缘"关系也是他们与故乡联系的重要纽带。如莆田壶山凌云殿,每年都有大批港台和东南亚的善信来此进香。南安的凤山寺奉祀郭圣王,曾分灵远至印尼、马来西亚、菲律宾、缅甸、新加坡等国家,并广泛传播于台湾。清《南安县志》载:"尊王每年八月祭墓,凡闽、浙、吴、粤及南洋群岛到庙办香者,以亿万计。"台湾的信徒,每三年就要组团前来进香朝拜。(二)由台湾同胞及海外华人在所居地建立庙宇,并冠上故乡的地名或祖庙的名称。先民们出走故乡时,往往到各自崇信的庙宇祈祷、许愿,并取香火。在异国他乡繁衍生息时,为不忘故土和感念神恩,陆续建造与故乡有关的庙宇。如莆田江口东岳观,在印度尼西亚棉兰的海外侨胞由此取走了香火,建立了两座东岳观;泉州通淮关岳庙的香火在东南亚绵沿不绝,新加坡的裕廊通淮庙、菲律宾的岷尼拉黎刹大街的菲华通淮庙等,都是从泉州分灵去的。台湾供奉祖籍乡土神祇风气极盛,许多乡土神祇是从闽南分炉过去,如广泽尊王、青山王、法主王、安溪城隍、清水祖师等皆与闽南关系密切,仅据台湾中寮安溪城隍庙"沿革志"载,数百年来,其分灵在台湾各地的安溪城隍庙宇已达221座。

庙多神多道士少。八闽庙观之多,为全国罕见,一些城乡小庙星罗棋布,几乎几步一庙。据考1990年福州郊区宫观坛庙,有长期香火奉祀的有233座,庙中所供神之多,亦令人惊讶。顾颉刚先生20年代末曾到泉州考察,写下了田野调查《泉州的土地神》(刊于《民俗》二至三期),文中所示,仅泉州就供奉近30个神,其中大多为地方神祇。福州民间土神也有多种,大多亦为地方人物。如:闽山庙神卓祐之、拏公庙神卜拏福、白鸡庙神白鸡小姐、齐王府神丹霞大圣、九使庙神归守明等,几乎每个地方神,都有好多种动人的传说。但许多庙观并没有道士居住。如在莆田乡村中,现有宫观社庙500座以上,所拥有信仰群众为全县人口50%左右,却无常住道士,仅有一些专职"看香火"的人,一些规模较大的宫庙由当地人士组成董事会管理。

出现道派史上举足轻重的代表人物。如全真道以炼养为主,主张以内炼成真,超离生死为旨,融合内炼与禅宗,强调修真者先须去情去欲,以求明心见性,倡出家修道,住观云游,建立丛林宫观,制定清规玄范予奉道人修行。全真道南宋五祖之一为闽清宋代人白玉蟾,他提出以精、气、神为核心的内丹理论,将内丹与雷法并传,强调"内练成丹,外练成法",认为符箓雷法是否灵验,关键在于行法者内练功夫,而内练功夫,又全赖一心而起作用。对元代以后道教的修炼方术有较大影响,被后世学者称为"道教南宋正统,丹鼎派中最杰出之才"。再如清微派是唐末产生的内丹与符箓相结合的新的符箓道派,也是唐宋间融道教诸派精华新构成的重要道派。建宁人黄舜申是宋末元初清微派主要传人,是清微雷法之集大成者和理论大师。陈采《清微仙谱》云:清微雷法至黄舜申,"覃思著述,阐扬宗旨,而其书始大备"。明张宇初《道门十规》云:清微法中,"凡符章经道斋法雷法之文,率多黄师(舜申)所衍"。今《道藏》中所存清微道书如《清微斋法》、《清微神烈秘法》等,皆出自黄舜申之手。

道教在福建的久盛不衰,对福建文化(特别是民间文化)产生了广泛而深远的影响。其影响主要表现在以下几个方面。

产生了一大批道家金石和书籍,进一步丰富了福建地方文化史料和道家经文典籍。特别是一些铭文对深入研究道家在福建的活动及整个福建文化史,有着重要作用。以武夷山的道观为例,保存完好的如宋代张绍的《会仙观铭》,熊禾的《升真观记》,白玉蟾的《武夷重建止止庵记》、《云窝记》、《棘隐庵记》,祝穆的《武夷山记》,吴栻的《冲佑观铭》,元代任士林的《武夷山天游道院记》,明代张凤翼的《朱邑侯复武夷宫田始末记》,无名氏的《武夷山冲玄观敕谕碑》等。福建还有许多其它道观的铭文也保存完好,如宋代吕惠卿的《宋中太一宫碑铭》、楼钥的《建宁府冲应周真人祠记》、魏了翁的《泉州紫帽山金粟观记》等,都是研究福建文史不可缺少的资料。福建的高道和一些道教研究者撰写了许多内容丰富庞杂的道家书籍,不少还收入《道藏》。著名的如朱熹的《周易参同契注》、《周易参同契考异》,李贽的《易因》,吕惠卿的《道德真经传》,林希逸的《道德真经口义》,彭耜的《道德真经集注释文》、《道德真经集注杂说》,曾慥的《道枢》,谭峭的《化书》,林辕的《谷神篇》,范致虚的《列子注》,郑思肖的《太极祭炼内法议略》等。此外,中国第一部道藏刻版完成于宋代福州于山九仙观内,正如陈国符《道藏源流考》中指出:"政和中,诏搜访道书,设经局敕道士校定,送福州闽县镂版,总540函,5481卷。刊镂工讫,即进经版于东京。是曰万寿道藏,全藏刊版始于此。"

道教在福建的传播和渗透,还繁衍了许多与道教有关的民间故事,丰富了福建民间文学的宝库。道家对民间故事的影响,主要表现在四个方面:(一)道教中著名得道神仙在福建的传说。"八仙"在福建有说不尽数不清的故事,以吕洞宾为例,如流传在建宁的"吕洞宾渡人"、流传在仙游的"吕洞宾劝世"、流传在三明的"吕洞宾卖姓"、流传在云霄的"吕洞宾缓沉东京"、流传在石狮的"吕洞宾赠仙笔"、流传在南靖的"理发祖师吕洞宾"、流传在福鼎的"吕洞宾与四大汉"等,都讲述吕洞宾在福建渡人罚恶的故事。(二)福建地方神的故事。这些地方神所以能从"人"到"神",与这种民间传说有着密切的关系。以妈祖为例,不仅在出生地莆田有其从出世到升天等众多传说,在其它各地也有众多传说,如流传在厦门的"妈祖的传说"、流传在龙岩的"天后宫妈祖"、流传在连江的"连江妈祖"等,都从不同方面丰富了妈祖的故事。临水夫人陈靖姑,在古田有其从出生到殉难的系列传说,还有许多传说流传在与其生活关系密切的地区,如流传在罗源的"陈靖姑智除白蛇精"、"陈靖姑破蜘蛛网"、"陈靖脱胎记",流传在福州仓山区的"陈靖姑出嫁"、"陈靖姑避嫁"、"陈靖姑学法"、"陈靖姑收服石怪"、"陈靖姑除长坑鬼"系列等。再如保生大帝吴真人,有流传在厦门的"揭榜医太后"、"智破蜈蚣案"、"虎口拔银钗"、"吴夲收徒"等;流传在龙海的"吴真人除妖",流传在同安的"吴真人斩蛟鳌",流传在石狮的"吴真人剖腹救民女"等。除了少数在全国都有影响的神外,大多数流传的神仙道人的故事都有一定的区域性。如流传于福州鼓楼区的"王天君得道"、流传于福州仓山的"怡山四仙人(王霸、徐登、赵炳、任敦)"、流传于泉州的"裴仙除神妖"、"董伯华卖雷"、流传于将乐的"张真人镇妖金华洞"、流传于建瓯的"钟山伯与钟山道人"、流传于闽侯的"六道公的传说"等。(三)道士施法术的故事。如流传于泰宁的"道士斗法"、流传于厦门的"道士擒木学"、流传于三明的"道士抓鬼"、流传于长乐的"道士念经"等。(四)道家宫庙与名胜的来历。如流传于泉州清源山的"老石匠与老君岩"、"火烧老君岩道观",流传于武夷山的"桃源洞",流传于东山的"东山关帝庙"等。流传在龙海关于白礁慈济宫的传说,有好几十种。

福建有许多道教或与道教有关的歌谣,主要表现在四个方面:(一)道士做斋醮法事(也称做道场)时的说唱。如流行于福州的《安祀歌》,"先拜杨公二拜龙,三拜祖师到地中。南极仙翁作师主,九天玄女定吉凶。……"这是道士在死者棺材埋葬后,于墓碑前设坛作法时所唱。道士在传经布道和募化时所唱的道情,内容繁杂。如流行于石狮的《生老病死苦》,抓住人的一生"生老病死"及死后到阴司的"苦",唱出人间苦难,令人柔情寸断。《百花歌》则用于人间喜事,如娶妇圆婚,小女周岁、16岁至成人用之喜庆等,歌谣从正月唱到12月,每月以一种花为代表,洋溢着喜庆的气氛。流行于云霄的道士诀术歌《毫光真言》:"发毫光,发毫光,发起毫光光茫茫。本帅临场发毫光,祖师莅场发毫光……。"这是道士在跳神仪式上的歌咒,扶乩者口喊黑暗看不清时,道士即念起此以助之。流行于将乐的《藏身咒》、流行于三明的《太保咒》等,也是道士常念的歌谣。(二)对各类神衹的赞颂。如王天君原为海盗,曾杀人杀猪无数,经点化后,自剖胃肠而成仙。流行于福州古楼的《天君诞》唱道:"杀人杀猪罪如山,平生双手血斑斑。一日忽然思悔悟,放下屠刀一念间。"流行于福州台江的《唱八仙》:"汉钟离羽扇招财进宝,李铁拐葫芦百宝仙丹,吕洞宾宝剑驱邪扶正,曹国舅大板天下太平,张果老骑驴年丰物阜,何仙姑遮篱五谷丰登,韩湘子玉箫黄金万两,蓝采和花篮桂子兰孙。"流行于平潭的《临水奶歌》、《临水夫人》都详尽地介绍了临水娘娘的身世。(三)迎神活动时唱的歌谣。如流传于福州古楼的《迎泰山》、《迎城隍》,流行于厦门的《拜土地公》,流行于龙岩的《请神歌》等。(四)对道士的描绘,其中也不乏有揶揄成份。如流行于福州的《道士摇铃叮》,活脱脱勾勒了一个道士形象,流行于石狮的《道士孝忠》,幽默生动。

福建道教音乐具有独特的乡土味,它从福建民间音乐和戏曲中汲取营养,又给福建民间音乐以多方面影响。福州道教音乐由吹奏琴串和打击乐自成一体的齐奏或协奏,使原来单调的道教诵忏,变得活泼多彩。莆田为古曲之乡,道士做法事专用的音乐曲牌有《九科五调》、《香赞》、《戒定真香》等,多至千阙,唱时节奏缓慢,尾音悠长。首先由一人领唱曲词第一句,头几个字近似朗诵,后几字才拖起音韵,第二句起其他人才进行和声合唱,各种乐器加入伴奏。福州道教音乐汲取了民间"十番"的演奏特点,一些曲牌如《五凤吟》、《万年欢》、《升平乐》、《水底天》被吸收进道教音乐后,在座奏、行奏中广泛流行于福州各道观,曲词婉转,旋律悠扬,十分协调悦耳,从中可明显感受到民间音乐的熏陶和移植。福州道教音乐还汲取了闽剧四大门调之一的"洋歌"曲调。"洋歌"属于曲牌联套,有30多支曲牌,民歌风味浓。道教音乐在汲取洋歌时,以一种曲牌联奏方式出现,只奏不唱,起到渲染、制造气氛的作用。闽南道教音乐大量吸收了南曲,一些道士在做法事时所用音乐甚至标明一些南曲常用滚门。二者区别在于南曲比较讲究韵味,曲调中有不少装饰性润腔;道歌曲调多于反复,加上衬字和叠字,使曲调紧凑活泼。一些旨在净鬼驱魔的道教舞蹈的吹奏乐,旋律激昂,如《唠哩嗹,哩唠嗹》,其节奏源于做普度的咒语歌谱。福建道歌广泛吸收当地流行的民间小调,并在演唱中进行加工变化。一些民间歌曲、曲艺音乐也从道歌中汲取曲调。

  福建的道教舞蹈极有特点。道士在做"法事"、"道场"时,其驱魔镇妖的一些动作,常被借用到舞蹈中。道教中奉行法事的礼仪规矩,其基本步法叫做"禹步",即所谓"步罡踏斗"。据《云笈七签》记:"先举左足,一跬一步,一前一后,一阴一阳,初与经同步,置脚横直互相承如丁字形。"这种动作周回转折,好像踏在罡星斗宿上的舞蹈步态,被神化后认为能"遣神招灵"。如流传于闽东的《奶娘催罡》,以行罡布法为手段,塑造了陈奶娘这个战胜南蛇、为民除害的女神。《奶娘催罡》共分三个章节:一、净坛;二、请神;三、催罡。"净坛"、"请神"属道场的引子规程,"催罡"为道家法术,由十一个动作组成,即:"八步",为道术,将天地分为"天门"、"地府"、"人门"、"鬼路"四个方位,用八步催赶邪魔,以免鬼魂在人间作祟成祸;"锁练",即锁妖练鬼;"失亥",为超度亡魂;"养身",为生儿育女;

"梳头"、"扣缠"、"洗面"、"照镜",为奶娘出征前的梳妆打扮;"笼米"、"筛米"、"钓鱼",对人寿丰年,共享太平的一种祈求和祝福。流传于闽北的道士舞蹈《仙女洗镜》分十一个段落,其中扫净殿堂、引接仙女下凡、擦洗雷公镜、照镜行法驱鬼、接魂、亡魂得到超度等皆为道士超度亡魂时动作。闽南的一些道教舞蹈不仅用于做功德、祭灵、超度亡魂等道教活动,也用于节日表演。如《五梅花》,舞时扮作道士者,或手执如意,或手摇谛钟,身穿八卦袍,头戴紫金冠,脚踏芒鞋。这类舞蹈尚有《玉如意》、《五人穿梭》、《跳神》、《祭祀》等。流传于莆仙一带的道教舞蹈是道士本人在行法事时跳的,力求遵照醮典的《科仪》、《科范》中的规矩。如《迎真走庭》,其法坛设在大庭上,还搭一高棚象征天阙,道士要从法坛上朝天阙,迎真下降,来回都要在大庭上穿花进行,舞蹈场面很壮观。《进贡围炉》是法事快结束时,道士们围绕焚化炉穿花舞蹈。《祭火》由三个道士表演:甲手持长幡竿作舞蹈式的摇曳奔跳前行;乙右手抱铜剑,左手持小铜钵水,禹步作追逐状;丙举火把跟着到人家门口,随即在火把火上撒一把松香末,火雾一涌,乙即含钵水一喷,火雾即灭。福建有不少道教舞蹈与佛教关系密切,有的源于佛教,传入道家后,其它角色都已改成道士装束,唯主坛一角,仍保持和尚本色(由道士扮和尚),即所谓"道代"(以道代僧)。如流传于闽东一带的《香花舞》,是民间设醮祭亡、还愿做好事道场的"建坛"道教舞蹈。表演者三、五、七人均可,其中一人主坛,着僧装,其余皆为道服。全过程四个部份,其中如:"三台五步",表示僧道度诚敬天,手不过眉;"五献",主坛和尚盘腿而坐,用五种手印,分别代表香、花、灯、涂(水)、茶,手指变化灵活,手腕转动灵巧;"散花",主坛和尚走四方,把香花撒向人间。

道教在福建的普及,促使闽地出现了一大批以宣传教义与神仙思想为主要内容的造型艺术,一些已成为全国的宗教艺术珍品。如位于泉州清源山的巨型石雕老君像,背松倚望,意态谦恭,两眼平视,表现出老人健康愉快的神态;左手依膝,右手靠几,美须并飘向左右,似有向外扩展力量;大耳廓表现其善于听察。石像高5.1米,以整块天然巨石雕成,衣褶分明,线条遒劲有力。一些道教建筑中的石雕刀法精湛,如泉州元妙观三清殿龙陛的双龙戏珠浮雕,神态逼真,天后宫青石盘龙柱生动欲飞。道教是多神教,人们根据自己的想象塑造了各类神祇,遍布八闽的道教神祇泥塑各有特色。如泉州天后宫的大型泥塑圣母坐像通高二丈,美而淑端;天后辅神顺风耳亦高二丈,半俯身,右手握板斧屈肘于腰间,左手握拳直伸至右腿上部,以写实手法表现壮汉结实的肌肉,台湾鹿港天后宫还专程前来仿造。一些庙观中的中型泥塑也很著名,如泉州通淮关帝庙中的马军爷扣住奋蹄欲腾的白马和枣红马,栩栩如生。分散于民间的各种小型泥塑神祇,更是不胜枚举。令人惊叹的是,一些宫庙由于种种原因,不仅建筑保留完好,其艺术品也保留完好。如龙海的白礁慈济宫历经八百多年而保存完备,殿宇飞檐交错,门廊壁上浮雕精美绝伦,殿内盘龙石柱,彩绘描金,集宋元明清建筑、绘画、雕塑、书法艺术于一炉,有"闽南故宫"之誉。

福建道教对福建民俗也有很大影响。如正月初九是玉皇大帝神诞,泉州民俗中普遍要敬"天公",在正月各自择日举行庆典,称"做天香"(设天香清醮)。正月十五是道教大神三官大帝之一——上元天官赐福,俗称"上元",七月十五是道教三官大帝之一——中元地官赦罪,俗称"中元",十月十五日是三官大帝之一——下元水官解厄,欲称"下元",都要由道士举行隆重的仪式。生育时需奉祀临水夫人,寿庆时要请道士做"天香",丧事时要请道士超度。福州道教重大神诞活动繁多,有玉皇诞、天君诞、财神诞、土地诞、关帝诞、吕祖诞等隆重活动,同时还有迎城隍、迎泰山、迎娘奶、迎五帝、迎尚书、迎吴颜等具有浓郁地域特色的大型迎神赛会。福建一些地方祭拜天地、参拜神祇、供奉祖先等活动,也与道教有着密切的关系。如福州人认为每个住宅都有一位管地的"土地公",习惯用一张长方形红纸写上"供奉本宅土地神位",祈求土地爷庇佑全家老少平安。

三 伊斯兰教

伊斯兰教是穆罕默德于公元7世纪初叶在阿拉伯半岛创立的。伊斯兰教在中国历史上曾有"大食教"、"回回教"、"天方教"、"回教"、"回回门教"等名称。金朝大定(1161－1189年)年间的"移习览",为"伊斯兰"的最早汉译。1956年,国务院通知规定,统一称为"伊斯兰教"。

伊斯兰教传入我国的时间,目前有多种说法。但一般认为7世纪中叶始传入我国。伊斯兰教传入福建的时间,亦有多种说法。有的认为唐代福建就有伊斯兰教活动,其主要根据以下一些史料:(一)明代何乔远的《闽书·方域志》:"吗喊叭德(注：

穆罕默德)圣人,门徒有大贤四人,唐武德(注:公元618－626年)中来朝,遂传教中国,一贤传教广州,二贤传教扬州,三贤四贤传教泉州,卒,葬此山。"(二)《成达文荟》第二集载:"唐天宝玄宗十二年(注:753年),有曼苏尔者到广州建狮子寺,泉州建麒麟寺⋯⋯。"(三)1965年发现于泉州的"侯赛因·本·穆罕默德·色拉退的墓碑石",上面刻有阿拉伯古体字"真主赐福他,亡于回历二十九年三月"(即公元650年)字样。也有不少学者对这些资料存疑,学术界也有不同看法。但穆斯林于唐代进入泉州是可以确认的。唐代泉州是我国四大对外贸易港之一,出现了"市井十洲人"的盛况,当时有不少阿拉伯、波斯穆斯林商贾进入泉州,初时乘季风之便,每年一至,其后有部分定居下来,只是当时以商贸为主,不一定四处传教。

宋代,伊斯兰教在泉州很活跃,这与穆斯林人数急增有关。一是因为唐末居住泉州的穆斯林,许多人单身而来,与当地发生了婚姻关系,并在泉州购置产业,生子育女,代代相传。据史载,北宋初已有居五世者。二是宋代泉州为世界贸易大港,海外贸易空前繁荣,大批穆斯林商人沿着海上丝绸之路接踵而至。当时人们称这些人为"蕃客"。据日本桑原骘藏《蒲寿庚考》卷二十六记载:"泉州当宋真宗(注:998－1003年)时,已为蕃客密居之地。"众多的穆斯林为满足自己宗教生活,于北宋大中祥符二至三年(1009－1010年),在泉州东南隅建立了一座规模宏大的古阿拉伯式伊斯兰教清真寺(即圣友寺),可见当时已经有了一定规模的宗教活动。南宋王朝为解决财政困难,鼓励对外贸易,阿拉伯、波斯等穆斯林来泉州日益增多,宗教活动也更为频繁,又修建了许多礼拜寺。如南宋波斯撒那威人在城南创建的清净寺、南宋也门人奈纳·奥姆尔于涂门外津头埔修建的也门教寺。从多国的伊斯兰教徒各自建寺中,可看出宋代伊斯兰教在泉州已有相当规模。赵汝适《诸蕃志》记载的50多个国家的风土人情,就是根据他在任福建市舶司时所见情况而写。南宋理宗时期(1225－1264年),祝穆在《方舆胜览·泉州》中记载:泉州"土产蕃货,诸蕃有黑白二种,皆居泉州,号'蕃人巷',每岁以大舶浮海往来"。可见当时外国人已有一定数量。南宋政府从法律上保护各国穆斯林的人身和财产安全,如准许穆斯林在泉州购买房产和坟地等,阿拉伯人和波斯人都把泉州看做第二故乡。一些蕃客后代已开始在政治生活中发挥作用,其最著名的如先世系阿拉伯穆斯林商人的蒲寿庚,于绍定六年(1233年)出资为已故的泉州太守倪思建造了一座祠堂;淳祐三年(1243年)和六年(1246年),相继在泉州修建龙津桥和长溪桥。南宋政府赐予他"承节郎"官衔。显赫的权力和雄厚实力,使他成为当时一位举足轻重的人物。

　　元代,泉州继续成为世界贸易大港,穆斯林在福建有了很大发展。其标志有多方面:(一)更多穆斯林从海上丝绸之路直接涌入泉州。泉州市舶司对大食商货抽解最少,管理得法,故元代大食商人直抵泉州,使泉州商业利润超过广州而跃为中国第一大海港。不少史籍都记载,元代泉州大食侨民成千上万,大食商船于泉州海内往来如织,不可胜计。(二)泉州又修建了多座清真寺。元顺帝至正十年(1350年)泉州吴鉴撰《重修清净寺碑记》载:"今泉州造礼拜寺,增为六七。"目前可考的如东门外东头乡纳希德·艾斯玛尔·穆萨丁元至治二年

(1322年)重修的寺、南门穆罕默德·本·艾敏伯克尔建造的寺及仅存碑刻而不知原址的寺等。当时伊斯兰教的兴盛由此可见。(三)穆斯林的足迹已不仅局限于泉州。福州梅峰回民公墓有一座亭式"西域武公舍黑之墓",墓主为伊斯兰教徒伊本·穆尔菲德·艾米尔·阿莱丁,卒于伊斯兰历七〇五年十一月二十日(即元大德十年,1306年)。福州另一石墓碑,墓主伊本·艾米尔·哈桑卒于伊斯兰历七六六年斋月三日(元至正二十五年,1365年)。此外,位于福州市安泰桥的万寿院,于元至正年间始归伊斯兰教,改造为清真寺。可见当时福州的伊斯兰教徒也有一定人数。(四)元代泉州由于伊斯兰教过于兴盛,以至不少汉人被融合而皈信伊斯兰教。据泉州《荣山李氏族谱》载:"色目人来据闽者,惟我泉州为最炽。……然其间有真色目人者,有伪色目人者,有从妻为色目人者,有从母为色目人者,习其异俗。"其"伪色目人者",即指汉人皈信伊斯兰教。(五)穆斯林的来源不仅仅由海上丝绸之路而来,不仅仅是商人为做生意而来,也有西域的军士为驻屯而来。如西域穆斯林金吉在元文帝至顺三年(1332年)因讨平王禅拜官武略将军,奉敕率扬州"合必军"(大多为波斯穆斯林)3000名,先入邵武,并留下部分军士在该地屯田。据《邵武县志》载:"元代城区迎春坊乌龙井巷后建造一清真寺,色目人香花供奉,洁身诵经,信仰其教。"也有随贡使来泉州的,如《重修清净寺碑记》载:"夏不鲁罕丁者,西洋嗹啫例绵国人。皇庆中(注:1312－1313年),随贡使来泉,住排铺街,修回回教(注:伊斯兰教),泉人延之,住持礼拜寺。"元代福建伊斯兰教得以发展的原因有多方面:(一)唐末五代、宋代来福建的穆斯林经过几代乃至十几代人的长期蕃衍繁殖,已在泉州等地扎下根,变侨居为永住。如据晋江陈埭谱牒及调查资料表明,陈埭丁氏回族一世祖丁谨(1251－1298年)、二世祖丁嗣(1273－1300年)、三世祖丁夔(1298－1379年)均系来中国的阿拉伯人的"土蕃"、"蕃客",均娶汉人为妻。(二)元灭宋后,穆斯林作为色目人中的一个重要部分,在元代的"四等人制"中属第二等,地位仅次于蒙古人而高于汉人、南人。当时在泉州参加了伊斯兰教可以得到某些保护,教主可以代表教徒"清理词讼,判断曲直"。泉州的几种回民家谱均有"迨元之时,于回免其差扰,泉之回尤盛,世人因多从回"的记载。与此同时,穆斯林多被选派为地方官。《元史》卷六《本纪》至元二年条有"以蒙古人充各路达鲁花赤,汉人充总管,回回充同知,永为定制"的记载。(三)"蕃客回回"的代表人物、掌管福建沿海军事和民政的泉州蒲寿庚于1277年弃宋降元,在客观上使泉州港不但不因战乱而受创,反而继南宋后走向极盛。蒲氏也由此受到元朝统治者重用,多次加官晋爵,官任福建省参知政事。其后由曾任平章政事的阿拉伯人赛典赤·赡思丁(1211－1279年)之孙艾伯克·乌马儿(伯颜平章)充任泉州提举市舶司。蒲氏、丁氏集团在泉州的统治地位,对穆斯林无疑是有益的。

明代,福建伊斯兰教发展不平衡。明初,因元末泉州爆发了长达十年的战乱,并波及福州、仙游、莆田等地,泉州港开始没落,凡有能力的穆斯林商人纷纷航海远去。泉州一带,由于蒲氏集团与元朝统治者关系密切,引起民族仇恨,故明初朱元璋严禁蒲姓子孙参加科举登仕,致使他们无法立足,大都改姓或外迁。许多在泉州的穆斯林后裔为防不测,也都隐居穷乡僻壤，改名换姓。但伊斯兰教在闽北一带却有所发展，一些外省来闽担任官职的回民及其家属在闽北落户。如明洪武二年（1369年），山西大同府柳御均人杨赉兴授任邵武府兵马指挥使，山西大同府南乡人马达霓授任邵武带兵指挥使，山西大同府南乡人米开庵以边将调邵武卫，他们率军挈眷来邵武就任，并随身带阿訇，始在邵武定居下来。据杨氏族谱记载，当时随军到邵武的约一千五百余户五千余人。杨姓占七百余人，其余为马、范、苏、沙、米、郝、王、兰、哈、史、黑、张、麻、蒲、常、李等姓。后或因贸易，或因居官从山东、河南、河北、陕西、甘肃等地来的回民在邵武定居，泉州蒲姓也易姓逃到邵武避难，故有邵武回民占了城区半边天之称。洪武七年（1374年），邵武清真寺迁迎风街和平巷重建，是目前闽北仅存的清真寺。明永乐五年（1407年），明成祖朱棣降旨保护伊斯兰教，他颁发的保护穆斯林和清净寺的《敕谕》碑刻，至今完好无损地嵌置于泉州清净寺北墙壁上。永乐十五年（1417年），钦差总兵太监郑和(回族)第五次下西洋来泉州时，曾到清净寺礼拜和往灵山圣墓做"都哇"（祈求真主恩赐福祥），穆斯林处境有所好转，泉州的一些穆斯林开始返回城里，定居于清真寺旁。明朝实行同化政策，不让蒙古和色目人"与本类自相嫁娶"，而让他们与外族通婚，客观上促使了回族人口的大量增加，一些汉人始奉伊斯兰教。

清代由于泉州港的没落，海外穆斯林已不再从海上来；再由于福建地处东南一隅，与内地穆斯林联系也多有不便，所以福建伊斯兰教也远不如宋元时兴盛。福建伊斯兰教也有一些活动，如重修泉州、福州、邵武的清真寺，并于道光元年（1821

年)在厦门建造清真寺,五次重修泉州灵山圣墓。据《白奇郭氏族谱·修葺义斋郭公墓文》载,康熙己丑年(1709年)"陈都督讳有功仕于泉,重兴清真教"。同治年间,福建提督江长贵曾请阿衡劝导教徒,并在灵山圣墓立碑纪念。

福建伊斯兰教在长期的传播过程中,形成了自己鲜明的特点。

穆斯林来源广泛。恐怕还没有哪一个省的穆斯林来源有福建这么广泛。简而言之,其来源主要有五个方面:(一)宋元时代从海上丝绸之路直接到泉州居住,其来自巴士拉、哈姆丹、艾比奈、土耳其斯坦、施拉夫、设拉子、贾杰鲁姆、布哈拉、花剌子模、霍拉桑、大不里士、吉兰尼等地。其后代人称"海回",以区别从陆上来的回民。(二)有的先从海上到中国其它地方,再或由北方南下,如晋江陈埭丁姓族谱上记其一世祖丁节斋"由姑苏行贾入泉",惠安白奇郭姓也是如此;或由南方北上(如蒲寿庚家族)。他们多与当地回汉人通婚。(三)明清两代由全国各地(以安徽、河南、广西为多)移居福建经商的回民,以聚集厦门为多。(四)元以后由外省来福建任职的将领及所带的兵士,这是闽北(特别是邵武)回族的主要来源。(五)元以后,以种种原因(如受聘为阿訇、投亲、居官等)从甘肃、宁夏、陕西、山东、河南、河北来福建的回民,居住在福州等地。这五个方面来源,头两个方面是闽南(特别是泉州一带)穆斯林的主要来源。

居住分散。我国回族族居情况,大都是"大分散,小集中",回族虽然散布在各地,但其聚居点比起其他地区来说是小集中。即在城市集中于街坊,在农村由相联的村庄自成聚

第七章 宗教

落。福建的回族族居却仅见大分散,难见小集中。不仅城市中不见街坊,农村中也仅有极少数几个点(如晋江陈埭、惠安白崎)可勉强称得上聚落,而全省回族分散在泉州、晋江、惠安、永春、安溪、德化、福清、福安、福鼎、平潭、福州、邵武、莆田、同安、厦门、漳州、龙海、漳浦、云霄、诏安等二十多个县市中,大多数县市的回族居住没有形成聚居点,皆分散于普通居民中。其原因有多方面,多次迁徙是一个最主要原因。或因避难,或因垦殖,或因从商而迁徙。陈埭丁姓有大量的人迁徙在外。本省的如福鼎、福安、同安、惠安、平潭、福清、厦门、福州、大田、莆田等地;省外如浙江省的平阳、温州、宁波、广东雷州半岛等地,及台湾、香港、澳门和新加坡、菲律宾等地。这种不断地迁徙,不仅大大削弱了原聚居点的力量,且由于迁徙面过广,在新的迁徙地也是星星点点,不可能形成强大的聚落。

汉化程度较高。福建回族对伊斯兰教信奉的程度是不完全相同的,有的迄今仍信奉伊斯兰教,并严格遵守穆斯林的生活方式;有的虽信奉伊斯兰教,但在生活方式上却有所改变;有的则不大信奉伊斯兰教,对穆斯林的生活方式也很陌生了。这是他们长期生息在福建汉文化圈中,不能不受到汉文化的漫浸。汉文化对福建穆斯林的影响不是一朝一夕的,它经历了一个漫长的演变过程。生活于明万历年间的陈埭丁衍夏在《祖教说》(《泉州回族谱牒资料选编》)中详细记载了自己在"稚年"、"厥后"、"今"所经历的三个不同时期的变化的情形:"稚年"(嘉靖初)丁氏家族还保持着伊斯兰教的礼拜、封斋等习俗;到"厥后"(嘉靖中)则"祀设主矣","天多不拜矣",可见丁氏已经不是"信仰唯一的神安拉"的纯粹伊斯兰教徒了;

"今"(嘉靖末万历初)所见则已几乎完全沿用汉族习惯了。惠安白奇穆斯林也经历了这种变化,只是变化的速度要比陈埭缓慢。而泉州居住在清净寺周围的回民因注意抵御民族同化,汉化步伐较为缓慢,时至今日,仍然保持伊斯兰宗教信仰和生活方式。福建回族汉化程度较高,有较为复杂的原因,如:(一)居住分散。这样无法形成较强的凝聚力,所居毗邻皆为汉族,受其日夜濡染是必然的。(二)极少与中原、西北穆斯林集聚地取得联系。这样,对一些伊斯兰教教义就难免开始生疏,更谈不上深研和传播。明万历三十七年(1609年),泉州穆斯林常在露天的古大殿内举行主玛礼拜。而遵照伊斯兰教义,至高无上的安拉无所不在,不论在什么位置,只要面向圣地麦加克尔白的方向祈祷,都同样能获得安拉的喜悦。而泉州穆斯林并不懂这一点,宁愿头顶烈日、披风戴雨在露天大殿内祈祷。(三)与汉人通婚。泉州有关史籍记载,福建蕃汉通婚在宋元时就已存在。这种状况不仅决定了血统上汉族成份日渐增多,也导致了大量接受汉族文化因素。民国25年(1936年),张玉光应邀从外地到泉州任阿訇,对当时泉州回民做了调查后,写了篇《回教入华与泉州回教概况》,文中有关于婚姻的记载:"因回民户口太少,多系同姓,致婚嫁问题殊感困难;故各家妇女多属教外人,习俗相染,只知不食猪肉,其他则皆无禁忌矣。"(《月华》1937年第9卷第1期)(四)被迫放弃伊斯兰教信仰。其主要原因是元末明初两次反色目排外浪潮。一次是陈友定兵入泉州,"凡西域人尽歼之"(《温陵金氏族谱》)。一次是元至正二十七年(1367年),明军入闽,再次对泉州回民进行残酷屠杀。幸存的回民为了生存,只好改名换姓,并放弃伊斯兰教信仰。(五)倭寇骚扰。特别是在明代,倭寇接连不断骚扰一些回民住地,如嘉靖三十九年(1560年),倭寇占据陈埭,将其兼有伊斯兰教礼拜所的宗祠都毁了,使回民失去了宗教活动的场所,加快了汉化的过程。(六)注重科举。一些回民的经堂教育不仅仅学会使用阿拉伯字母拼写汉语的"小儿锦",也不仅仅在于释读《古兰经》和《圣训》,还在于为今后科举做准备。如居住邵武的回民,所聘请开课的阿衡要精通四书五经,学成后要能进入科举登第。回民子女一般六岁都要到清真寺入蒙接受教育。家族为兴学之需而购置了田产,称设专项学粮;百姓亦购置祭田,称奖学粮。科举时,回民家每户都有文武秀才,如:米荣、米汝弼、米嘉穗、王楫、马骏武、马君武、范作霖、杨圣、杨鸢旗等皆为明、清清真寺培养出来的举人进士。

同中有异的风俗民情。福建伊斯兰教在福建传播的漫长过程中,虽然大体上保持了穆斯林的风俗,但由于穆斯林来自不同国度和地区,又长期在福建不同地方生活,联系甚少,所以受到的影响也是不同的。因此,福建回族区既有与我国其他地方的穆斯林风俗相同处,但又有所不同。如惠安白奇长期坚持回民互通婚姻,女不外嫁,白奇甚至今日还存在"就近而嫁,当村而娶"同姓、同族、同房头结婚的习俗。而泉州、晋江陈埭等地,早就开始汉回通婚。按伊斯兰教规定,穆斯林归真后,要为其举行一套伊斯兰教特有的丧葬仪式,首先要为亡人净身,作宾礼,然后按土葬、速葬、薄葬的要求进行埋葬。但惠安白奇回族如遇丧事,则仅在灵堂放一本《古兰经》,"以慰死者,且镇邪灵"。在泉州一带回族人家的门头和清真饭馆字号上多贴挂着阿拉伯文写的"都哇",在回族使用的汉语中仍保留不少阿拉伯语词汇。而这种现象在邵武、福州一带少见。福建回民的职业也很不相同,如惠安白奇一带大都以航海经商和捕捞养殖海产为生,晋江陈埭回民大都以养殖海蛏、外出经商为生;逃居山区的蒲姓族人,多以操持传统香料制作业及以教书为生;在邵武的回民则以经营布庄线、丝店、牛羊屠宰等为生,邵武的回民一般人都掌握了一些诸如推拿按摩、针刺放血的独特医疗技术。

四 基督教

基督教作为一种世界性的宗教,曾四度传入我国。第一次是唐代的景教,这是中国人对基督教聂斯托里派教会的称呼;第二次是元代的也里可温教,这是指再度进入中原的景教徒和新来自欧洲的天主教徒的蒙古语称谓;第三代是元代、明代的天主教;第四次是清及近代的基督教(新派)和天主教(旧派)。本文所指的基督教,指广义的世界三大宗教之一的"基督教"这一名称,既包括明代以前的景教和也里可温,也包括明末清初以来的天主教和基督新教。传入福建的基督教可追溯到唐武宗时期,当时统治者下令灭佛,景教也受牵连。《资治通鉴》卷二百四十八《唐纪》载:会昌五年秋七月,"上恶僧尼耗蠹天下,欲去之,……余僧及尼并大秦穆护、袄僧皆勒归俗"。由于福建远离政治中心,因此成为教士们栖身避难地之一。

元代进入中国的有来自欧洲的天主教和聂斯托里派。意大利人蒙特科尔维诺的约翰于1294年抵达元大都,受到元成宗铁木儿的友好款待,并获准在中国自由传教。约翰任总主教,辖下分北京和泉州两个主教区。泉州前后有三名意大利人来任主教,并都死在泉州,至今在泉州留有碑石。约翰总主教派往泉州任第一任主教的是才拉尔,才主教去世后,原授安德鲁为主教,安不受,只好简选伯来仁补其缺。伯主教去世后,安德鲁接其任。安主教在才主教故世前四年,即来泉州传教,且受元廷供给俸禄,在近郊建一圣堂,并修院一所,可容修士22人。安德鲁曾从泉州写一信寄回欧洲,明确指出其教堂名曰"兴明寺"。此外,有一亚尔默尼女教友以己资财,在泉州建筑了一华丽广大圣堂。安德鲁去世后,其继承者又在泉州建筑了第三座圣堂。泉州当时有许多信奉天主教的西方人居住,因此至今还保留有许多天主教的遗物和遗址。元代聂斯托里派进入泉州有两条路,一条是由波斯、叙利亚从海上乘船来泉州,另一条是由色目人、蒙古人从陆路南下泉州。元贞年间(1295——1297年),泉州达鲁花赤马速忽是聂派的,南安县主簿火思坛是蒙古景教小官,漳州路达鲁花赤伯颜是信仰景教的蒙古贵族。此外,也有一些西方传教士路过福建传教,最为著名的如真福和德理由波斯到印度,又到广州、泉州,在泉州得见安德鲁主教,不久又由福州至仙霞岭,下钱塘江至杭州。至今泉州还保存不少基督教徒的墓碑、墓盖及其它墓葬石刻,碑文刻字有聂斯脱里文(古叙利亚文)、拉丁文、八思巴文(元代蒙古文)。其中有的是汉文和八思巴文合刻在一起,其内容有墓主姓名、死亡时间和经文等。这些石刻有的浮雕着十字架或云纹、莲花、火焰图案等;有的浮雕着头带僧冠,手捧圣物,两膀飘带飞舞,展翅翱翔在空中的天使。泉州是研究我国早期基督教史不可多得的宝库。

基督教在明代福建得到广泛传播,其影响最大的是意大利耶稣会传教士艾儒略。艾儒略字思及,意大利人,1613年来华至北京,曾传教于扬州、西安、常熟等处,在杭州苦学汉文。1625年,福清人叶向高相国致仕归里,途经杭州时,与艾儒略促膝长谈,十分相契,故约艾至福州开教。艾儒略道貌不凡,且为人雅洁,善于结交,接见学者时皆着盛服,不敢疏忽,由此遍识闽中名士,凡与之交往者莫不折服,称其为"西来孔子",誉为开教福建第一人。艾氏学识渊博,著有《西学凡》一卷、《职方外记》五卷,皆被收入四库全书。其《三山论学记》为与叶向高析疑辩难之作,《口铎日抄》为艾氏和其它三教士与闽中士大夫谈道笔记。艾氏在叶向高支持下,先在福州创立圣堂,不久在福安、建宁、延平、邵武、汀州、兴化、泉州、漳州等地造堂开教,前后23年,建大堂22座,小堂不计其数,付洗万余人。艾氏传教不遗余力,如他在游武夷山时,见庙宇三座,僧人数十,知其为元代泉州方济各会士来此山中隐修之处,劝说众僧归依,改庙宇为教堂。当时在福州协助艾氏传教的,尚有葡萄牙人庐安德、阳玛诺等人。

明代在福州传教的,还有奥斯定会士马丁拉达和马林,他们于1575年从马尼拉经泉州到福州传教。多明我会士西班牙人郭琦,于1632年经台湾至福州附近小岛登陆,转入闽东传教,被认为是多明我会来闽传教第一人。之后,西班牙多明我会士黎玉范、方济各会士栗安当也来闽传教。明末时,各省骚乱不止,福建却因有天然山界而偏安一隅,圣教因而得以传布。当时菲律宾派传教士11人抵厦门,他们深入内地讲道,使福建传教之风日盛。

基督教在清代的传播持久不衰。1655年,维脱瑞等传教士取道金门、厦门转入漳州、海澄、石码等地传教;1658年,建立宗座代牧制,将每一地区传教工作委托给指定修会。1664年,仅福州就有教友2000人,教堂13座(包括兴化、连江、长乐)。1665年,在福建的外籍传教士有36人。1696年,教皇意诺增爵第十二简定中国十二主教区,福建为第四教区。清廷推行"迁界"政策后,传教士乃伴教友进入内地。1707年,多明我会传教士到闽南一带传教。1748年,又有几个外籍神父,如严多明我、严伯多禄、严玫瑰等进入内地传教。雍正初年,福安成为传教的主要据点,当时有教堂18座,教徒以万计。清末民初,基督教开始向福建各地渗透,甚至连僻远的山区也看到了传教士的身影。1864年,美国美以美会派传教士由福州入永春;1880年,基督教由南平县樟湖坂镇传入尤溪十七都(今洋中乡)。1900年,基督教由中华圣公会(原名安立间会)传教人徐承泽传入寿宁。1909年,美籍女传教士宝精英进入尤溪县开设教区。1918年,福安人林蔽章、武曲乡人王正新,在寿宁武曲、斜滩一带传教。清末,长汀基督教派员传入清流,耶稣教由长汀河田乡人官锡福和古田人康信安从长汀传入宁化。民国初年,长汀教区派长汀人马伯承来为宁化主持教务,发展教徒五十余人。

基督教在福建的传播主要有以下几个特点:

派别众多。大教区宗派林立。如福州教区有:(一)中华基督教会闽中协会,这是1847年5月,由美国传教士杨顺及弼履仁夫妇来福州传道的。(二)中华基督教卫理公会,这是1847年4月15日,美国柯林牧师和怀德牧师夫妇,由美波士顿来福州传道的。(三)中华基督教圣公会,这是1850年5月3日,由姓唐和姓孙两个传教士抵达福州布道的。(四)中华基督复临安息日会,这是1911年由厦门人郭子颖传至福州。(五)真耶稣教会。(六)基督徒聚会处等。即使在较为偏远的山区,如永春县,也有美以美会(1864年传入)、圣公会(1874年传入)、安息日会(1912年传入)、真耶稣教会(1936年传入)、英长老会(1886年传入)等五种。

辐射面广。福建几个主要教区,如泉州、漳州、福州、福安等,都千方百计向外辐射,所以福建虽然地处偏壤,基督教传播的程度却不亚于外省。如位于福州的中华基督教卫理公会,于1864年下设八个教区,即福州、福清、龙田、渔溪、平潭、古田、屏湖、闽清等。1894年成立的闽北教会中心,辐射至建阳、崇安、浦城、松溪、政和等县。再如"中华基督教卫理公会"是在中国比较大的会派之一,而福州是该会的发源地。

以较为灵活的方式布道。艾儒略传教时,注意根据不同对象采用不同方式。对闽中名士文人,则赠诗相送,晋江天学堂所刻《闽中诸公赠诗抄本》,列举了艾儒略赠诗者凡69人,故一时文人学者多奉教。对于平民百姓,艾儒略则编《四字经》等通俗读物相赠。艾儒略采用"合儒、补儒"的方针,以期减少阻力,融洽感情。清咸丰末年,美国传教士弼来满、摩霖来长乐等地传教,因语言障碍,故方式为散发传单、印送圣经故事及各种图片等,并演奏音乐,引人听道。1852年某姓唐的传教士虽不会讲福州话,但在其寓所开诊所,以施医为传道手段,并分送单本福音,作文字宣传。还有不少传教士随带药箱,利用免费治病的方式传教。当时基督教徒活动的仪式主要为:平时每天各自读圣经,做祈祷功课,每星期日分区域集中在教堂(或某一教徒家中)做礼拜会,唱赞美诗,讲读圣经。圣诞节在教堂扎圣诞树,塑圣诞老人,做祈祷庆贺晚会,到教友家报佳音等。教徒结婚,请牧师祝福祈祷,教徒患病或死亡,牧师和教友也为他做祈祷仪式。传教士们还注意创办中文报刊,如美国卫理公会在福州创办的《郇山使者闽省会报》、闽南圣教书局在厦门主办的《闽南圣会报》、H·汤普逊主编的使用厦门方言的《漳泉公会报》、由英国牧师迪迩·山雅各任总经理兼总笔的《鹭江报》等。

竭力修筑教堂和修院。没有教堂,就等于没有立足之地,是无法传教的。来闽传教士深谙其中道理,因此千方百计购买地皮造堂修院。传教士常用的手法一般是先租民房为会址,之后再设法购买合适的旧房改造,或购地。当时遍布八闽的教堂之多、建筑速度之快,为其它省各教区所不多见。仅以漳州为例,就有1712年修建的弥加厄尔圣堂、18世纪建立的多玛斯圣堂、1855年在海澄尾古城建的教堂和神父楼及此后修的罗洒修院、1868年在南边楼建立神学院等。而中华基督教闽中协会所属的福州教区,就有16个教堂。虽然有时因统治者的命令教堂被改(如1735年宁化天主教堂被改作朱子祠,1795年福州宫巷天主堂被改为关帝庙),但只要一有机会,就被教友恢复。

用多种形式取得各方面支持,借以传道。第一,千方百计取得官方支持。如艾儒略就取得叶向高相国全力支持,叶相国逝世,其长孙捐巨资在福州城内宫巷建"三山堂"教堂一座。顺治初年,闽浙巡抚佟国器来视察,他全力支持天主教,曾撰写《福州重建圣堂碑》,并捐赠俸银重建福州天主堂,刊印圣教经书多种,且为之作序。清末民初,全国发生大小教案三百余起,福州教会与官府百姓相安无事,未曾出现大的风波。第二,通过创办学校扩大影响。基督教各派在福建创办的各类学校遍布各地,如仅在福州、莆田、南平这三个地区所开办学校多达99所,学生人数9531人,而这时三地区非教会办学校仅76所,学生人数9464人,教会学校超过公立私立学校这种现象,在外省也是不多见的。教会在福州创办学校较著名的如福州圣经师范学校、福州陶淑女子中学、福州鹤龄英华书院、格致书院(今福州五中)、毓英女中(今十六中)、华南女子文理学院、福建协和大学等。特别是华南女子文理学院是教会在中国办的三所女子大学之一,有一定影响。此校前身为1859年成立的福州女子寄宿学校,教授基督教教义、英文及家政等方面一般知识。1904年程吕底亚女士在妇女外国布道会和中华基督教教育会的支持下,开始为华南女子文理学院募捐,目的为培养华南地区农村妇女中宗教领袖。1908年在监理会妇女布道会的主办下开学。这些教会学校向下层平民敞开大门,把教义渗入一般民众之中,并逐步扩大其影响。正如《福州美以美年会史》称:"基督教初传吾国,布道者向人说道,虽言之谆谆,而听之藐藐,甚有拒而不纳者,将欲设堂立会,诚为万难之事,于是乃开办学校为布道之先驱,夫以教育介绍教会。"第三、通过创办医院劝说病人信教。基督教在福建各地创办了许多医院,仅以福州教区为例,较著名的就有二

第七章 宗教

十余所。如中华基督教闽中协会开办的有位于马江的马限医院、位于长乐的圣教医院,中华基督教卫理公会开办的位于古田的怀礼医院、位于福州仓前山岭后的妇幼医院、位于福清的惠乐生医院、位于平潭的基督教医院、位于福清的龙田医院、位于闽清的善牧医院,中华基督教公会开办的有位于福州的柴井医院、位于霞浦的圣教医院、位于宁德的永生医院、位于建宁的叶先声医院等。此外,基督教协会还创办有保生堂、贫儿院、育婴堂、麻风院等福利性收养院。医院对病人送医送药,有的早晚搞宗教仪式,潜移默化地对病人实施影响。

多用本地人布道。福建方言复杂,外籍教士布道不易,且当地百姓对外籍人多怀有狐疑之心。因此,外籍教士注意利用闽籍教士传道。如清同治年间,美国基督教美以美会派人到沙县传教,但被视作异端邪说,无人相信,后改为本省籍教士传教,才打开局面,遂有县民入教。再如1857年,美以美会的外籍传教士麦利到永泰传教,虽竭尽全力,却信者寥寥,后由华人陈娘皋到永泰传教,才打开局面。因此,有的教会总干事由闽籍牧师担任(如中华基督教会闽中协会)。最突出的是天主教第一位中国籍神父和主教罗文藻,为福安人,1634年由方济各会西班牙籍传教士利安当施洗入教,后赴马尼拉在多明我会主办的圣多玛斯学院半工半读,之后偕西班牙籍传教士多人回闽传教,并曾任南京教区主教。

出现了闽南的白话字(即厦门话的拉丁字母拼音方案)。在闽南的传教士为了学习汉语和传教的需要,拟定了一套以拉丁字母为记号体系的白话字,其字母一共只有23个。凭这23个字母就可以写闽南地方方言的一切,凡是口里可以说出的,笔下完全可表现出来。闽南教会用这套白话字翻译编写了百种圣经、圣诗、教会诗歌等书。后来闽南白话字在一定范围内起着拼音文字的作用,不仅在传教中被使用,教会以外的一般群众也用它来记事和通信,创造了我国文字改革史上的奇观。

以多种方言译《圣经》。《圣经》除了闽南话外,其福建方言本还如福州话、兴化话、客家话及建宁话、建阳话、邵武话等,由此推动了基督教在福建的传播。

第八章 民　　俗

　　人们常用"百里不同风，千里不同俗"来形容中国民俗的丰富多采，但福建民俗的绚丽多姿却可用"十里不同风，一乡有一俗"来形容。福建荟萃了中国民俗的精华，堪称中华民俗的展览馆。外地有的民俗这里有，外地没有的民俗这里也有；外地古时有之现已消失的民俗这里有，外地早已演变得面目全非的民俗，这里仍然可以看到其原来面貌。福建民俗所以极为丰富多姿，有着多方面的原因。（一）多种文化的兼容并蓄。古越文化的遗风、中原文化的多次大规模传入、原始宗教和现代宗教的广泛传播、海外文化持续不断的冲击、邻地文化的长期渗透等，都使闽地文化极为斑斓多彩。（二）地处僻壤的自然环境。民俗的传承对自然环境有很强的选择性。福建地僻东南一隅，远离政治文化中心，被称为"东南山国"，因交通不便使无数分散的自然村落互不往来，也不易受外界的影响，有时"不知有汉，无论魏晋"。这种独特的环境是各种民俗沉淀的极好温床。（三）极强的家庭观念。民俗的传承是靠人们的口头和行为方式，一代代延续下来，是一种历时持久的、由集体所传递的文化形式。福建村落的居民长期休养生息在同一地缘之内，逐渐形成了村落的集体意识。聚族而居，血缘村落更使福建人有极强的家庭观念，千方百计地保持祖先遗留下来的东西不被遗弃。这就使一些古老民俗有极顽强的生命力。

一　岁时佳节

岁时民俗是一种极其复杂的社会文化现象。福建的岁时民俗，一方面是闽地人们生产和生活经验的体现，另一方面也与闽地独有的自然环境有着密切的关系。

除夕是旧历年的最后一天，也是全年最繁忙的一天。福州话"年盲兜(年终)连没跤灯马也会跑"。福州要蒸好白米饭贮在饭甑中，供于案前，俗称"隔年饭"。晚上要烧竹竿，后改为烧松柴，烧时撒些盐花，让其发出响声，以扫除晦气。福州还称"除夕"为"做晦"，在门缝里夹着金银箔纸，以示金银多到从门缝里盈满溢出，象征明年能发大财。闽南在除夕夜将打扫灰尘的旧扫帚丢在火里烧掉，然后全家老少用闽南话说声"今年好过年"，挨个跳过火堆，以祝愿新一年的快乐与吉利。漳州除夕之夜围炉，宴席佳肴有其象征意义，如鱼象征生活富余，鸡寓意家运昌兴，豆腐表示发财致富，韭菜代表幸福长久。漳州人特别看重蚶，除夕宴绝不能少。古时贝壳象征财富、华贵，所以漳州人视蚶壳如金银，食后蚶壳不得扫入垃圾，而要郑重地放置门后或床下，预兆来年发财致富。此外，还须在房门后竖放两根连根带叶的甘蔗，称"靠壁硬"，取家运坚实牢固之意。闽西除夕在中庭置方桌，以大米斗置桌上，插上冬青树叶,以银圆、银镯系于冬青树枝上,又以红蛋置米上,叫"上岁饭"。

春节是闽俗中最重要的节日,福州俗称"做年",主要有五个活动:1、饮屠酥。初一清晨汲上井水调合黄酒,家中人按长幼为序各饮一杯,以避瘟疫。2、序拜。先拜天地,然后按辈份向家中长老祝寿。3、却荤食。正月初一吃素,类似今天吃以线面配鸭蛋的"太平面"。4、上冢。祭扫祖先坟墓。5、入学。正月初五送子弟入学拜老师。闽南对过春节的日程有严格的规定,一首盛行的歌谣唱道:"初一荣,初二停,初三无姿娘,初四神落天,初五隔开,初六打囡仔的脚川(屁股),初七七元,初八团圆,初九天公生,初十地公生,十一请子婿,十二返去拜,十三食俺糜配介菜,十四结灯棚,十五上元暝。"大意是:初一决定一年的吉凶祸福,所以一定要打扫干净,箱橱里还要放几文钱;初二没事干,妇女们归宁贺新正,并带红包及糖饼散给一般小孩;初三新娶的妇女归宁未回;初四沐浴焚香将三牲果品排在神前,表示欢迎神降临本家;初五告一段落,各行各业就位;初六可以打不听话孩子的屁股;(初一到初五不许打骂孩子,以图吉利。)初七将一些混合蔬菜煮食(名七宝汤),可解百病;初八一家人须团聚在一起共享天伦之乐,如妇女未归,家中人要到外戚家中兴师问罪;初九、初十是天公、地公生辰的日子,要排列九牲五果六斋,演戏并请道士和尚念经;十一女婿到来,岳父、岳母无微不至招待,但女婿也需带些红包给岳父家的孩子;十二贺新年的客人都回家去了;十三人们没有敬神,可食家常便饭;十四扎结很高的灯棚;十五过元宵。

闽俗重元宵,前后长达二十余天,闽南尤盛,大街小巷张灯结彩,一路舞龙、舞狮、踩高跷,至深夜都极为热闹。家中除了要煮"嫩饼菜"供祖先外,还有几件事是必定要办的:一年内出嫁的女儿,娘家要在"元宵节"前买绣球灯、莲花灯各一对,差遣男孩送到子婿家中,祈祝早日"出丁"(生孩子)。已出嫁女儿在元宵节后走娘家,要备办"面前"(线面、鸡蛋之类的礼品),孝敬爹妈。有的地方未出嫁的姑娘还需在晚上"迎紫姑"(亦称"迎厕姑娘"),即吃几碗"嫩饼菜"后,三五成群到村边厕所作祷语,青年小伙子也常三五成群到厕所边偷听。

福建有许多独有的年节。农历正月二十九,福州要过"拗九节"(也称"后九节"、"孝九节"和"送穷节")。这天清早,家家户户都用糯米和红糖,再加上花生、红枣、桂圆、荸荠、红豆、胡桃、芝麻等配米煮成"拗九粥",用来祭祖和馈赠乡邻戚友。已嫁的女儿要送上一碗"拗九粥"回娘家孝敬父母,福州俗语"逢九必穷",认为人的年龄上的"九"或"九"的倍数,要交穷运,必须设法送穷。每年夏历"夏至"过后逢辰的一天,闽东要过"分龙节"。此日禁止动用铁器和粪桶等出门,并祈求各龙王不作水患,各地畲民普遍歇工,携山货到福宁府或方化寺进行自由贸易,彼此交流生产技术和生活情况,男女青年通过盘歌,为自己寻找终身伴侣。

二 婚嫁生育

人类要延续,家庭要发展,与婚嫁生育关系最为密切,因此,这一环节历来都受到个人、家庭和社会的高度重视,从民俗诸礼的演变传承来看,其形式最为丰富,传承最为悠久。福建传统的婚嫁生育习俗,也极为丰富多采。

福州婚嫁的程序很繁杂。1、"问字",男家请人到女家说合;2、"合婚",双方交换生辰八字,由算命先生测算是否犯冲;3、"下大帖",选良辰吉日定聘;4、"上半礼",男家在定聘时,将鸡、鸭、酒、礼饼等和龙凤贴,用红拜盒送往女家;女家也用红拜盒盛拜贴及衣服裤料回男家;5、"下半礼",男方在婚前一月把酒肉礼品和礼金等一齐送到女家,女家以衣帽文具和糕点回赠;6、"办亲",女家收到男家聘金后办好妆奁,于婚前一日鼓吹送往男家;7、"试妆",婚前一日,新娘由伴娘梳洗打扮;8、"接亲",结婚之日,新郎由媒人带领,用花轿去女家迎娶新娘;9、"坐床",花轿到男家时,新娘由伴娘导入洞房,与新郎并坐床沿,新娘悄悄将新郎衣襟压于臀下;10、"见面礼",升厅拜堂后,新娘按辈份拜见众位亲戚,长辈要送红包给新娘;11、"合卺",新夫妇在洞房喝合欢酒;12、"闹房",宴后,亲友聚集新房请新郎新娘表演节目;13、"庙见",第二天谒家庙和六亲大小;14、"试厨",傍晚新娘亲自下厨作菜,以验其烹饪手艺;15、"馈女",第三天女家父母来饷食;16、"请回门",女家派"亲家舅"(新娘弟弟,无弟须借一男孩代替)来请新夫妇俩回女家;17、"撮食",女家设宴招待亲客,女家的平辈亲友要新郎出钱请客,或设宴,或说评话。在操办这些程序时,各地做法又有所不同。比如福清在"迎亲"时,有"拦花轿"的独特习俗:迎亲回来路上,人们可以用条椅等拦住花轿,只有让拦路者满意,才让通过,新郎新娘不得生气。一路上拦的人越多,越说明新娘的才貌闻名远近,新郎也就越光彩。有的地方有"避冲"之习:新郎迎新娘到自己家门口时,男家放鞭炮迎新。新娘需由男方亲戚或邻居中福贵双全的年长妇女和喜娘扶进门,此时男家的其他女眷应暂时回避,并熄灭堂内柴火,新娘进大厅后才能见面。还有"关新人房"之习:男家挑一聪明伶俐男孩将嫁妆中新马桶先接进新房,旋即与预先在新房内的男女孩关紧房门。新郎、新娘拍门要求开房,与门内人讨价还价。时间越长,表示新郎新娘越有耐性,意味今后夫妻恩爱日子越长。

闽南一带婚嫁,很重视"六礼"。即:1、"问名",托媒人到对方家求"生月";2、"订盟",定下婚事;3、"采纳",送盘担;4、"纳币",送聘礼;5、"请期",呈送红贴;6、"迎亲",男到女家迎新人。但闽南各地对"六礼"的具体做法并不完全一样。有的地方在"问名"时,将红纸写明男女双方年庚八字,由媒人传给双方家长,将红纸置于神前香炉内,三天内如果家中有打破碗碟瓷器或家中有人走路不小心踢到石头,这项婚事便作罢。在"订盟"时,有时由媒人陪同男方到女家,女方捧茶三巡后,男方要有压茶红包给女方,压的钱双数表示相中,单数表示没相中。有一些讲客家话的地方,男方来相亲时,女方如果煮米粉、红蛋相待,炒"米香"相赠,表示答应婚事。如果煮了米粉不加蛋,不炒"米香",即暗示不中意。

闽南"迎亲"有许多独特的习俗。迎亲那一天,新郎必须坐在轿上,无论寒暑,手都携白扇以"避邪"。新郎轿后还有二轿,坐着新郎的朋友往娶,俗称"炮嫁"。至女家时,新郎不下轿,女家接"炮嫁",二人到隔壁邻居家敬茶。"炮嫁"可伺机拿取茶杯两个带回男家,置于新郎床下,据说这样会速生男孩。女家荐以线面鸡蛋给轿中新郎,男方则备猪脚、米团送女家,敬孝岳母,说是报答她在生养女儿时的腹痛之苦。新娘出女家时,有的地方有"一对带路鸡,两棵连尾蔗"之俗,即要伴娘护送一只即将下蛋的母鸡和一只刚会啼的公鸡做"带路鸡"到男家,新娘入洞房后,将"带路鸡"放进床下,然后往地下撒米。"鸡公"先出来,"头胎生查埔"(生男),鸡母先出来,"先生阿姐再招小弟"。婚后第三天,新娘由娘家返回时,必带两根带尾的粗壮甘蔗,蔗叶苍翠欲滴,将之放在新房门后,寓意夫妻两人日后生活像甘蔗一样,"甜头好尾",恩爱绵长。

　　福建一些少数民族的婚嫁程序与自己本民族习俗关系极为密切。闽东的畲族爱唱山歌,因此其婚嫁也离不开唱歌。如"做表姐":在婚礼前,姑娘的舅母要请姑娘和她的母亲去作客,次数不拘,姑娘要穿上最漂亮的衣服,到舅村,村里青年都陪她唱歌。姑娘唱得好,会获得人们的夸奖;唱不好,将遭讥讽。"做亲家伯":娶亲前两天,男方请一个好歌手作全权代表,俗称"亲家伯",与媒人一起把礼物送到女家。晚饭后开始连唱两个晚上的歌。唱得好,男方有面子,女方妇女不敢为难,一切以礼相待。如果不会唱或唱不好,将被妇女奚落,甚至让他扎犁作牛,男方大丢面子。泉州一带流行的"撒金豆",是古代回族的婚俗。回族的先民阿拉伯、波斯巨商结婚时,于婚礼当天在女家由阿訇念完尼卡哈后,向新郎、新娘身上撒黄金豆粒,意为喜庆日子散天课施舍贫民,贫苦的穆斯林拾之均分。后民间改为撒核桃、枣、花生、白果等四果,让围观的大人小孩捡食,意为感谢真主赐结良缘,祈求真主赐生贵子。

　　福建有的地方的婚俗极为奇特。如闽南惠东妇女在婚后三天就要回娘家长住,只有逢年过节及农忙时才到夫家住几天,一年总共时间不过六七天,而这几天到夫家也要是天黑后才到,且头戴黑布下垂遮面,到熄灯后才去头布,所以有的甚至结婚多年夫妻之间还不认识。惠东妇女必须在娘家住到怀孕生孩子时,才能回到夫家安定住下。住娘家多的两三年以至于十几二十年。当地人称长住娘家的媳妇为"不欠债的",称住夫家的为"欠债的"。

由于对生育的重视,所以福建各地的生育习俗都很繁多。福州从孩子在娘胎里到周岁,每一阶段都以"喜"称:"带身喜",指妇女身怀六甲;"临盆喜",指妇女分娩后,要向近房亲戚和左邻右舍分送一碗太平面报喜,接受者则要回赠几个鸡蛋或鸭蛋,以及数量不等的线面;"汤饼之喜",孩子出生三天时,办"三旦"酒,宴请亲友,娘家必须置办孩子的用物和产妇的食物,于当天送达男家;"弥月之喜",孩子满月时办满月酒,赴宴的客人除送红包外,还可送些小孩礼物;"坐舆之喜",孩子四个月时,可以坐竹木车了,为此办酒请客;"做晬之喜",孩子周岁时办酒请客,规模最大。客人除送"红包"外,还可送童装、玩具。

闽南生育习俗的每个阶段与福州大同小异,但叫法和做法不一样。孩子出世当日,叫"落土",请至亲至友吃喜饭;孩子三日,叫"三段",以油饭遍送亲友近邻,并把鸡蛋、鸭蛋和香饼油饭送往舅家;孩子满月,叫"汤饼会",以油饭、肉、面、酒等物品祀祖宗,敬后分赠亲友,并宴请诸亲。请有"福气"老人为孩子摸摸头,说些吉利祝贺话,再背孩子到大路上走,叫"游大街";背孩子探井,旨在让孩子能顺利成长。孩子四个月时,叫"面桃";周岁时,称"枕头包",皆以油饭、鸡蛋(染红色)、猪肉还礼于前来祝贺的亲友。

福建重男轻女较全国其他地方严重,历史上曾有"溺女婴"的陋俗。不少地方生男生女的习俗是不一样的。闽南惠安北部男孩满月时,宴席远比女孩隆重。男家要做大量的圆面包,盖上"囍"字大红印,分送全村。此外,再挑一担给岳母,由岳母家分送邻居。还要煮十几个染红的熟鸡蛋,浸在盆中水里,让孩子去摸了吃。闽西有些地方凡生下男孩,几天后就要请家里辈份最高的长者取名,并用一张长方形的红纸竖写"新丁取名某年某月某日",俗称"写丁榜",一份贴在祠堂,一份贴在家中正厅右边最显眼的地方,使人知道房主新添男孩。如生女,不仅不贴丁榜,而且连名字都不取。

三 寿诞丧葬

福建重视给长辈祝寿。福州传统是男庆九,女庆十。比如男人六十大寿,必须提到五十九岁那年做,因为"九"与"久"谐音,象征长寿。此外,在正寿前一天,必须先做"禳寿"。即寿诞前一天,把小辈们送来的寿烛在祖先灵前全部点燃,三碗寿面分别插三朵纸花,族内小辈对过寿者叩拜,然后落座喝酒赏乐。小辈如有钱,可请佛道设坛念经,替过寿者向北斗星求福寿,称"拜斗"。更有钱的可邀请业余民乐队,在坛前弹奏,称"夹罐"。正式庆寿时,家中华灯齐放,亲朋好友汇聚一堂。赴宴者可送红包,也可送寿烛。有声望的家庭往往事先由其子孙出名,发出"寿启",向各方征求"寿序"及"寿诗",以为纪念。

闽南通常以五十一岁(虚龄)才开始庆寿,称为"头生日"。

过了"头生日"后,越往后寿诞越隆重,称"大生日"。每年寿诞之日早晨,全家老少都先食"甜寿面",表示托长辈之福,儿孙自能长寿。之后,儿孙辈开始向过寿者祝寿。女儿、女婿、外甥等也要携带祝寿礼品前来祝寿。寿礼一般为寿面、寿桃(面制品)、寿龟(面制品)等,但要成双数,意为"好事成双"。第一次做寿(五十一岁)时,寿桃是必送的礼品,取其"蟠桃献寿"之意。所送礼品都必须贴上红纸或染上红色,表示"见红大吉"。祝寿的礼品,事主只能收其部分,余者奉其带回,意为彼此福寿。

福建有些地方对祝寿有自己的规定。仙游统一以正月初三为"祝寿日"。这一天,路上行人多手提或肩挑着一色用红布袋或红篮子装着的寿礼,前往寿庆者家里祝寿。过寿者则在这一天宴请前来祝寿的亲友。这一习俗由来,据传是因为春节各家多少都备有些年货,较平时方便;同时,春节期间人们也较往日清闲,可以借此热闹。有的地方还时兴"女婿寿",即岳父岳母给年满三十岁的女婿过生日。这一天,岳父岳母携带寿纸往婿家祝寿。寿礼有:鱼,取"有余"之意;米酒,取"粮足"之意;面条,取"长寿"之意;衣物,取"有依靠"之意;枣子,取"早生贵子"之意;桔子,取"吉利"之意等。女婿收下礼品后,要以长寿面、果品、糕饼之类回敬岳父岳母,恭祝岳父岳母长寿。这种寿仪不摆寿堂,仅以寿酒款待前来祝贺的人。

丧葬是一种独特的仪礼。一般民间认为,死对活的人是悲痛的,但对死者却意味着与尘世的解脱。因此,民间常将婚礼和丧礼并称为"红白喜事",把丧事办得和喜事一样热闹。作为一种文化传承,丧葬习俗实际上是一种精神创造,在长期延续过程中,各地都形成了自己独特的程序。

福州丧葬习俗,十分繁琐而奢侈。当逝者弥留之时,亲人必须将其床上蚊帐拆卸掉,据说是为了让死后灵魂好出窍;逝者断气后,必须雇"张穿"杂工为死者更衣(也有由亲人为其淋浴更衣的),并在大门口"贴白"、放炮,告诉人们这个住宅×府××人丧事(字数须奇数)。然后派人四出报丧,再备好装满土沙的大脚桶,将素烛点燃后插在桶内(或置灯十余盏分数层于架上轮转),将其放置逝者床前地上,仿佛为死者奔赴黄泉路上照明。逝者脸上需盖上白纸,以示阴阳有别。请僧或道在厅堂上诵经念咒,孝男孝孙围着七层环形油灯架打圈,环绕号哭,此谓"跋禳抬",也称"搬药梯"。

"做七"在福州丧俗中最为重要。福州话"七"与"漆"同音,所以福州富人棺材要上七道漆。人死后每七天就要一"祭",称"做过七"。至四十九止,一共要做七次。死亡第七天,称"过头七",也称"孝男七",由孝男出资主持,请道搭坛诵经,擂锣鼓和钟磬,向城隍爷报亡。"二七"是"内亲七",由族内六亲九眷出资延道诵经。"三七"又是"孝男七"。"四七"是"亲友七",由朋友出资延道诵经。"六七"是"孝女七",由出嫁女出资延请尼姑诵经。"五七"或"七七"是规模最大的活动,届时发讣告遍告亲友,请其参加唁吊。吊唁者向亡灵叩拜,孝男孝女在旁陪祭。酒席后开始出殡,棺柩后紧跟一队手持"哭丧杖"的孝男孝孙,尾随女眷和其他人,一路啼哭。安葬完毕,"哭丧杖"插在墓头。送葬回来的队伍叫"回舆",灵堂供上逝者像后,所有送葬者都必须逐个向亡灵拜别,孝男孝女在一旁伴灵志哀。结束后,逝者家属须向亡灵早晚供奉食物,到百日前才停止。

闽南的丧葬习俗也很繁杂,主要有:"搬铺",死者弥留之际,置床于厅左;"诵经",人死后,子女延道在死者铺前念"往生咒";"路哭",出嫁女闻丧即返,至闾巷破声而哭;"接祖",如死者为已婚女人,其娘家兄弟被称为"祖",死者家人必须接"祖"来验明是否被害;"套殓衣",孝男孝妇所穿孝衣下裾不缝,孝巾用手撕而不用剪,孝男给死者殓衣之前,要头戴斗笠,脚蹬竹凳;"请水",孝男手捧"请水钵"至溪边或井边,钵中放一块白布和十二枚铜钱,投钱于水中,并跪舀一点水回家,替死者洗身;"大殓",入殓前办十二碗菜由道士献给死者"辞生",一般三日后入土或火化;"敲棺材头",如死者父母尚健在,入殓时父母将手持木棒敲击棺材头,表示对其未尽养老送终孝道的谴责;"启灵",出殡时用纸糊的高丈二、面目威武狰狞的"开路神"先导,以稻草束"草龙"殿后;"跳过棺",夫妇二人,如死者为女方,男方拟再娶,则背上包袱,手持雨伞,从棺上跳过。闽南有的地方丧葬习俗中还有一种与死者断绝关系的仪式称"割阉",即在入殓前,将长麻丝一端系于死者身上,另一端则由直系亲属各执一段,由道士念吉语,并将丝一一斩断,然后各人将手中麻丝包在银纸中烧掉,以表示与死者断绝来往而不被缠扰。

福建各地还有许多沿传已久的葬俗。闽东畲族丧葬习俗有很多特别处,如"捡遗骸":每至冬至,家中若有亲人去世后土葬已满三年以上者,须在此日到葬地开棺捡骨,然后置于瓮中,移放在遮风之处,以后再选吉日埋葬。闽东寿宁有称为"金瓶位"的葬俗:在死者的棺木烧后拾取骨灰置瓶以厝,这些置放骨灰瓶的处所其地点通常在居所后,主要用以安置亲族骨瓶,如有余位,可卖予他人。福建客家人丧葬也很特别,如"倒寿":一般以六十岁为寿,老人年逾六十而去世,称为"倒寿"。因"寿"和"树"谐音,故在其祖宅屋后或山林,选砍一大树,作为治丧燃料之用。

四 信仰禁忌

信仰民俗源于对自然界万物的崇拜,远古时期传下的"万物有灵"观念对后世的信仰有着根深蒂固的影响。信仰具有鲜明的区域性,它的产生与居住环境、生产方式、生活方式有着极为密切的关系。福建各地有各种各样的崇拜,但对蛇的崇拜最为突出。相传福建闽族图腾蛇。产生于史前的华安许多岩画,均与蛇有关。如华安草仔山岩画图案为两条既不相交也不相连的曲线,间开有一不甚规则的半椭圆形,画面迎向小溪。图案酷似蛇形,长者代表一条母蛇,短者和半椭圆形代表幼蛇和蛇蛋。华安蕉林花岗石刻有蛇形,或似两条交叉的蛇形,一个蛇蛋,一条刚刚破壳而出的幼蛇;或似一条盘曲的小蛇;或似纠结在一起的两条蛇;或似首尾相连的蛇;或似结群游动的蛇群。武夷山市发掘的汉城遗址中出土的西汉瓦当,就有类似蛇形图案。闽族所以图腾蛇,是因为祖先生活在温湿的丘陵山区,溪谷江河纵横交错,许多蛇类繁衍滋生其中,对闽族人的生命和生产无疑有极大威胁。住在泉州以南的华安一带先民,正是因为水患和蛟螭之害,才刻画以祈求神灵的保护。人们由害怕、恐惧到求拜、信仰而建庙供奉,希望能借助于祈祷来获得好的结果。南平樟湖板的崇蛇习俗极为隆重,有些遗风一直沿续到今天。每年六月下旬开始,村民四出捕蛇,捕到后交给蛇王庙中的巫师,巫师将蛇放入小口陶瓷或木桶中养着,并发给交蛇者一张证明。到了七月初七,凭证明领养一条活蛇参加迎蛇活动。迎蛇队伍浩浩荡荡,前有旗幡招展,鼓乐开道,紧接着是蛇王菩萨舆驾,后面跟着几百人的迎蛇队伍,每人都拿着蛇,或挂在脖子上,或抓在手里,或挎在肩上,千姿百态,颇为壮观,最后送到蛇王庙前的闽江放生。

福建民间还有许多对其它动物的信仰。如闽西南的一些客家人信仰"龟"和"獐"。客家人居住的山村多河谷,涧中多长龟。客家人把龟看成能带来幸福的圣物,用猪肉、田螺等好食品养龟,以求"富贵"。他们把人活百岁称"龟龄";庆寿用的糯米粿上也要印上"龟印"。客家人对獐也爱护备至,认为它心地善良,能帮助百姓消灾免病,抵御邪恶,是"圣物"。闽南畲族以狗为图腾崇拜,今天依然完整流传下来。他们对狗不打不骂,不杀不吃,顶礼膜拜,狗死后,脖子上套上"银钱"纸放入水中飘走。福建是猴子的昌盛之地,早就有崇拜猴的习俗,闽南曾有过许多猴庙,今天在南靖、平和、永泰仍有百姓祀猴王庙。

福建民间还普遍存在着对树木山石的崇拜。凡是较为古老的树木,都被看作是有灵气的神木。如枫神、榕神、樟王、松公等。其中榕树作为吉神化身而更受信仰。无论城镇乡村,大凡在浓荫蔽日的著名古榕下,都会有神龛安放,人们在树下敬香,祀求平安。一些村庄前后或村里的自然石,往往被认为是土地公的神位,是超自然的神灵,受到很好的保护和敬奉。

第八章 民俗

福建民间被崇拜、受到信仰的神不少,其中最著名的是天上圣母、临水夫人、保生大帝这三"神"。这三尊民间神原型都是人,后被逐渐演化为神,赋予类人而又超人的"神"力,再借以护佑人们自身。

"天上圣母"也称为"妈祖海神",原名林默,是五代闽都巡检林愿的第六女儿,生于宋太祖建隆元年(960年)公历3月23日,宋太祖雍熙四年(987年)农历九月初九日在莆田湄州岛羽化升天。相传她逝世后经常显灵护佑过往船只,救助海难,因此被渔民视为航海保护神,在民间被尊称为妈祖、娘娘,从宋元到明清,多次被统治者褒封升级,从夫人、天妃、天后,直到被尊为"天上圣母",妈祖也成为民间信仰的神祇。每年农历三月二十三日妈祖生日,到湄州岛祭祀妈祖海神的真是人山人海,全岛香火缭绕,有时水泄不通。湄州岛渔民每逢三月二十三日的前后数日内,不敢下海捕鱼或垂钓,以示对妈祖的纪念。莆田一带因崇拜妈祖有许多习俗:因相传妈祖穿朱服,故湄州岛妇女常穿一条上半截为红色的外裤,以此保平安;因据传妈祖生前梳船帆型发型,湄州岛妇女也都梳此型,以求庇护;据传菖蒲为妈祖所赐,莆田一带端午节必于大门顶上悬挂艾草菖蒲;因妈祖殁于九月初九,所以莆田一带在九月初九必蒸"九重米"。此外,凡出海的三角旗上都绣着"天上圣母"四字,借以避邪。

"临水夫人",原名陈靖姑,一般认为她是福州南台下渡陈家之女,生于唐大历元年(766年)正月十五日,卒于唐贞元六年(790年)七月二十八日。相传她因身殉产厄,故立誓"吾死后不救世人产难,不神也",灵魂赴闾山恳请许真君再传救产保胎之法,以救女界之难产,因此她具有"护胎救产,催生保赤佑童"的神力。妇女临产时,常供临水夫人神像于家中,婴儿生下第三日,要煮糯米供于神像前。陈靖姑后被越奉越神,凡无子之妇向她请花亦可得子。婚后几年不产的妇女到庙中临水夫人像前膜拜祈祷后,跪下将衣襟牵着拱起,由老妇将临水夫人头上插的或神座前别人还的花,拿来放在她衣襟里说:"生了后,来拜临水夫人为干妈。"接着将花插在少妇头上。取来的花,红的象征生女,白的象征生男。每年临水夫人诞辰日,要预告由多福长寿的老太太数人为庙中神像更换新衣,女士焚香膜拜,夜晚抬临水夫人神像巡行街市。每年祭日要在"灿斗"中置"童子"代替孩子,由师公吹牛角号将"灿斗"放置小孩床上。临水夫人终年24岁,因此女性忌在24岁结婚。

"保生大帝"也称"健康保护神",原名吴夲,也称吴真人,宋代泉州府同安县白礁人,生于太平兴国四年(979年),卒于景祐三年(1036年)。吴夲是一位信奉道教的民间草药医生,医术高明,所治之疾,无不痊愈。治病时不论病人贫富贵贱,皆济世为怀,以其高超的医术和高尚的医德闻名于闽南一带,赢得百姓的敬仰和崇拜。他因治病救人,攀崖采药不慎跌落深渊身亡。人们在他的出生地和炼丹施药处分别修建了"真人庙"(慈济宫),历代朝廷九次追封其谥号,直到明代的"万寿无极保生大帝"。由于吴夲的医术、医德符合黎民百姓的切身利益,所以对他的崇拜久盛不衰。百姓凡有病痛都要求吴夲保佑。正月迎神赛会中,吴夲作为出巡诸神,乘八人抬轿,灯牌以千数。每年三月十五日是吴夲的诞辰日,社人鼓乐旗帜,楼阁彩亭前导,浩浩荡荡,至慈济宫传香以归。

第八章 民俗

禁忌是一种信仰习俗中消极防范性的制裁手段或观念，它包含两方面意思：一是对受尊重的神物不许随便使用，二是对受鄙视的贱物、不洁、危险之物，不许随便接触。一切被"禁忌"的事物，都不可违反，否则被认为迟早会受到制裁和惩罚。福建的各种禁忌五花八门，千奇百怪，有的甚至因互相矛盾而显得更加扑朔迷离。其广泛性和复杂性已渗透在人们生活和生产的各个方面，伴随人们一生。

福州的生活禁忌可谓无所不在。主人请吃饭时，往往将饭盛得山般高，客人尽可以表示吃不了这么多，将饭往主人饭碗里拨，但千万不要犹豫不决，更不要顺手将筷子插在饭碗上，这样极不吉利。因为福州在供奉灵堂棺头时有一碗装得爆满的"丧食"，上面直插一双筷子。除夕年饭后，必须用手纸擦小孩嘴巴，说明孩子所说"死了"、"坏了"等不吉利的话不算数。赴结婚宴席时不能将盘碗重叠，否则就意味着重婚。席间上的全鱼不能动，借以祝主人家全头全尾食有余。家人出远门、亲友远来、长辈做寿、新婚初嫁等必吃两只鸭蛋和一束线面泡的"太平面"。说话禁忌更多，"要碗饭"应称"来碗饭"，避要饭之意；"短裤"应称"裤长"或"半长裤"，因"裤"与"库"同音，要避"短库"之意。如某人死了，则不直呼"死"，而称"生"；"治丧衣"称"做寿衣"；"买棺材"称"选寿板"。

闽南禁忌也很繁多，人一诞生到世上就有许多规定，动辄犯忌。如新生婴儿未满月时，忌见六种人：带孝的人、新娘、病人、孤寡、陌生、疯子。因为带孝的人是丧事，与喜事不能相冲。新娘是喜事，双喜亦不能相冲。其它四种人会给婴儿带来不幸。赠送坐月子的妇女应为鸡，忌送鸭，因鸭阴湿，且民间有"死鸭硬嘴闭"、"七月半鸭,不知死期"之说,会令人想起"死期",不吉利。结婚时禁忌人站门碇,也禁忌人带手电入新娘房。除夕、初一禁忌打破家俱,特别是碗盘。家中出事,如病或发生意外,常插松枝,并禁忌生人进家,以避邪。凡参加丧事的人,禁忌再参加红事(如结婚),家中死人,一年内禁忌办喜事(如结婚)。出门回家或外出访友,如穿草鞋,要放在门外,不然会被认为把路上"煞气"带进来,因为草鞋是孝子带在身上行孝的东西。赠送人礼物禁忌单数,一定要双数,取成双成对、喜庆团圆之意。有一些东西禁忌赠人,如手巾、剪刀、扇子、雨伞等。手巾是办丧事时主人家送参加吊丧者的纪念品,意在永别。剪刀有"一刀两断"之意,闽南方言雨伞与"给丧"同音。扇子夏用秋丢,不很长久。禁忌以甜粿、粽子赠送人,因为丧家惯例不蒸甜粿、粽子,送这二物,犹如把对方当丧家。上山忌叫名,因为鬼魂知道名字后会前来纠缠。入林忌呼啸,因为怕惊动野兽。下水忌单身,上屋忌坐瓦檐口,因为这样会失事。衣服忌反穿,因为反穿是表示家中有人去世。忌用筷敲打桌面和碗盘,忌用手或器物敲打烛,因为这样会伤害"灶君公神"。

虽然处于同一区域,由于生活方式和生产方式不同,禁忌也不同。闽南沿海一带渔家,吃鱼禁"翻"。上面的鱼肉吃完了,得先把露在上面的鱼脊骨夹掉,然后再吃下面的鱼肉,千万不能将鱼肉从盘底整条翻转过来。因为翻鱼等于翻船身,是倒霉晦气的兆头。有的地方渔民饭后不能把筷子放在碗沿,而是要把手中筷子在碗上绕几绕,以示渔船绕过了暗礁和浅滩。

五 游艺竞技

游艺竞技往往附属于许多民俗事象之中,缺乏独立性,但也正是这些游艺竞技使许多民俗事象更好地流传下来。因此,游艺竞技也有着明显的民族特色和地方特点。福建的各类民俗绚丽多彩,游艺竞技的各类花样也不胜枚举。

游艺竞技与岁时佳节有密切的关系,不少地方都有自己独特的活动节目。晋江坑亭顶村过端午节时,有别具一格的"投递"习俗。"投递"在当地土语叫"练星",是一种表演枪法的活动。表演者手持鸟枪,身背药囊(即牛角形的木制枪药罐)和药袋(布制装导火材料和小铁子的小袋),按规定谱式,逾越不同障碍物,临阵之中随机应变,按不同环境、地势,以不同姿势进行瞄准发射。"投递"的脚路操练必须严格按不同谱路,其握枪姿势和脚路步法,都必须严格按程式规制进行。只有熟练掌握这些基本脚路,才能在冲跑之间取得较高的命中率。观看者可以看到表演者的臂功、腿功、腰功、指功、目功等。安溪湖头镇每逢春节,都要举行盛大的"扮阁"活动。双人床宽的"阁台"周围有一尺高的栏棚,台的两端各竖一根铁杆,绑上一块木板,让两个美少年坐在上面,并用新织的裹脚布将他们绑在铁杆上,为他们穿上花旦戏装,涂脂擦粉,戴着珠冠,使其窈窕动人。将脚缩在裤管里,裤管下巧妙地装上一双三寸金莲。他们左手小指上结一条丝巾,使其在敲檀板按拍子时韵致优雅。"阁台"用新的花纸裱糊,纸扎的盆花置于中间,将全台布置得像一个小花铺。两个花旦手执檀板,唱着南曲,四个壮汉抬着彩台,跟着游春队伍游行。每到一处,就停下来唱一两支南曲。南平峡阳镇也有春节抬"台阁"上街游行的习俗。这种"台阁"是一种活动舞台,有一米见方,四周装有镂花小栏杆,台中央钉一根弯曲成上下两节的铁架,分别站着四五岁小孩,各自打扮成戏剧中人物,如哪吒闹海、机房教子、三顾茅庐等。晋江东石镇逢节日则以"蜈蚣阁"(也称"龙阁")形式庆贺。阁队由几十块长两米、宽一米的木板组成"阁棚",头尾打活隼相连接,能够灵活转动,连成长串,阁棚上装置各种制作精巧的禽兽,再选美丽活泼孩童装成各种戏曲人物。阁前装上龙头,末尾装上龙尾,由身强力壮、穿戴统一的小伙子肩扛着游行,极像蜈蚣或游龙的形状。

  福建一些地方岁时佳节的游艺有着独特的表现方式。政和东平乡正月里不是舞龙灯而是跑龙赛,实际是一种化了装的短跑运动。比赛在晒谷坪上进行,起点在谷坪一侧,用四根带叶的大毛竹搭成两座相交的拱门称为龙门;终点在与龙门相对的另一侧,用两根带叶大毛竹搭起一座拱门,拱门中间距地面三米处,悬挂一盏红光耀眼象征龙珠的圆形灯笼,叫作珠门。跑龙赛的队伍由七人组成,他们手中所举篾制笼第一盏扎成龙头,最后一盏扎成龙尾,七盏连结形成一条长龙。东、南、西、北四街各制一条龙灯,用循环赛形式,每次两队,以龙门为起点,两队队员手举龙灯,各自绕龙门转三圈,然后以最快速度向珠门冲去,以龙头先碰上珠门的龙珠者为胜。赛期四天,积胜者为冠军。连城罗坊、北团一带元宵节以"走故事"来闹元宵,具有浓郁的地方特色。罗坊罗氏原有九棚(组、台)故事,后减为七棚。每棚故事由俊童两名分别扮天官、护将,作戏曲装扮，其后依次排行扮像为李世民、薛仁贵；刘邦、樊哙；杨六郎、杨宗保；高贞、梅文仲；刘备、孔明；周瑜、甘霖。两两一对。天官直立在一条铁杆上，腰身四周以铁圈固定，护将坐在轿台上，以手托天官，形成一上一下优美造型。轿台由木柱镶成方形框架，四周饰有精美画屏。每台轿约四百斤，左右各一轿杠，须用二十余名扛夫，因竞走激烈，要三班轮替。走故事分两次进行。第一次在十四日上午，扛夫们将三太祖师菩萨轿、彩旗、宝伞等围于中间，在四百米椭圆形跑道上奋力奔走，每跑两圈就休息十分钟，一响土铳就又开始跑。五轮时速度有所减缓，改"跑"为"游"，直到扛夫精疲力尽，第一棚与第二棚脱节，才告结束。第二次走故事在正月十五上午进行，开始依前一日走法，到了正午一时，各棚故事步下青岩河床，三响土铳后，个个蜂拥下水，逆水行走。各棚竞争激烈，若后棚能超过前棚，则视为吉利，这一族房必五谷丰登。扛夫们不顾天寒水深，拼命争先，跌倒了再爬起，情绪非常高昂。

　　游艺竞技也与各种迎神庙会有着密切的关系。福州曾将泰山当作全市性的神，因此迎泰山要比迎一般神隆重。每年农历三月二十三日无论哪种神，都要到东岳庙中参拜泰山神。泰山神二十四日游城内，二十五日游南台。出游队伍极为庞大，前有天子仪仗，十八般武器，继而是各种彩戏。如就地演唱各小戏的"高跷"、"地下坪"；壮汉肩驮小孩扮成彩童的"肩头驮"；吹鼓手坐在租来的马上吹奏曲子的"马上吹"；各种乐曲一起吹奏的"十番"、"安南伬"；有肩挑鲜花的"花担"；装有文物担子的"看担"；童男童女在木制小戏台上装扮成戏中人的"台阁"。其中最热闹、最吸引人的是"陆地行舟"。这是以彩结扎成的花船,舟中所载二人扮花旦、小生,舟前舟后各扮舟子二人作摇船撑篙状,如船行水中,载歌载舞。迎神沿途遇到有排堂设宴的"行宫",只要放一串鞭炮,舟中花旦、小生就要来一段表演,唱些时新小调。彩戏后是黑无常、白无常、叉神爷、哪吒三太子像以及各种神将,皆扭动各自的一套舞步舞姿。再后是由活人扮成的28名太监提炉、彩灯引导,8名大将护驾,16人抬着泰山软身神像,缓缓而行。同安一带盛行在迎神赛会上进行"套宋江"游艺。"套"是模仿、表演的意思,这是一种武打艺术的表演。每逢农历正月初六日香山清水祖师和二月十二日北山闽王王审知的圣诞庙会,都有五六队的宋江队到场操演,人数一般有36或72人。所扮人物为卢俊义、柴进、李逵、孙二娘等,手持兵器,由正副旗手举龙旗前导。表演地用两面布条搭起一座城面,队伍分两路出城,叫"黄蜂出阵"。之后,便开始单人武术表演,有李逵使双斧、关胜舞大刀等,再接着进行对打,如盾牌对锤子、雨伞对大刀、踢刀对铁耙等,也可以三至五人进行群斗表演。表演时还加上舞狮,宋江队员与狮子格斗,外有锣鼓、唢呐助威。表演完毕后,收兵入城。围观者人山人海。

有的民间游艺要有较高的技巧。如建瓯的排幡一般人便难以操作。幡用一根长达五六米的大竹杆制成,涂上油漆,杆顶悬彩带,上扎一宝塔形的彩灯,缀以五色纸花或戏剧故事人物,配上丝料。操作时将杆扶起,放在操作人的足尖上,轻轻一挑,使幡落在人的肩上,再一拦,落在手上。操作人往往左右开弓,由脚到肩,由肩到手,舞将起来,甚至嘴咬鼻顶,并不倒歪。杆上彩灯彩绸闪烁,五色缤纷,仿佛九天神灯在半空飘拂急转,令人目不暇接。

六　饮食与饮茶

在我国京、鲁、闽、粤、苏、皖、川、湘八大菜系中,闽菜别具一格。

福州菜是闽菜的主要代表,有着独特的风味。福州菜肴用料和调味均以地方材料为主,操作注重刀工、火候,色、香、味、形俱佳,烹调上擅长炒、熘、煨、炖、蒸、爆诸法,其主要特点是:(一)善用糖。福州人煮菜,喜用糖调味,偏于甜、酸、淡,与川菜、湘菜多用辣椒形成不同风格。用糖可以去腥膻,用醋使酸能爽口,适合福州炎热气候口味;淡是为了保存本味和鲜味。由于用得恰到好处,所以甜而不腻,酸而不峻,淡而不薄。(二)常用糟。红糟是福建特产,福州菜肴有炮糟、淡糟、醉糟等十余种用糟法。此外,在调味品中也多用虾油(鲚油)。(三)多汤菜。福州菜善于以汤保味,有"百汤百味"之说。汤是闽菜的精髓,在汤中加上适当的辅料,可使原汤变幻出无数益臻佳美的味道来,而又不失其本味。福州菜花色品种有2000种以上,其"佛跳墙"、"淡糟炒竹蛏"、"一品蚨抱蛎"等都是名扬海内外的名菜。

具有鲜明地方风味的福建饮食的形成,与福建独有的地理、物产、气候有着密切的关系。福建海岸线长,海产丰富,因此以海产类为主的菜居多,如著名的有"鸡汤川海蚌"、"白炒鲜干贝"、"酥鱿鱼丝"等,一些风味小吃也以海产类为多,如"深沪水丸(鱼丸)"、"海蛎煎(蚝仔煎)"、"炒蟹羹"等。福建山多,盛产山货,著名的有连城地瓜干、武平猪胆干、上杭萝卜干、明溪肉脯干、永定菜干、宁化辣椒干、清流老鼠干、长汀豆腐干等。一些名菜也多以山货为原料,如武夷山以蛇肉与鸡肉烹调的"龙凤汤",闽北山区的"清水冬笋"和"酿香菇"、福鼎的"太极芋泥"等。福建以种植水稻为主,许多具有地方特色的食品也以米为原料,如厦门的"烧肉粽(好清香)",闽南一带的"石狮甜粿",福州市的"抱滚糍(豆粉糍)"、"白八粿",莆田的"兴化粉",闽西的"糍粑"等。福建气候温暖,适合种植热带、亚热带和部分温带水果,以柑桔、龙眼、荔枝、香蕉、菠萝、枇杷、橄榄、甘蔗等闻名,因此对各类水果的食用也较为讲究。如漳州有著名的"柚子宴",宴席上点"柚灯"、喝"柚茶"、吃柚果和柚皮蜜饯。泉州的"东壁龙珠",将馅填入去核的龙眼肉中炒炸。永春的"金桔糖"、厦门的"青津果"、福州的"五香橄榄"等,都远播海内外。

福建雨量充沛,多红黄壤土,具有种植茶叶的优越自然条件。绿茶、乌龙茶、红茶、花茶、白茶和紧压茶是我国六大茶类,除主要为少数民族饮用的紧压茶(即茶砖、茶饼等)外,其它五大茶类福建都有大量生产,且几乎每县都产茶,与浙、湘、皖、川并列为我国五大产茶区,其中一些珍品,如安溪"铁观音"、武夷山"大红袍"、福鼎"白毫银针"等闻名遐迩。福建茶叶生产历史悠久,南唐时闽北已有"北苑御茶园",饮茶风俗为全国最盛之地,已成"家不可一日无茶",形成了独有的饮茶风俗。

"功夫茶",是以严格泡茶艺术门道进行泡茶与品茶的高深技艺,它有许多讲究,极具功夫。它要求茶叶为铁观音、乌龙茶、武夷岩茶中上品;还要求有精致的茶具,茶壶以内壁无上釉为好,茶杯以小巧为佳;水以山泉为上,井水溪水次之;煮水必须用炭火,冲泡时必须"高冲低泡"。高冲可以翻动茶叶使汁味迅速释出,低泡水不走香,不生水泡。品茶时,端起核桃般小巧的茶杯,先尽情领略茶的馨香味,而后徐徐将茶啜入嘴喉,再专注细尝茶的滋味,只觉嘴生甘味,顿感回肠荡气,真所谓"茶里乾坤大,壶中日月长"。

"斗茶",亦称"茗战",或称"比茶",具体内容有点茶、试茶,以品评茶质高低而分输赢。范仲淹《和章岷从事斗茶歌》写出了闽北斗茶盛况:"……斗茶味兮轻醍醐,斗茶香兮薄兰芷。其间品第胡能欺,十目视而十手指。胜若登仙不可攀,输同降将无穷耻。""斗茶"时将茶碾为细末,搁入涤烫过的茶盏中,再注入沸水,轻轻搅动,以比试茶的汤色和在盏中的水痕来决定品种的优劣胜负。斗茶的操作技艺很讲究,注入沸水时,要准确而有节制,不然"茶少汤多则云脚散,汤水少则粥面紧"。一手注水时,另一手须执茶筅,旋转拂动茶盏中茶汤,轻重缓急要得当,要与注水配合默契。斗茶得胜后,其茶之销路与茶价必定大增,所以争冠夺魁是茶农的一件大事,而此斗茶的兴盛,又进一步促进了茶质量的提高与饮茶之风。

"分茶",亦称"茶百戏",即以沸水冲茶末,使茶乳变幻成图形字迹的一种游艺。茶水交融,汤纹水脉成物象,呈现奇妙变幻,有如鸟兽、虫鱼、花草,有时似悠远美景,又似纤巧之画,但须臾即散。诗人杨万里《澹庵座上观显上人分茶》诗,生动地描绘了分茶的情景:"分茶何似煎茶好,煎茶不似分茶巧,蒸水老禅弄泉手,隆兴元春新玉爪。二者相遭兔瓯面,怪怪奇奇真善幻。纷如擘絮行太空,影落寒江能万变,银瓶首下仍尻高,注汤作字势嫖姚。"

"擂茶",风行于闽西、闽北的习俗,它用上好的绿茶加白芝麻、花生、绿豆各种佐料及多种中药配在一起,放进擂钵里用擂棒擂碎后,再研成烂泥状,用纱布包裹,扎口滤筛,用烧好的山泉水冲泡。擂茶有不同种类,根据加入佐料不同,可分为甜、咸、荤、素等多种。其中最著名的是将乐擂茶,其特点是讲究药效。制作时针对不同季节、气候,不同的人和不同的场面,加入不同功效的中草药,制出有各种疗效的药用擂茶,诸如清凉解毒的、帮助消化的、止咳化痰的等等。制成后的擂茶颜色纯净,味道清香,甘醇爽口,喝下后满嘴生香。擂茶还是款待客人的隆重礼品,也是表达喜庆的方式。高考制度恢复后,有的地方多了一个"上大学擂茶"的习俗,老师成为最受欢迎的客人。

茶艺是博大精深茶文化的精髓,是一种极富诗意雅兴的赏心乐事,也是一种高层次的精神享受。品茶有许多讲究,如要有清雅古香的环境、平和矜持的心境、光泽油亮的茶具、清冽的山泉,以砂壶或铜壶盛水,以木炭炉煮水,但更讲究冲泡技巧和品赏艺术。冲泡有许多规矩和门道。如斟头道茶时,各杯先斟小许,然后均匀巡回而斟,喻为"关公巡城"。茶水剩少许后,则各杯点斟,喻为"韩信点兵"。端茶杯时,宜用拇指和食指扶住杯身,中指托住杯底,喻为"三龙护鼎"。武夷茶艺历史最为悠久,内涵丰富,情趣盎然。其主要内容有:恭请上座、焚香静气、丝竹和鸣、叶嘉酬宾、岩泉初沸、孟臣沐霖、乌龙入宫、悬壶高冲、春风拂面、重洗仙颜、若琛出浴、玉液回壶、关公巡城、韩信点兵、三龙护鼎、鉴赏三色、喜闻幽香、初品奇茗、再斟流霞、细啜甘露、三斟石乳、领悟岩韵、自斟漫饮、敬献茶点、欣赏茶歌、游龙戏水、尽杯谢茶。每项内容,都有其来历和意义,是马虎不得的。其佳妙之处,只有通过亲自品赏,才能真正得以领略。

第九章 教 育

一 福建教育发展概述

福建开发较晚,教育起步也较迟。据文献所载,西晋太康三年(282年)福建设晋安郡,刘宋时期,阮弥之任晋安太守时开始兴办学校,当时社会出现"家有诗书,市无器斗"(《福建通志·名宦》)现象。虞愿任晋安太守时,"初立学堂,教授子弟"(《南史·虞愿传》)。此外,一些中原人士移居闽地时,断断续续地办过学堂,虽然影响都不大,但为以后教育的兴盛奠定了基础。

隋唐时期,福建还处于开发阶段,但教育已有较大发展。唐宗室李椅任福建观察使时,"崇学校,励风俗"(《三山志·秩官》),并"大启学府,劝诱生徒"(《八闽通志·秩官》)。常衮任福建观察使时,"设乡校,延名师儒以教闽人,闽人始知向学"(《重修常衮墓志》)。建州刺史陆长源也注重创办学校,劝人入学。漳州刺史陈元光命子弟读书勤学,鼓励漳州人读书。陈元光之子陈珦曾代州事,聚徒授课。据《图经》所说:"李椅、常衮皆以崇重学校为意,于时海滨几及洙泗。"五代时,福建教育开始普及。一方面是唐代名士于唐亡后纷纷回乡办学,如原工部尚书黄峭归乡创办了和平书院,"聘请宿儒,讲授诗书,诱掖后进"(《紫云黄氏的开山祖黄峭》)。另一方面,闽王王审知广设学校,拨出专门经费供师生膳食,并下令学龄儿童均需入学。现存福州闽王祠的《恩赐琅玡郡王德政碑》记载:"尝以学校之设,足为教化之源。乃令诱掖蒙童,兴行敬让。"五代时期福建社会较为安定,也为教育的普及提供了条件。

宋代福建的教育有了很大的发展。南平剑州州学创办于天圣三年(1025年),体制、学田设置、教师配备等皆达到一定水准。之后,福建八个军州都办有州学,后来还办了许多县学,可查的就有56所。宋代福建书院之多,质量之高,影响之大,亦为全国罕见。据《武夷胜境理学遗迹考》所载,仅与朱熹等理学家有关的书院就达20所。其中建阳县境内,就有14所,一些书院在全国都有影响,慕名而来的外省学子络绎不绝。宋代福建义斋、书堂、家塾等民办教育也极普及,读书蔚然成风。如福州"最忆市桥灯火静,巷南巷北读书声";南安"百里之间,弦诵相闻"(《番建夫子庙记》);汀州"风声气习,颇类中州"(宋陈一新《跂赡学田碑》);延平"五步一塾,十步一庠,朝诵暮弦,洋洋盈盈"(《延平府志》);邵武"比屋弦诵之声,洋洋盈耳"(《邵武府志》);甚至连偏僻的泰宁,也"比屋连墙,弦诵之声相闻,有不读诗书者,舆台笑之"(《泰宁县志》)。

元明清福建教育虽因战乱、倭患等原因在某些地区间有衰微,但总的还是向前发展,并在全国名列前茅。以各代新建书院为例,据不完全统计,可查到的有一定影响的书院,元代有二十余所，明代近200所，清代三百余所。明清时书院已不仅仅密布于闽北理学之乡和政治文化中心福州，而是遍及全省。如明代闽东新建十余所书院，闽西新建三十余所，清闽西新建书院一百余所，闽东新建书院近30所。清代福建开始出现全省性书院，如鳌峰、凤池、正谊、致用四大书院，培养出林则徐、林纾、陈宝琛等著名人物。清末福建出现了官办的全闽大学堂，洋务派办的船政学堂、外国教会办的教会学校等。

二　福建教育久盛不衰的原因

福建教育由唐至近代久盛不衰，主要原因有以下几点：

地方官吏的支持和倡导。地方官吏对教育是否重视，对教育的兴衰起着最为关键的作用。所幸的是，主福建的地方长官，大都对教育很重视，对推动福建的教育采取了积极措施。唐代，常衮任福建观察使时，大兴学校，鼓励生员读书，使"闽人春秋配享衮于学宫"（《新唐书·常衮传》）。陈元光任漳州刺史时，非常重视教育，他在上《请建州县表》中指出："其本则在创州县，其要则在兴庠序。"他在州治行政机构中设专司教育的官吏，并在漳州首创乡校，还创办了松州书院。兵部尚书熊秘领兵入守温陵（泉州）时，在建阳创建了鳌峰书院，以教子弟。五代时，闽王王审知于福州"建四门学（高等学府），以教闽中之秀者"（吴任臣《十国春秋》）。在他倡导下，当时州有州学，县有县学，乡村设有私塾，"幼已佩于师训，长者置于国庠"（同上）。泉州都指挥使留从效统治泉州时，兴设"秋堂"。宋朝廷实行重文政策，办学成绩与社会风尚成为地方官员考绩的内容之一。福建大小地方官都倾力办学,据有关史籍所记,有名有姓的不下百余名,不仅诸如福建安抚使辛弃疾一类著名人物兴教办学,一些偏僻小县,如连城、建宁、古田、浦城、宁化等知县,也大兴学校,使宋代福建教育空前普及。元代,也有不少地方官对福建教育兴盛有过贡献。泉州达鲁花赤契玉、建宁路总管暗都剌、松溪达鲁花赤阿思兰、尤溪达鲁花赤文殊每涯等入主福建的少数民族地方官都大兴教育,拨出专门学田。地方官还纷纷创办、修建书院,如邵武路同知万不花创办樵川书院,光泽县伊况逵创办云岩书院,福建右布政副使姚镆修闽中诸大儒书院。明清两代许多福建地方官吏不仅关心各种学校的创立,还注意解决学校的后顾之忧。他们或拨专款,或购买学田,采用多种方式解决学校经济上的困难,以期学校有长久的发展。值得注意的是,福建历代地方官吏常常主动捐俸银,如宋代崇安知县赵崇萃曾捐俸请买开元寺废寺田以充学廪,延平郡守陈宓捐俸购田以赡延平书院生徒,漳州知府李音石捐俸置学田,建宁知县捐俸二千余缗增新邑学。明代福建巡按史尹仁捐俸银一百两重建庐峰书院,古田县令捐俸买民地以广学舍,将乐县令林熙春捐俸造新学舍,端明殿学士陈显伯出资修建了罗源松亭书院,兵部右侍郎兼右金都御史陈省倾资捐修紫阳书院,清代晋江县令赵同岐捐俸倡修梅石书院,松溪县令孙大焜捐资重修南溪书院,宁德县令徐文翰捐俸为学校灯油之资,泉州通判徐之霖捐俸重建左营讲堂,福建巡抚孙尔准捐银为凤池书院学生助学金。有时,有的地方官还带领部下捐俸建校,如海坛镇守吕瑞霖率手下两营官兵捐俸创建兴文书院。

有一批高水平的教师。这些教师主要是一些以教书为业的教育家。每个朝代都有这样一批教育家，仅宋代，就有罗从彦、李侗、朱熹、李光朝、蔡立定、黄干等。其中朱熹从事教育五十多年，提出了七大教学原则，其教育实践和教育思想，对整个封建社会都产生了极大的影响。此外，一些著名政治家、哲学家、文学家、军事家也常到课堂讲学，这些人虽然不是终身从教，其成就也不以教育显，但他们的讲课却活跃了学术空气，扩大丰富了学生的知识，因此吸引了不少学子。如宋代，杨时晚年丢官返乡后讲学，学生千人。一代名臣蔡襄曾以枢密学士知福州，"亲至学舍执经讲问，为诸生率"（陈鸣鹤《东越文苑传》）。史学家郑樵曾授徒200人，文学家杨亿也开馆授徒。明代著名军事家、音韵学家陈第曾多次到漳州、福州讲学，对学生多有勉励；著名学者黄道周曾五次回乡讲学，从学者近千人。杰出爱国者和民族英雄林则徐在中进士前也教过馆。著名文学家林纾曾做过塾师和福州苍霞精舍的汉文教习。一些在朝廷任官的闽籍杰出人物常因丁父忧或母忧而返乡守孝，期间也常应邀讲学，大大开阔了学生的视野。如清代刑部奉天司主事陈若霖因丁母忧，曾主讲漳州丹霞书院；内阁中书李彦章因丁父忧返乡，曾主讲兴化兴安书院一年；翰林院编修林春溥因丁母忧回乡，曾主讲玉屏书院。

科举的久盛不衰。我国正式开始以试策取士，始于隋，唐代开始大兴。虽然唐五代福建还处于开发阶段，人口仅七十万左右，但已有74人中进士；宋代共有7607人中进士，22人为状元，按人口比例，为全国第一，并创造出不少奇迹。以莆田县为例，曾同科文武两状元，连科三状元，囊括一榜前四名等,均为全国前所未有。元代福建有76人中进士,高于汉人南方各省。明代福建有2410人中进士,在全国仍名列前茅;其中竟然出现一榜三及第皆闽人这种绝无仅有的事。清代福建有1337人中进士,仍略高于全国平均水平。科举业的兴旺,大大推动教育的普及。考生中互相勉励,早有传统。欧阳詹是泉州唐代第一个中进士的,福建士子感到莫大光荣,参加科举的人日益增多,泉州士子徐晦首次赴考落第,欧阳詹对他多有勉励,使他加倍苦读,翌年考取第一。许多闽人以考上进士为终身奋斗目标,如宋代闽县陈修曾下决心不考上进士不成婚,不料屡试屡败,至73岁时才被录取,宋高宗下诏赐宫女施氏嫁他。洞房花烛夜,施氏问他几岁,他答曰:"新人若问郎年几?五十年前二十三。"类似这种终身在科场上奋斗的士子当时为数不少。为了满足士子能如愿以偿,一些教师也千方百计想办法,如泉州明代陈紫峰费了很大精力将《四书》、《易经》这两部士子登科的基本经书译为白话讲稿《四书浅说》和《易经通典》。之后,他自己也中了进士。

家族对教育的重视。福建的家族大都注意族人的教育,《闽沙茂溪罗氏族谱》曾记有著名学者罗从彦在罗氏家族书堂上写的话:"吾家自祖宗流传以来,一段清白之气不可不培。盖金帛虽多,积之数十年必散,田宇虽广,遗之数十代亦亡。孰若残书数卷,贻之吾子吾孙,世世可以习读不朽,又孰若灵心一点,传之吾子吾孙,可以受用不尽。"表示了对教育的高度重视,并形成了以读书为光荣,以不读书为可耻的族风。如明代林希元撰《林氏家谱》中记道:"林氏世代以读书为业,有不为此业而又不改者,赶出家门。"有的家族把开办族学、族塾写进《族规》，如连城《新泉张氏族谱》记道："今议设义学二所，经师一所，在东山楼；蒙馆一所，即在祠内。"为了保证族人能受教育，各家族都采取了许多措施。在经费上，不少家族都置有学田，即"书灯田"。如清陈盛韶《问俗录》中所记："书灯田，祖父分产之始，留田若干亩，为子孙读书之需，后有入学者收其租，捐纳者不得与其租。"不少地方若干家族还携手共同创办私塾，各姓合资修建书院。如长乐梅花里，共有40余姓相处，清代共议创办了和羹书院。为了激励族人弟子的学习，一些家族还作了经济奖励等规定，如浦城《达氏宗谱》规定："入泮者，给蓝衫花银二两，凡赴乡试者，给程银四两；凡赴会试进士者，给程银八两；及第衣锦祭祖者，给旗杆银二十两。"族人还注意选派族中有名望人办学，如宋代泉州进士陈知柔辞官返乡后，为族人办起学堂，他的侄儿陈朴、陈模等都先后登弟，"一门八骏"，县府为之竖立"世科坊"。家族对教育的重视收到了很大成效，创造了中国科举史上的奇观。如唐代莆田林披生有九子，都明经及第，皆官刺史，故有"一家九刺史"之说。五代莆田黄璞举进士，与其四子同列馆职，故有"一门五学士"之说。北宋浦城章氏家族，一门二十四进士，中有一状元；北宋闽清陈玩五子四登科，南宋长乐杨家一门同榜四进士，明代莆田柯家五世进士，明代闽县林氏三世出了八个进士、五位尚书，明代莆田黄氏家族共出十一个解元。子弟靠科举出人头地后，又不忘荫蔽本族，或出资赞助，或激励族中士子苦读，大大推动了教育。

多种类型的学校。福建历代办学有多种形式，除了官办的府学、州学、军学、县学，或官、或民、或半民半官的各种书院、私塾等外,还有多种类型的学校,以满足各种不同阶层人的需要。如宋代在福州、泉州两地特为赵氏皇族子弟开办了宗学,人数多达数千。宋代泉州是海外贸易中心,泉州特为外国侨居者设立了番学。元代在福州、建宁、泉州、漳州、汀州、延平、兴化、福宁、邵武诸路均开设了蒙古字学,元代福建各路和40个县还开设了医学和教授天文、历算、周易、数学等课的科技学校(也称阴阳学)。元、明、清还在城乡创办了千所以上的具有小学和社会义务教育性质的义学,主要以普及伦理和农桑技术,大多数城区一至四所,乡间十所左右,对普及城乡基础教育起了很大作用。福建方言复杂,所以在清代还开设了纠正地方土语的"官音书塾"。还为常住福州的旗人开设了"八旗官学"。有的家族为子女前途开设了外文书塾,设在福州郊区螺州乡的螺州乡塾,除学日语,还学法语。清末洋务派在福州办起了"福建船政学堂",直接聘请洋教习,使用洋课本,按洋式课程设置和教学法教学,并打破门第观念,向全社会公开招生,培养了大批优秀造船、航海和多方面人才,并在我国科技、外交、翻译、教育等方面产生深远影响。基督教传入福建后,在各地创办了许多学校。这些学校对下层平民敞开大门,有一定影响。有的地区(如福州、莆田、南平等)教会学校,竟超过公立、私立学校。清末福建还出现了华侨办学。如清道光年间惠安归侨郭用锡父子捐银千两办学,道光皇帝嘉封诏书,并授与"乐善好施,父子恩荣"的横匾。之后,华侨办学之风越来越盛,成为良好传统。

　　刻书业的繁荣和藏书的丰富。闽刻书业始于五代,后随着读书应试风气与日盛行,再加上福建造纸原料丰富,所以刻书业鼎盛于宋元明,无论官刻本、家刻本、坊刻本都在同行业中独占鳌头,长期不衰。宋代建阳麻沙书坊,号称"图书之府",与当时杭州、四川书坊并称全国三大刻书坊,所刻之书被后人称为珍贵的"建本"。元代书坊也以福建地区为最多,如建安陈氏余庆堂、朱氏与耕堂、梅隐书堂、双桂书堂等,都刻了很多精美的书籍。明代书坊福建更盛,在建阳、金陵、杭州、北京这四大书坊中,建阳书坊最为著名。仅崇化镇"比屋皆鬻书籍,天下客商贩者如织,每月以一、六日集"(《建阳县志》卷三)。刻书业的发达,使书籍普及,福建士子有书可读,也使民间藏书极为丰富。据可查史籍,到过福建的历代著名藏书家,就有一百三十多人。朱熹任同安县主簿兼管学事时,曾整理县学藏书,并大肆收集民间藏书,共九百余卷。宋代福州州学建有收藏官颁书籍之稽古阁二、今书阁三,可见有一定规模。书院都注意收集藏书,清代福建巡抚张伯行,在建福州鳌峰书院时,"出家所藏书千卷,充于其中"(《碑传集》卷一七)。清代福州越山书院有藏书20大橱,400多种,5000多册。浦城南浦书院藏书130余部,1500多册。不少书院著名教师个人也有丰富的藏书,如清代福州鳌峰书院山长陈寿祺家中藏书8万余卷之多,林昌彝正是借此得以饱览群书,为今后在各方面的发展打下了基础。

第十章　建　筑

一　城市与城堡

　　城市是各种建筑物的荟萃之区，是建筑的综合体。中国早在四千多年的夏代，就出现了城市的雏型。由于年代久远，公元前后的城市遗址已难寻觅，就是中古前后的建筑，也大都只能从壁画和其它一些绘画中得到一些零碎的旁证。福建却不同程度地保存了许多不同年代的城市遗址，以其独特的建筑技术和建筑艺术，填补了中国城市建筑史的许多空白。

　　武夷山市兴田城村的汉城遗址，是西汉东南少数民族闽越国王城，距今二千二百多年，是目前我国江南发现年代最早、保存最完整的古城遗址。古汉城总面积为 48 万平方米，南北长 850 米，东西宽 550 米，东、西、北三面被崇阳溪环绕。城墙为夯土板筑，周长 2896 米，至今完好无缺。古汉城的建筑在许多方面与中原古城址是相同的。比如在布局上，以王宫为中心，面面俱到，序列井然。我国最早的科技文献《考工记》中，对城市的营建有严格的要求："匠人营国，方九里，旁三门,国中九经九纬,左祖右社,面朝后市。"古汉城中部以闽越王馀善的王宫为中心,占地数万平方米。宫殿建筑区是一种四合院式的中国传统建筑群组,包括大门、门房、庭院、主殿、侧殿、回廊、天井、厢房、空墙、水井和排水管道等设施,主殿坐北朝南,中有轴线,布局严谨。中国早期的四周城墙,必须是制高点,以便随时对城内外的非常行动迅速作出反应。古汉城城墙的西南、西北、东北三角,是控扼全城的制高点。登临其上,城内外景物一览无余。但古汉城的建筑更有自己独特的风格:(一)因地制宜。城市面积虽似长方形,但并不规则。而是充分利用自然地势,将城墙筑在山脊之上,高台建筑利用山坡,排水系统利用沟谷。(二)宫室为"干栏式"建筑。"干栏式"建筑主要为民宅,俗称"吊脚楼",即用矮柱将整座房屋架起,下部空敞部分往往作为牲畜和堆积杂物之所,上层前为廊及晒台,后为堂屋与卧室。这种"干栏式"建筑流行于两广及云、贵等地,但规模均很小,主要为了防潮及避虫蛇之害。古汉城的宫殿和大型房屋,皆为"干栏式"建筑,其规模和气势,在全国各地的汉代城址中均未发现。(三)路面铺河卵石。我国建筑史界一般认为:宋以前,我国城市道路均为土筑,因此或尘土飞扬,或泥泞不堪。宋以后,南方一些城市才开始出现砖石路面;明清时期,城市才开始采用卵石、块石铺设路面。古汉城已勘探出古道路五条,路面均铺河卵石,其中一条从城中至宫殿区通西城门的主干道,宽约 10-12 米,可谓初具规模。(四)方砖和土砖的广泛应用。宫室庭院建筑群的走道、回廊、天井不是土筑,而是都铺有 42×35 厘米,厚 4 厘米的饰菱形几何花纹的方砖,墙壁不是用夯土版筑,而是用 34×12

厘米,厚10厘米的土砖所砌,外抹草拌泥,再涂上白石灰,并饰以彩绘。(五)独特的排水、用水设计。已发现的两组排水系统和三处进排水口遗址,其排水管用专门烧制的陶圈重叠连接,雨水、污水分流。在主殿北侧后院34米处,现存有一口汉代水井,井壁用专门烧制的陶圈重叠竖起,井台用方砖铺设,至今泉水依然清冽,实属罕见。福建浦城县仙阳管九村溪东大王崂山,存有西汉时所筑的汉阳城遗址。据司马迁《史记·东越列传》记载:汉武帝平定闽越时,"越衍侯吴阳以其邑七百人反,攻越军于汉阳",即此。这是福建见诸正史记载的第一城,城址平面呈不规则圆形,面积约二十多万平方米。全城依三个山岗建筑,城墙现存宽度为二至五米,有夯打痕迹,城墙的轮廓基本清晰可见。南面一段城墙,依傍在陡峭的岩壁上,下临溪水,城势险要。南墙中部边缘沿突兀的山梁成顶墩子状,为全城制高点。有的地方出现内墙与外墙,即为城与郭。我国古代城市,一般均有城与郭的建筑,"筑城以卫君,造郭以守民"(《吴越春秋》),可见二者各有不同。郭一般依山川形势而筑,不像城那样四面有墙垣。汉阳古城的遗址,为研究我国古代城市建筑提供了珍贵的实物。

福州是一所著名的历史文化名城。汉高帝五年(前202年),汉封无诸为闽越王,福州正式成为闽越诸侯国的都城,故城位于屏山、冶山、云步山之间,也称"冶城",晋代的晋安郡守严高将城迁至冶山南麓,称"子城"。在此之后,历经唐宋元明清,福州城都是在子城基础上逐步扩大的。福州城的古代建筑除了具有我国古代建筑的一般规律外,还有其许多自己鲜明的特色。(一)城在山中,城中有山。福州是一个典型的河口盆地,复杂的地质结构,使福州城出现了两种极为独特的自然景观。第一是内三山、外三山,民谚亦说"三山藏,三山现,三山看不见"。"三山现",指鼎立于福州中心地带的于山、乌山、屏山,也就是"内三山"中的三座山。"三山藏",指隐藏于民居和各类城市建筑之中的玉尺山、罗山和冶山,山与民居已浑然一体。"三山看不见",主要指已经隐入地下或夷为平地的钟山、丁戊山和灵山。"外三山"指福州城外的鼓山、旗山和雪峰山。"内三山"最早在城外,经过发展,到晋以后,才被逐渐包在城内。第二自然景观是福州城内有众多的丘陵垄岗,但又排列有序地成四级阶梯式坡地;高盖山等为第一级丘陵,乌石山、于山、屏山等为第二级丘陵,马鞍山、仓前山等为第三级丘陵,吉祥山、昙石山等为第四级丘陵,这种奇观使福州城的建筑亦成四级阶梯形,错落有致。(二)从北往南对称布局。福州城布局既体现了我国古代城市君权神授主题思想,注重中轴线的对称,但又注意依据地势,如宫殿、衙门虽在中轴线上,但并不在中心,而在北顶点,依山而建。接着宫殿前是官员住宅和其它次级衙门,再往南是居民区和商业区。整个城市不是向南北两方扩展,而是向南扩展,使原有城墙的护城河成为城市的内河。唐末五代,福州城开始建造砖城,福州街道按方格状布置,出现九轨、六轨、三轨、二轨五种不同宽度,路面用石块铺砌,这在我国古代城市的街道建筑中是不多见的。宋元之后,福州城建筑开始突破由"内三山"范围继续向南发展,直到最南端的烟台山一带(今称仓山区),出现各种教堂、领事馆、外商洋行、小洋房等带有列强特色的建筑,为今天研究中国近代文化建筑史的实物。福州城由屏山以北往南这条中轴线上,如果以北面江南最古老的木构建筑物华林寺为一端,以南台烟台山为另一端,真是可以唐宋元明清,从古看到今。(三)坊、巷纵横。古代福州有四十九坊,六十多条巷。但真正能代表福州古代建筑特点的是位于市中心的"三坊七巷",这是由北到南依次排列的十条坊巷的简称。"三坊"是:衣锦坊、文儒坊、光禄坊;"七巷"是:杨桥巷、郎官巷、安民巷、黄巷、塔巷、宫巷、吉庇巷。"三坊七巷"起建于西晋晚期,是中国历史文化古城中坊制典型代表和中国南方现存较为完整的古街区之一。其中有许多不同时代工匠的精巧佳作,至今仍保存了大量的名人故居和明清时代建筑,被建筑界喻为一座庞大规模的"明清古建筑博物馆"。这些坊巷从外观看都是石板铺地、白墙瓦屋,但都各有特点。如黄巷内有的住宅楼台亭榭,小巧玲珑,并辟有假山池馆,颇有江南园林风韵。宫巷现存明代建筑6幢,清代建筑13幢。其中面积在千平方米以上的深宅大院有10幢之多。宅院中的结构十分精巧,将木雕石刻工艺与建筑构件天衣无缝地结合在一起,令人叹为观止。如漏花窗户采用镂空精雕、榫接而成,木格骨骼的各种精心编排构成了丰富的图案。在木穿斗、插斗、童柱、月梁等部件上常饰以精美、富有象征意义的雕刻,柱础、台阶、门框、花座、柱杆上随处可见各种栩栩如生的石刻,真是福州古建筑艺术集大成者。

  自城市出现,就产生了城防问题。中国古代城市都筑有城墙。城墙上有城门、城楼、角楼、墙台(亦称马面)、敌楼、宇墙、垛口(亦称雉堞)等防御工事,构成了一整套的城墙建筑体系。特别是一些用以操练水军和防御倭寇的特殊结构的城垣,其布局与一般城市不同,具有高超的建筑艺术水平。福建省的海岸线为全国最长,自宋代就开始设岗,明代朱元璋委派军事工程专家江夏侯周德兴经略福建,基于保卫海疆的防御战略需要,修建了近20座沿海城池。之后,清政府和民间又陆续筑了许多防御性的城池,有的县就有16座古城,虽经几百年风雨,但其中不少至今保存完好。这些古城是研究我国沿海防御性城垣建筑艺术的不可多得的珍品。

　　福建古城建造充分利用有利地形地利,视野宽阔,全以花岗石料构筑,大都建于明洪武二十年(1387年)之间。惠安崇武古城三面临海,一角连陆。城墙共2455米,城墙连女墙高7米,有1304个城垛,城廓嵯峨壮伟。福清万安古城依山傍海,城墙全长1733米,高5.3米,上有矮墙827个,警铺13座,敌楼18座,城门4洞,其东、西、南三门城楼雄视海疆,整个城墙如巨蟒盘亘在山坡。城内依山势铺设的石街逶迤南北,整个古城规模宏恢,当时集福州、兴化、漳州、泉州四府能工巧匠,费时10年始修筑而成。东山的铜山古城临海砌石,环山建城,城墙长近2000米,高7米,女墙86个,窝铺16个,有东、南、西、北四城门,三面临海,自成广阔护城河,西面直达九仙顶,与水寨互为一体,形成犄角,气势宏伟,如巨龙盘山镇海。位于莆田湄州湾的莆禧城,城墙长近2000米,高4.2米,基厚4米,城垛1049个,警铺24个,城门建有城楼,城的东、南、北三面凭海与湄州岛相望,西面凿山为旱濠,宽6.6米,深2.6米,长800米,城内为十字形石板路,并建有千户所衙门和粮仓等。诏安县的悬钟城三面阻海,一门通路,环海为壕,城墙长1800米,高6.6米,宽3.3米,城内建有民房衙署。晋江县的卫城东西长近千米,南北宽683米,墙高5米,有大东门、小东门、南门、西门和北门五个城门,每个城门上均设城楼,城外有护城河。南靖县的六鳌城位于狭长的六鳌半岛末端半山腰,城墙沿山势起伏,绕山一周,长约1000米,城上瓮城、城门、水门、城垛、马面、藏兵洞等军事设施,一应齐全。城墙隐蔽在300余株古老的榕树中,站在城墙上,可从三面看到大海,而从海上只能看到葱葱郁郁的榕树。

官方修建的城还保护不了芸芸众生,为了抵抗倭寇和山贼,明万历以后,民间也开始纷纷建城。但这些城与官方修筑的城又有区别,它除了有军事防御价值外,还用以居住,规模也大多不如官方修筑的宏伟,因此也被称为"堡",后来一般将官方建的称为城,民间自建的称为堡。闽南沿海一带,民间修筑的古堡星罗棋布,实为中国民间建筑史上的奇观。如仅漳浦一县,这种结构奇特,气氛神秘的方圆城堡就有近200座。堡的建筑是极为讲究的。一般第一层用花岗岩构筑,上层则以糯米、糖水、灰浆拌砂土夯成,硬度极强,历经数百年风雨和大地震也无损坏。明代的堡通常是方形或长方形,到晚明至清初,出现了一种呈"卍"字形的楼堡,即在堡的四个角上方突出一个敌楼,用以减少堡下的死角。随着岁月的流逝,其防御作用逐渐减少,居住作用增强,堡的规模也扩大,内侧有木构通廊,堡内房间偏小,隔间多,中心有水井,有的堡即为一个村子。

在闽南众多的城堡中,最著名的要数位于漳浦县湖西乡的"五里三城",即赵家堡、诒安堡和新城。其中最古老最负盛名的是赵家堡,俗称赵家城。这座雄浑古村的城堡是宋朝赵家皇室所建,至今,城内所居住的六百多人均为清一色的"皇亲国戚"。南宋祥兴二年(1279年),元军攻陷广东崖山,陆秀夫背少帝赵昺投海殉国,宋亡。跟随少帝一起南迁的闽冲郡王赵若和一行夺港出崖山返闽,后在浦西登岸,为逃避元兵追拿,改姓黄,终世隐居漳浦。明洪武十八年(1385年),朝廷赐准其复其赵姓。明隆庆五年(1571年),赵若和第十世孙赵范中进士,即仿宋式建筑,兴建城堡,历时20年。明万历四十八年(1620年),赵范之子赵义详细考察了开封、杭州宋代两京建筑和布局,以1:9缩小的比例模仿宋汴京城重建了赵家堡。全城建筑分外城和内城,城墙为条石砌基三合土墙,基宽4.3米,顶宽2米,高6米,墙周长1082米,占地139亩,筑四城门,城门上筑塔楼,按当地风俗,北门紧闭,东、西、南门分别镌有"东方钜障"、"硕高居胜"、"丹鼎钟祥"石匾。内城由方楼、古堡组成,方楼为四合式三层古楼,取名"完璧楼",隐义"完璧归赵"。楼高15米,占地484平方米,每层16间,共48间。楼下设天井,有水井一口,并有地道直通城外。主楼前面,又建两层楼以对峙,两边附平屋与楼房相接,楼右侧有一夹墙,中铺石板,上封其顶,可以上下通道进出。外城的主要建筑"官厅",仿南宋临安凤凰山下的皇宫,建府第五座,五进并列,共有150间。府内连环20个天井,前有石砌广场。赵家堡的价值不仅仅在于它布局的精巧和建筑的精美,主要在于它完美地保留了宋朝都城开封的格局,无论城墙、大内、五省六部、佛塔、墨池、武庙、御花园、书院等应有尽有,连宋代画家张择端在《清明上河图》中画的"汴河桥",在堡中也可寻到。因此,赵家堡对于领略宋代汴京市井生活气息,对于研究宋代都市建筑风格，具有不可替代的作用，这座世界上独一无二的活古董，当之无愧地享有"国之瑰宝"的美誉。

"诏安堡"是清康熙年间太常寺卿黄性震建造的。其主要特点是呈锁形，且气势宏伟，布局极有规则。城墙长1200米，高6.7米，宽3.3米，全部用上等巨石砌成。城上四门，城楼、角楼、主楼等布置得极有规则，墙顶外部筑2米多高的三合女墙，上开365个垛口，取一年天数。为防止北门塌倒，便堵死北门，并在对面山上建一塔镇住。可见当时修建是很讲究风水地理的。城内八条石铺街道整齐有序，95座房屋鳞次栉比，燕尾型屋脊两端上翘，城内筑有四方形三层梳妆楼，与花园水阁浑然一体，别有洞天。"五里三城"的另一堡"新城"，实为康熙年间蓝提督府第，其最大特点是四周房宅环排为城墙堡垒式建筑，组成一个"口"字形外壳，所以也被称为"院城"。新城府门朝东海，府第呈四合院式，对称的建筑群沿中轴线，纵向五落，依次为门厅、正堂、后堂、主楼与后厢等36间房子，左右共72间厢房环拱四周，犹如城墙环绕府第。左右厢房与门厅、正堂、后堂设廊相连，形成大四合院套小四合院的格局。府第中还建有两层结构的土楼，为独立建筑，与周围建筑不设廊，这在闽南是绝无仅有的。

福建各地许多保存完整的各具特色的古堡，皆为我国建筑史上的珍品。云霄明代修筑的"菜浦堡"呈椭圆形，四周护城河环绕，有东西南北四门，城堡全部由三合土筑，其特点是城内紧贴土墙建有两座小楼房，形成建筑与土墙结合的环形城堡。城内广场、街巷面貌四百年未变，在国内也是少见的。漳浦灶山清代修筑的"八卦堡"形似八卦图，全堡砖木结构,由四排民房围绕而成,内堡由 14 间大小匀称的厢房围绕,成为八卦心。次内堡是由 25 间匀均的厢宅环拱而成,呈菱边。外面两圈的厢房宅屋依势环抱而就,排列有条不紊。整个"八卦堡"每层房圈相距约 3 米,自然形成三条圆街小巷。这是研究古代建筑文化与宗教神秘文化关系不可多得的实物。

二　民　　居

民居是中国古代建筑中数量最大的一种类型。由于自然环境的差异、建筑材料的多样、风俗习惯的不同等原因,使中国民居的形式极为丰富。因此,越具有地域特色的民居,对中国建筑史的贡献就越大。

福建民居犹如方言一样,一个地区一个模样,各有各的分布区域范围。但闽南民居建筑具有浓郁的地方特色是极为突出的,这些特色的形成与闽南特有的地域和文化有着密切的关系。其特征主要为:(一)对称的布局。闽南民居都有明确的中轴线,以厅堂为中心组织空间,左右对称,主次分明。规模大时则纵向延伸或横向发展;规模更大时,则多厅堂组合,或并列数条轴线,形成多院落组成的大型宅第。因为带有祭祖、敬神的功能,因而厅堂的中心地位是很重要的。(二)外部材料运用以红砖、白石为多,内部材料以木构架为主。闽南有悠久的制砖历史,特别是红砖烧制有很高水平,其质地缜密光洁,色彩红润鲜亮,厚薄、大小尺寸繁多,能适应组砌各种砖花的要求。闽南有丰富的质地极好的石头资源,可以制成各种上乘的建房材料。福建盛产木材，民居内部多采用穿斗式木构架，斗拱与梁架接榫无缝，梁头用藤条加固，重叠有致，室内隔墙亦多用木板镶嵌。(三)精巧的雕饰。闽南是雕刻之乡，尤以惠安石雕为全国首屈一指，木雕、砖雕也颇有名气。因此，常在屋中饰以雕梁画栋，特别是在屋中重点处，如厅堂的梁枋、托架、门窗格扇、椽头柱础等，都雕满了花饰，精巧细腻。其余地方，如白石门廊镶满飞禽走兽的青石浮雕，两旁屋面嵌着衬有青石透雕窗棂的方形图案砖雕，甚至连屋脊、山墙顶部、门窗上头也布满了各类雕饰。(四)丰富生动的屋顶轮廓。由于建筑内部空间起伏较大，单坡或双坡屋面上覆以青瓦屋面，形成层层叠叠，高低错落的屋顶轮廓；或屋脊由舒展、平缓的曲线向燕尾自然过渡。屋宇一般有高啄的檐身，长龙似的凌空欲飞的雕甍；弯曲的屋脊与飞翘的屋角组成优美的曲线。一些建筑在海滨的燕尾型房宅，屋脊飞翘，首尾相接，衣错叠映。对闽南的筒瓦，一位16世纪中期到过泉州的葡萄牙商人伯来拉曾在《中国报导》上撰文："泉州的街道很平坦，大而直，看来使人惊叹，街两侧屋顶有波形瓦。"他指的"波形瓦"，即筒瓦。这种雍容稳重的筒瓦不仅在于美观，还在于适宜东南沿海多台风的气候。(五)沿街楼房多为骑楼。南方多雷雨，闽南临街人行道上皆有楼房，下面行人，上面住家，有时尽管雷雨交加，但走了几条街还不曾湿衣衫。

闽南典型的民居建筑主要有三种类型。府第式是闽南民居中常见类型。闽南为官者都喜欢在家乡修筑居室，如泉州仅东城一隅，就有晋江王留从效、明末兵部尚书洪承畴、明代南京刑部尚书詹仰庇、南宋丞相蔡确、南宋状元梁克家、明代监察御史郭楠、清代宫保提督万正夔、清代福建水师提督施琅、被南明隆武帝封为南安伯的郑芝龙等显要的府第。此外,还有一字排开的施琅手下十员猛将的府第,组成了一群古官邸群。这些府第式大院气势宏伟,平面呈中心对称,是多进深、多空间的纵向组合形式,由下厅、天井、前厅、后轩组成中心序列。进了大门后就是下厅,下厅两旁有两间下房,前面是天井,天井两旁有厢房;过天井就是主屋。中间是厅堂,厅一般为面向天井的半开敞式。前厅为祭祖、敬神的地方,后厅是内眷起居的地方。厅的左右各有前后两房共四间,俗称大房、后房,是住室和起居间。一般还加后院或两侧,作为厨房、杂间、住房等。更大型的则在此基础上,组合成前后多进,左右平接的大院落。天井、敞厅互为融和,屋脊舒缓有致,显得从容不迫、雍容大度。位于南安石井的"中宪第",建于清雍正六年(1728年),是保留得较为完整的府第式建筑。宅第为悬山式五进大院,以厅为中心,东西各列厢房,占地为7780平方米,附属建筑还有书院、演武厅、梳妆楼、月亮潭、鱼池、水榭、假山、花园等,布局谨严,曲折深邃。

"大厝式"是闽南民居的又一常见类型。"厝",在闽南方言中是"大厦"的意思。这类民居不如"府第式"有气派,但也是当时的富商所建。这种"大厝"通常为三合院或四合院的格局,多数是悬山式五脊二落水的建筑,屋前有石铺的前庭。一般是二进三开张者居多,也有三进五开,每进用天井隔开并以回廊相连。有的两边回廊之外有长列厢房,后面还有一列雅致的梳妆楼,多为闺女的绣房。这类"大厝"坚固耐用,居住舒服,用料极讲究,地板铺方砖,一尘不染。厅房正面的门框、窗框多用光滑的青草石镶嵌,上刻名家书写的对联。建于清光绪年间的泉州亭店乡的杨阿苗民居是至今保存较完整的宅院,为五开间双护三进,前有石铺前庭,绕以围墙,组成一完整建筑。墙上和花窗嵌有青石平雕、浮雕、透雕的人物、山水、花鸟,还有颜真卿、苏轼、张瑞图等书的诗、词,雕工极精美,与精致的木雕、漆雕、砖雕、灰雕交相辉映。建于清代的漳浦浯江的"秀才村",主体建构为三排平房(户厝)抱着两排各三进的院落,至今保存完好。

"洋楼式"是闽南民居的第三种常见类型。这种民居主要是归国华侨受侨居国建筑形式影响而建筑的,但也保存了闽南典型民宅中的一部分,可谓中外结合,是一种"扬弃"。如它抛弃了以天井、敞厅为中心的合院形式,以前后厅为中心,四周围似四个房间,均向正厅开门,一般为两层建筑。其最大特点是由传统的建筑围合空间,变为空间围合建筑。虽说出现了科林多式圆形廊柱、百叶窗等西式屋饰,但门庭垣墙却仍然是砖石结构,仍然有石刻的题匾、门联,以及彩瓷门饰。层顶开始出现了平顶,而围以釉彩陶瓷栏杆,但也有不少依旧有龙脊凤檐。楼前屋后,多有花圃,屋顶墙壁还爬着青藤和紫萝兰,充满侨乡情调。

与闽南接壤的福建中部仙游县的民居,也颇有特色。一方面,它保留了闽南民居的一些特点,如以主厅堂为中轴线对称布局、讲究装饰、以木构架为主、封闭的外观与敞开的内部相结合等,但还有自己独特的特点。如:(一)多为横向布局,浅进深,宽开局。最典型的如游洋乡龙山村的宅屋,有的仅2进深,面却宽达17间。与多进式深宅相比,这种建筑省却了正厅和后厅,也就省却了大量的建筑材料,并易于采光通风,相互干扰也少,交通便利,也利于分户。(二)以几种基本单元组合拼接成建筑群体。最主要的基本单元为一厅二房,向横向发展即为一厅四房,向纵深发展即为三坐落。度尾镇砺山村的郭宅为2进深,面宽13间,由一个一厅二房的基本单元在两侧各加两个小的组合单元,再加一列护层组成,共80多间厅房,17个天井。榜头镇仙水村的"仙水大厅"是一组规模宏大的明代建筑群:3进深,面宽9间,共160余间房。这是一个因多次组合而建成的宏大而又功能明确的建筑群:正中是由其最基本单元一厅二房向纵深发展成三坐落,两侧也是三坐落,再往两侧是一列套间厢房,隔了一个侧天井后,又是一列护屋。这种组合拼接的建筑群将甬道、回廊和连幢的厢房连接起来,因而东西南北融会贯通,无论刮风下雨,内部都畅行无阻。建筑物皆为单檐歇山顶土木结构,用材粗壮,宏大坚固。

三 土 楼

福建土楼遍布闽西南,年代久远,有唐、宋、元、明、清、近代、现代、当代的土楼;其造型多样,有圆、方、长方、半圆、五角、八卦、五凤、桃高型、多角等许多类。令人惊叹的是其数量极多,保存极好。据1987年不完全统计,仅永定县就有各式大小土楼2万多座,组成了1800多个以自然村为空间居住30多万人的大规模的土楼群体;龙岩县三层以上的大土楼仍存有242座;漳州市所辖的各县山区遍布近千座土楼,仅圆型楼就有300余座。这些形态各异的众多建筑曾被西方国家的情报机关从卫星照片中发现,疑为"隐匿的核力量",并不惜代价地投入大量人力和物力进行监测,又得不出任何结论。近年来,一些西方情报人员作为观光者来到土楼,在恍然大悟的同时也被它的神奇所震撼了。几十个国家和地区成千上万的来访者无不为土楼而惊叹,有的建筑专家甚至认为,福建土楼"可与万里长城媲美","是世界生土建筑发展史上的伟大奇迹"。

福建土楼的建造,可追溯到客家人先民向南迁徙的历史。自西晋"五胡乱华"始,黄河流域的中原人为避战乱而渡过长江,唐末及南宋末,又先后两次因社会动乱而南迁,长途跋涉,最后来到闽西南的崇山峻岭中,过着与周围环境隔绝的生活。因为曾饱受动乱的痛苦,因此他们"恨藏之不深,恨避之不远"。偏远之地容易遭受群盗侵扰,又迫使分散的人们聚集而居,集体防御。土楼的形态有利于保持家族完好和兴旺的需求。各种样式的土楼在长期的实践中被不断完善,更加美观舒适。

福建土楼的独特魅力,主要有以下八个方面:(一)楼址选择灵活多变。中国民居受风水影响,极讲究相地,建宅多经风水师觅龙、察砂、观水、点穴等方可定夺。福建人对住址的选择亦尤为讲究,一般规定阳基的理想模式应为:枕山、环水、面屏、背水、面街、人家。特别在山区,极讲究山势龙脉。但福建土楼却主要以是否能更好地适应劳动为主要标准,一些楼址的选择并不拘泥于风水地理所规定的模式。有的楼址选在被认为钟灵毓秀的依山傍水、面向平川的平地;也有不少楼址选在山谷、斜坡、崖畔、台地,甚至也有选在孤立的小山顶上。其原因,固然与南迁先民皆为客家人(宋代立册,以先到者为"主籍",后到者为"客籍"),平原沃土多被主户所占有关,但主要还是与其生活有关,只要楼址有利于就近耕种农田、砍柴伐木、捕兽捉虾、采药畜牧即可。(二)充满人情味的内部构造。福建土楼的内涵极为丰富,它具有现代单元公寓住宅的优点,独门一家,保证了某些私密;也减少了邻居间干扰,但又没有隔断邻里关系,中心院落的共用空间给居民提供了交往的环境条件,形成一个亲切愉快的生活空间。虽然有时免不了会有禽畜互扰等各种生活矛盾,但都能相安无事。土楼的内部构造增强了家族的凝聚力,这种凝聚力又促使居民互相帮助,和睦共处。(三)就地取材,不费能源。福建土楼主要由泥土、石块、木料构成,其中生土(未经焙烧的泥土)是墙体的主要建筑材料。闽西山区筑土楼的生土主要取黄土,但需提前3至5年先将黄土准备好,然后每隔一段时间就翻一次土,其中还要依次加上斩碎的稻草,经过多次反复后,就可避免日后墙体因萎缩而开裂。在夯墙时,均用蛋清、红糖、糯米汤调拌作粘固剂,其效果不亚于水泥,由此才创造了土墙承担四、五层高楼的世界奇迹。闽南沿海一带筑土楼的生土是取含砂量极大的风化土,并掺入适当的壳灰、红糖水、糯米浆和海蛎壳,分层夯筑。这种材料夯成的墙体极其坚硬,能抵挡带有盐分的海风和暴风雨的冲刷。最令世界建筑学界感到惊讶的是,土楼取之生土,从择址、备料、绘图放样、基础工程、夯墙,直到装修完毕,全凭能工巧匠的双手,甚至不用一枚铁钉。因此无论土楼兴毁,都不会污染环境。与那些用钢筋水泥或化学原料建成的楼房相比,土楼真是"源于大地,归于大地,又不污染大地"。(四)突出中心凝聚力和内围空间结构的向心力。福建大型土楼在一条纵向轴线上布置楼堂厢房,对称严谨,再将高大宽敞的厅堂作为中心。四间一厅或六间一厅的起脚的楼房,每层也都以厅或厅棚为中心,把左右两侧和后面的房间组合成一个单元。以走廊与厅堂相连结,构成贯穿全楼的通道,不管从哪个地方为起点,都可以不需经过露天庭院而进入任何一个场所。这种变化无穷的内部构造,表面上如魔宫迷阵,其实却是极有规则的。(五)杰出的实用功能。福建土楼在通风、采光、抗震、防潮、隔热、御寒、防卫等方面有良好的性能。由于在夯墙时埋放竹片、木条做墙骨,加上多种木料互相牵引,像人体的肌肉、骨骼、筋络一样富有弹性,有良好的抗风防震性能。1918年2月13日,永定发生大地震,砖砌的北城楼倒塌,但没有一座土楼崩塌。湖坑乡的"环极楼"土墙在摇晃中裂了一个大口,震后又重新复合。再如,历史上曾有一支装备很好的5000多人的部队进攻永定"遗经楼",前后两个月,枪击、炮轰、炸药都无济于事,最后只好不战自退。土楼利用墙体承受全楼的重量,是护卫全楼安全的屏障;利用天井采光通风,使全楼冬暖夏凉;众多房间门窗起着调节四季阴阳的作用,冬天关闭以保暖,夏天敞开以通风。(六)楼中各层次和房间作用统一。福建土楼常见的是二层到四层,以三层居多,单环者多,一般一座楼有100个房间左右。土楼底层都作厨房饭厅,二层为放置谷物与农具杂物间,三层以上为卧室。楼上楼下的房间及每一单间都是一样大,一般为10平方米左右,仅容一床一厨一桌,可见楼内住户不重卧室而以厅为主要活动场所。(七)一般都有附属建筑。大型土楼,一般都在前后留有空地,用以建造花园、鱼塘、晒坪、浴室、厕所、猪舍等,许多还在楼内专建学堂,让小孩从小就接受良好的教育。读书求仕,是客家人主要谋生途径之一,即使倾家荡产,也要让子女读书。因此土楼中人才辈出,有许多享有国际声誉的学者,他们的童年都曾在土楼的学堂里度过。仅五福楼就出了五位大学教授。这对于位处僻壤的土楼学堂,不能说不是奇迹。(八)外观布局合理美观。虽然山势高低不平,但有土楼群的地方,楼与楼之间的布局间隔都极有规律,无论是瞰望还是远眺这些土楼群,都显得疏密得体,错落有致。南靖县田螺坑的层层梯田中,五座土楼紧挨在一起,一座称为"和昌楼"的方楼雄踞中央,四座圆楼环形围绕,像五个堡垒,古拙壮观。令人惊讶的是:这些不同年代建造的土楼虽然都建在高低不平的台地上,但楼与楼之间的中心距离竟然都是黄金分割比例。华安县沙建乡上坪村著名的齐云楼、升平楼、日新楼皆为明代万历年间所建,虽然外面形态各异,但却遥相呼应,都朝向现在上坪村的中心,成三足鼎立之势。

福建的方形土楼也称方楼,闽西俗称四方楼,闽南俗称四角楼,这是一种以长方或正方形为造型的土楼。方形土楼形态多样,有"口"字形、"回"字形、"目"字形等多种。闽西最著名的方形土楼群在龙岩适中村,目前仅三层以上的大土楼仍存242座。适中村方形土楼凡建成明代的,大都外表简单,屋脊平檐,楼门单一,天井空旷,每层设房16间。清初所建的在后座正中设置一厅。清中叶所建的则讲究质量和美观,主楼多为扁方形,前后两端各有六房一厅,左右两侧各有四房一厅或一梯道,主楼厅16个,房间多达80间,每间面积为12平方米。适中的这些土楼群中,"善成楼"占地面积最广,为15亩;"和致楼"主楼结构最宽,横竖各四落,9门18厅,一门一条巷;"典常楼"装饰工艺最精,叠档飞檐,画廊雕栋;"和春楼"以多厅、多样、多窗著称。闽西规模最大、主楼最高的方楼是永定的"遗经楼"。此楼建于清道光年间,又名"华兴楼",因建筑规模特大,当地人也称为"大楼厦"。其主体建筑是并列的三座五层,高17米,主楼左右两端分别垂直连着一座四层的楼房,再前面又同与主楼平行的四层"中厅楼"紧紧相接,组合成一个大"口"字形,气势雄伟。大"口"字形之内的主楼前面是大厅,两边连着仓库,仓库前端又与横廊连接而成一个小"口"字,形成一个"回"字形的整体造型。"回"字外墙的四边各长76米,呈正方形。全楼周长136米,宽76米,占地面积10336平方米。大门外,左右连着对称的两所学堂,学堂之间夹着一块长而宽的石坪,石坪前面的大门楼高6米,宽4米,4吨的载重汽车可顺畅进出。闽西最古老的方楼是永定县湖雷乡的"馥馨楼",一般认为它有上千年历史,为唐五代时首批入永定的客家先祖所建,早期由林、易、周、章四姓合建,各据一角。楼周有约四米宽的壕沟,设吊墙。闽西较著名的方形土楼还有永定湖坑乡的"裕德楼",在大"口"字形的主楼中间又建了一座方形建筑;下洋镇的"襄正楼"、"永福楼"、"衍嘉楼"等三座"口"字形大方土楼并列相连,各自独立,又组成一个"目"字形整体。闽南最富有文化意蕴的方楼是华安县沙建乡的"日新楼"。此楼建于明代万历年间,建筑的外围是夯土墙体的楼房,楼里是一行行整齐的平房。"日新楼"吸收了中原地区明式建筑风格的特点,又融合了客家文化的传统,方楼背靠悬崖,下面是一片深窈秀美的竹林。整座楼不着眼于单体建筑形象突出,而追求群体布局的空间意境。内部空间创造出平易近人、对称方正、灵活有序、内向含蓄的境界。一进进串联的院落,给空间的组合揉入时间的过程,突出了建筑美的时空特性。闽南最典型的方楼是诏安县秀篆乡的"长源楼"。此楼建于清代乾隆年间,边长约42米,只设一个朝向正西的大门,楼高两层,约有房间65个,轴线正中后方设有祖堂,正面大门外用照壁围成一方形前院,南边前院因"风水"而错开一个角度。

福建圆形土楼又叫圆寨,有一环楼,有二环以上的多环同心圆楼,外高内低,楼内有楼。圆形土楼围绕一个圆心布局,并在这个圆心的点上设厅堂,作为全楼活动的中心。从第二层起,层层向圆心出挑,构成回廊,每一层环都以均等距离朝向设于核心的祖堂。圆形土楼在施工上难度较大,屋面排水处理也复杂,只有其圆形直径大到一定尺寸时,这些难度才能相应解决,所以圆形土楼一般造得较大。闽西最大的圆形土楼是永定的"承启楼",此楼建于清代康熙年间,圆围长1915.6米,高12.42米,楼墙宽1.5米,从外到里有三圈外高内低的环形建筑,加上中心圆形大厅,空中俯视有四个圆。主圆楼为四层,每层有房72间;主楼内依次向内筑建两圈圆楼,外圈两层,每层40间,里圈单层,为32间,中央为大厅。全楼共计400间房,总面积5376.17平方米,主楼设三个大门,楼内各圈设巷门6个,水井两口。全楼最盛时,曾住80多户,600余人。由于"承启楼"建筑规模宏大,故有"姑嫂夸楼"的故事:某村一次婚宴上,两个年青女子在同桌吃饭时,都极力夸耀自己的楼屋如何之大,等到双方问清自己所夸之楼时,才知道都住在"承启楼",且为姑嫂。因为一个住楼东,一个住楼西,而楼中人多且常有进出,所以并不相识。1986年邮电部以"承启楼"作为1元票额的"中国民居"邮票发行后,即被评为当年最佳邮票。闽西直径最大的圆楼是永定县古竹乡的"深远楼",外环楼直径达80米,为三环建筑,共有房间328间,住80户,500多人。最古老的圆楼是古竹乡的"金山古寨",为南宋祥兴二年(1279年)所建,2至3米高,直径约30米,中心有一瞭望台。闽西最富丽堂皇的圆楼为永定县湖坑乡的"振成楼",此楼外环楼高4层,每层48个房间,按八卦图建造成辐射状8等分,各等分之间有防火墙,既自成院落,又有拱门相通,连成整体。厅顶可作舞台,楼内有学堂和花园。1985年,在美国洛杉矶"世界建筑模型展览会"上,"振成楼"作为中国古建筑的代表模型之一,和北京天坛、雍和宫一道被视为展览会中的珍品。其合理的布局和别致的造型倾倒了无数观众,联合国教科文组织顾问史第文斯·安德烈先生称赞:"这是世界上独一无二的神话般的山区建筑模式。"闽南的圆形土楼形式多样,最古老的是华安县沙建乡的"齐云楼"。此楼建于明代万历年间,总平面呈椭圆形,楼中院落也是椭圆形,平缓舒展。楼高两层,当中是天井,为单元式结构,底层用石块垒成,二层夯土,大门朝南,东门为"生门",嫁娶由此出入,西门为"死门",殡葬由此出。其与众不同处是房间布局似为三堂横式简化,且不像一般土楼中将房间平均分割,一般大小,而是大套面积比小套大一至二倍,最大的一套面积近200平方米,小的则不足100平方米,楼内布局异常复杂,充满动感和生机。最令人赞叹的是:从总平面看,各个单元的纵深不相同,设在南侧的单元纵深浅,北面的单元次之,而东侧的单元最深,费人揣摩。虽同住一座圆楼,各家的布局却不相同。但站在院子中间向四周望去,又是那么统一、协调,看不出哪家大哪家小,使人感到温润婉致。目前,这座明代建筑中仍住有20余户居民。闽南最大的圆形土楼是平和县芦溪乡的"丰宁寨",此楼建于康熙初年,历经40年才告竣工。楼的直径77米,主楼高四层,为14.5米,每层77个房间,现住有77户250多人,最多时住过700多人。楼内房间前窄后宽呈"斧头形",楼门上安放有防火的水柜、水槽,楼中央水井用石板覆盖,上凿三个圆孔供打水,安全又卫生。闽南圆形土楼中最有建筑艺术特点的为华安县仙都乡的"二宜楼"。此楼建于清代乾隆年间,前后工期12年,直径为73.4米,高18米,底高4米,分内外两环,内环一层,外环四层,内外相得益彰,故称"二宜"。内环为一层的平台,为饮食生活区,外环四层均为卧室,分成12个"透天厝"式的独立单元,共有224个房间。每个单元在第四层都设有厅堂,厅背后靠外墙有1米宽的室内环形通道,把12个单元联系起来。这座历经220个春秋的土楼中,现仍有200余人居住。漳浦县深土乡的"锦江楼"也别具一格,它由三个高低错落的圆环组成,外圈一层不交圈,在大门口外断开,有36间房;中圈为二层,有52间房,里圈有三层,有36间房。二、三层入口顶部均设瞭望台,整座楼没有出檐,只设女儿墙。华安县高车乡的"雨伞楼"建在小山顶上,巧妙结合地形,外环顺应山势,呈跌落三层楼;内环两层,立于山尖,有18

个大小不等开间,小楼梯上下。云霄县和平乡的"树滋楼"建于清代乾隆年间,楼高三层,外墙出檐极小,直径50米,每一开间即一独立单元。

福建五凤楼,是与方、圆土楼造型风格完全不同的一种土楼,它主要集中于闽西一带,是客家人独有的建筑。五凤者,名出《小学绀珠》:"五凤,赤者凤,黄者鹓雏,青者鸾,紫者鹭鸶,白者鹄。"以东南西北中五方配五色,有四方与中央相应的寓意。五凤楼的主要特点是:(一)布局中体现了明显等级差别。它以四至五层的上堂为主要构图中心,然后依次向两侧或前方层层迭落,突出中轴中心,左右匀衡对称,前低后高,主次有序,等级分明,显得森然威严。(二)以"三堂屋"形式组合楼房。最常见的五凤楼是三堂二横式,也有三堂一横、四横、六横的。三堂二横式的构造特点是从轴线上,依次横排三幢楼房,间隔天井,天井两边是厢房,三堂楼房连接成一个"曰"字形。前座楼设前厅,中座楼设中厅,或称大厅,后座为主楼,称正堂。其独特之处是厅堂皆为敞厅,面向天井且与天井相连,厅的边沿便是天井的边沿,中间无任何隔离,厅堂与天井是不可分割的整体。三堂二横式有五个天井与九个厅堂,中轴线上有三个天井及三个厅堂,中轴线上一直就是这天井与敞厅,故可从大门一望到底。(三)讲究装饰和气派。五凤楼的建筑者大多数为皇亲国戚、达官贵人、巨贾商人,因此极强调建筑的美观和气派。五凤楼的屋脊饰以朱雀、孔雀、凤凰等瑞兽祥鸟及花草图案。楼内的门窗、斗拱等木构部件,也极尽雕饰。门外多有守门石狮,中厅天井踏阶两端亦有一对小石狮,全楼显得堂皇壮观。五凤楼的典型佳作是永定县高陂乡的"大夫第"。此楼建于清代道光年间,历经6年建成。后座主楼为四层楼,高11.4米,中座三层楼,高9.5米,前座两层楼,高5.6米,前低后高,错落有致。全楼东西宽19.8米,南北长53.15米,全楼占地3000平方米,大小厅25个,房间118间;厅内支柱雕刻精致,门楼外有晒坪、鱼池。整个群院气度不凡,轩昂宏伟。

福建还有许多方圆混合式土楼,一种是主体为圆形,但圆中有方。如诏安县官陂乡的"在田楼",约有三四百年历史,此楼由内外两环混合组成,内环两层,按方形平面布局,后面两边成弧形转角,形成前方后圆平面;外环3层,按八卦形状布局成圆形,共有64间房。该楼外径达86米,是至今发现直径最大的土楼。永定县下洋乡的"永康楼"、湖坑乡的"衍香楼",都是在圆楼内造方形厅堂,圆中有方。方圆混合式土楼另一种是:楼的主体既有方形又有圆形,方、圆连成一体。永定县古竹乡的"半月楼",是一座前方后圆的"D"字形土楼;湖坑乡的"永宁楼",则是前圆后方的"◠"字形土楼。

神奇的福建土楼是中国文化的奇葩,也是世界文化中的瑰宝,它以其独有的魅力,成为世人争睹的文化珍品。

四 寺 观

福建是我国古代建造各种寺观最多的地区之一,即使在佛教衰竭的宋末元初,仅福州府所辖的各县就建有佛寺一千五百座以上。虽经多年的天灾人祸,但由于福建特殊的地理环境,所以至今仍有相当数量的寺观得以保存。如莆田在唐、宋时全县就有大小寺院庵堂六百多座,经历代修建保存到今天的仍有近百座。福建这些保存下来的古代寺观,在我国建筑史上具有两个方面价值:第一,门类齐全,年代久远,无论佛教、道教、伊斯兰教,都有最古老的寺观保存。如福州的华林寺不仅是现存江南最古老的木构佛寺,也是最古老的木构建筑;莆田玄妙观的三清殿,是现存最早的木构道观;泉州的清净寺,是现存最早的伊斯兰清真寺建筑;泉州的草庵是世界上唯一的摩尼教寺遗址。这些建筑对于研究我国建筑史,特别是研究宗教建筑史,是极为珍贵的实物。第二,具有独特的建筑艺术。中国的寺观建筑,特别是佛教寺院建筑,一般以殿堂为主体,代代沿袭,最后因高度程式化、规范化而显得板滞。而福建的寺院建筑却别有特色,在继承古制上有所创新,较为灵活,大大地丰富了我国的宗教建筑艺术。

依据山川地势,巧妙布局,是福建寺庙建筑的主要特色之一。中国古代寺院的主要建筑位于南北向的中轴线上,由南向北依次为山门、天王殿、大雄宝殿、法堂等。次要建筑安排在轴线两侧,如僧房、斋堂、职事堂、茶室、云会堂等附属建筑对称排在东西。这种庄严雄伟、整齐对称、以陪衬为主的方式完全满足了佛教对庄严肃穆的需要,给人一种"超凡入圣"、"洁净无碍"的感受。福建一些寺院却不拘泥于我国寺院的常规布局,而是讲究因地制宜,由此造成艺术的感染力和意境。如始建于公元908年的福州鼓山涌泉寺,至今基本保持明嘉靖间的布局,25座殿堂巧妙地分布在山泉古树、层峦叠嶂之中。进了山门后,并不直达天王殿,而是要经过兰花圃、岁寒寮、回龙阁、罗汉泉、千佛陶塔,以石道蜿蜒伸向寺门,天王殿、大雄宝殿、法堂等主建筑依偎山谷山坡而逐渐升高,将巉岩山石巧妙地结合到布局之中,使人有"进山不见寺,入寺不见山"之感。始建于公元558年的莆田县凤凰山广化寺几经兴废,现存主要建筑是清光绪年间依旧制重建的,规模宏大,气势磅礴。其特点是中轴线不是坐南朝北,而是坐西朝东,沿山势高低,由海拔25米趋升至海拔63米。以山门、天王殿、大雄宝殿、法堂、祖堂为中轴线,两侧翼建有宽敞的廊屋,把整个建筑群有机地联成一体。始建于公元931年,明万历间又重新修复的福州北峰林阳寺坐落在翠谷之中,山门正对平坦之地,故视线开阔,夏日无论如何炎热,山门口总有阵阵凉风袭来,令人无比惬意。笔者1973年至1978年曾蛰居此寺5年之久,故有切身体会。此寺次要建筑并不对衬地摆在主建筑的左右,而是在寺左衬以禅堂、僧室、客厅、香积厨等,布局上左重右轻。始建于558年,重建于1369年的建瓯县城南建溪之滨的光孝寺,其布局颇有特色,它由殿堂建筑群和西厢建筑群组成,似不太协调。西厢建筑群外看瓦栋联贯,杂乱无章,内部却各成系统,秩序井然。始建于唐初的福鼎县太姥山白云寺布局更别具一格:分前后两厅,外形颇像居家的大院落。始建于唐朝,重修于清末的位于平和县九层岩峡的三坪寺,是典型的依山而筑寺院,建筑群体沿一条中轴线倚山而建,依次递高,主次分明。大雄宝殿地势比山门高一米多,祖殿又高于大雄宝殿,错落有致。

巧借山岩筑寺,与山川大地融为一体,是福建寺院建筑的主要特色之二。因福建多山之故,所以许多寺庙将寺藏于岩中,洞中建寺,正如旧志云:"僧庐于中,不用片瓦,可以避雨。"

这种建筑被称为"岩寺"。但这种岩寺与我国西部的"石窟寺"截然不同。石窟寺是在山崖上开凿洞窟供养佛像的一种寺院,而福建的"岩寺"则不需开凿,而是借洞藏寺,与山岩极为协调地浑然一体。位于罗源县岭头山的碧岩寺藏于高数十丈的巨岩之下,岩下天然洞室高二十余米,广六百平方米,碧岩寺就筑构在其中,宏敞幽藏。始建于北宋庆历年间(1041—1048年),后又在明中叶扩建的永泰县葛岭山腰的方广岩寺建在方广岩下的石洞中,巨石当瓦,依岩藏洞,洞内殿堂与洞前的天泉阁均以大石穹为顶,构筑奇异,故称"一片瓦"。寺前的天泉阁坐落于百余根硕大的杉木支架上,宛如空中楼阁,背靠千仞巉岩,面临百丈深壑,酷似山西的悬空寺。位于平和县大峰山的灵通寺建于天然石洞之中,寺前筑有石栏,上有磐石覆盖,下面悬崖绝壁,唯一小径可攀登。始建于1131年,重修于公元1743年的仙游县后坂山圆通寺依天然石窟而建,三座递升,连成一体,左右依架在石崖间,前殿在山门之外。后坂石奇寺的殿顶是以一块岩石为瓦,可容几十个和尚参禅,方形的山门藏在数棵古树之中,入门才知寺是以洞为口。随洞中石阶蛇行而上,豁然开朗处便是前殿。沿两房廊庑拾阶而上,便是大雄宝殿。始建于宋代,重修于明代万历年间的漳浦县金岗山的海月岩,以石作顶,以洞为寺,造型奇妙。寺顶是一整块花岗岩大石板,长约50米,宽20米,厚约3至5米,前低后高,向前倾斜,形成一定坡度。两边有岩石支撑,形成一个敞开一面的大石洞,殿堂就修筑在洞中,气势磅礴,殿门正好对着远处茫茫苍海,真是天造地设。也有的寺庙并不完全藏于岩中,如创建于清乾隆间的福州乌石山的弥陀寺,依岩而建,大殿半掩在舒啸岩后,为重檐九脊顶,殿后为霸石,殿东为台地。

形态各异的外观造型,是福建寺院建筑的主要特色之三。福建不少寺庙因其独特原因而在外观造型上不拘一格,样式奇异。始建于唐朝的仙游县鸣峰寺殿宇恢宏,但外观形态如一条船,前后殿堂是船的首尾舱,中间长方形的天井,铺连着两条长廊,犹如船身,两旁侧舍犹如船的左右舷。据说此处过去是海底海礁,后来海沉陆浮始为峰峦。峰上留有一古航船遗迹,后人就依船址建寺。始建于唐大顺元年(890年),元明又重修过的邵武市宝严寺,造型别具一格,大殿平面呈正方形,面阔、进深各五间,计400平方米,这与传统的长方形寺庙外观迥然不同。始建于唐代的仙游县内垄山的龙纪寺,主体建筑为六角形,俗称六角亭,这是因为内垄山形为盘龙,寺内修筑成六角殿状才似龙头。始建于南宋绍兴十六年(1146年),位于泰宁县金湖山间的甘露寺,建筑奇特,依坎坷岩石顺势架造,基底仅用一根粗大木柱撑托,有"正殿"、"唇阁"、"观音阁"、"南安阁"等木结构庙宇,外观犹如一个繁写的"蒹"字。始建于宋元丰六年(1083年),位于安溪县蓬莱山的清水岩,背山面壑,作楼阁式,分三层,整个外观呈"帝"字形。

将精美的雕饰与寺庙建筑融为一体,是福建寺院建筑的主要特色之四。福建寺庙的雕饰工艺精湛,比比皆是,有其独特韵味,有的历经千年仍焯焯生辉。闽南寺庙的雕饰以石雕为多,闽西北寺庙的雕饰以木雕为多。始建于隋朝、重修于清同治十二年(1873年)的龙山寺位于晋江市安海镇北面,寺周围墙壁精工细琢着一个个浮雕。盘旋于青石柱上的悬雕青龙张牙舞爪,俯身盘旋直下,头部却昂然翻腾而上;一双鳞甲相间的龙爪,分别捧出一磬一鼓,用细铁条轻轻敲打,磬显磬声,鼓传鼓声,造型传声,真是巧夺天工。始建于宋咸平四年(1001年)的安溪县文庙,是集木、石雕艺术之大成的一座古建筑艺术。如八根翔龙蟠柱、陛石的云龙戏珠等石雕,丹墀三面基石上的双狮抛球、鲤鱼戏珠、八骏马、云龙吐雾、麒麟牡丹等十六幅虫鸟禽兽、山水花卉的浮雕均精雕细琢,情态优美;柱头上游龙贴角、弯枋的狮座等木雕都栩栩如生;屋脊的装饰,垂注的透雕,也多有独到之处。建于清乾隆二十七年(1762年),位于福清县新厝乡的灵溪宫,正是以其不凡的雕饰而驰名。宫宇为硬山顶木构建筑,上梁、斗拱、构架均为镂空的龙凤、牡丹等装饰木刻;宫门前两厢石壁上浮雕的"空城计"和"文王求贤"故事,形象逼真;尤为称奇的是前后殿的两对盘龙石柱,刻得栩栩如生:一条巨龙盘柱环旋,只有小部分附于柱上,大部分龙体掏空离柱,似乎即将腾空而去,龙口里隐含着一颗可以转动的石珠;龙的下方,雕刻着海水衬托的一条跃跃欲试的鲤鱼。整个灵溪宫的其它石雕、镂刻也都极为精细,与整个建筑相互衬托,荟萃木石雕刻艺术于一堂。建于清乾隆五年(1740年)的永定县金谷寺为砖木结构,其屋栋镌有燕尾和翘蛾,飞檐雕有花鸟、飞禽等,柱及悬梁有龙凤及民间流传的"水漫金山"等故事图画,尤为传神。

福建最著名的寺院建筑主要有华林寺、开元寺、清净寺。

位于福州屏山的华林寺初名"越山吉祥禅院",几经兴废,现仅存大殿。面阔三间,进深八架椽,单檐九脊顶,高15.5米,面积574平方米。华林寺大殿所以被称为我国"古代建筑中的瑰宝",主要有四个特点使他寺无法取代:(一)年代久远,是我国江南最古老的木构建筑。据专家考证,华林寺大殿建造年代为964年可确信无疑。我国目前现存早于华林寺大殿的木构古建筑仅剩四座,即南祥寺大殿(782年),佛光寺东大殿(857年)、平顺大云院大殿(940年)、平遥镇国寺大殿(963年),但这几座古老的木构建筑都保存在气候干燥的北方山西境内。南方阴雨多湿,木构建筑易糟朽蚁蚀,这座大殿能历经风雨、地震、虫害而屹立千年保存至今,实在是个奇迹。大殿中保留的一些早期的建筑技巧,如古老样式、长达两步架的真昂后尾、彩画中精美的团窠等,都是研究我国建筑史极为珍贵的实物。(二)用料之大为全国古寺之最。古代木构建筑年代越早,开间越多,所用材料越大。华林寺大殿用料材高为30厘米,按宋《营造法式》规定为一等材,必须9间或11间大殿才能使用。华林寺大殿仅3间而用一等材,在现存古建筑中唯此一例。华林寺大殿"斗拱"的断面高度,多与材高相吻合,为30厘米,但越接近柱头部位的拱越大,特殊部位大到37厘米,这在我国现存木构古建筑中是独一无二的。其斗拱的总高,在现存国内木构建筑中,也居第一。大殿的前檐柱、内柱、脊榑、月梁等各部构件也很粗大,特别所用的昂与驼峰,更是出奇的大,在国内是绝无仅有的。(三)构造独特,极具早期建筑的风格。大殿为八架椽屋,斗拱和梁架交融在一起,柱子以上几乎全由斗拱支撑整个屋顶,梁的作用反而比斗拱小。大殿中全部18根木柱皆为梭柱,檐柱比例肥短,柱高不足柱径8倍。这种中径大,底径和上径小的两头卷杀的做法,曾流行于南北朝,隋唐以后已极为罕见,所以弥足珍贵。(四)中日文化交流的佐证。华林寺大殿中保留的一些早期手法,对日本木构建筑有着深远影响。如皿斗的造型、上下同时卷杀的梭柱等做法,在日本飞鸟、奈良时代的木构建筑,仍然在沿用。殿内巨大的驼峰造型如行云流水,轮廓曲线自由奔放,与日本飞鸟时代的法隆寺金堂的建筑同出一源。据中、日专家考证,日本镰仓时期的"大佛样"建筑,深受华林寺大殿建筑风格的影响。

位于泉州西街的开元寺创建于唐垂拱二年(686年),初名莲花寺,唐玄宗二十六年(738年),诏改为开元寺。历代又多次修建。开元寺是闽南现存众多木构古建筑中年代最久、规模最大的建筑,在我国建筑史上有独特的文化价值。其特点主要有两个方面:(一)继承传统又不囿于传统,大胆突破创新。既有浓郁的中国古代建筑的传统韵味,又有鲜明的闽南建筑风格。开元寺占地约50亩,中轴线上的建筑依次为紫云屏、天王殿、拜院、大雄宝殿、甘露戒台、藏经阁等,前殿后坛,左右通以长廊。寺内殿阁坛塔布局严整,主从有致。其宏伟的规模、非凡的气势、严整的布局,皆得之于我国传统建筑之精髓。开元寺虽然主体为明代所建,但在闽南民风笃厚嗜古的特殊环境中,它蕴藏着醇厚的唐风宋韵。比如,南北朝始建佛殿总是前塔后殿,以塔为中心;唐代佛殿成为主体,殿侧建塔成为通常做法,开元寺整体平面正是这一时期的典型。再如,根据宋代《营造法式》中对进深和椽架的规定,开元寺大雄宝殿的平面布局显然属于宋辽制度。但开元寺最吸引人的还是许多独具匠心的创新。在布局上,揿着拜庭东西两侧有两条各为116米的长廊,共有石柱120根,拜庭和大雄宝殿被东西两条长廊夹护着,好比胁生双翼,使开元寺不因占地广阔而显得孤荒单调,反使中轴线上的建筑更加紧凑对称,主体突出。在造型上,开元寺的大殿与一般在檐椽上加飞椽的做法不同,它的檐椽不加飞子;大殿屋顶从两个方向向上的正脊曲线选取方式,在中国建筑中是绝无仅有;大殿正脊两端高高翘起成燕尾形,龙蟠凤栖,只只鸽子轻落径脊,这些巧夺天工的脊饰,正是闽南建筑的代表。在用料上,大殿的建筑设计应有100根柱子,但为了奉置佛像,采用了偷槽减柱的方法,所以虽号称"百柱殿",实际只有86根柱。在构架上,大殿的处理手法极其恰当地适应了建筑平面和空间上的功能要求,穿斗草架、平棊天花、等高铺作及柱网的组合等,博采众长,既产生了殿堂建筑庄严壮观气氛,又体现了厅堂建筑结构稳定的优越。(二)将雕饰艺术与构造技术巧妙地融为一体。开元寺就是一个雕饰的艺术大观园,其形式之多样、技法之娴熟、材料之丰富、内容之广泛,是无与伦比的。这些雕饰决不是游离于建筑之外的艺术,而是整个建筑体系中不可或缺的有机组成部分,艺术装饰和实用功能天衣无缝地结合在一起,充分体现了福建工匠的睿智。在寺中参观,就等于在参观一座精美的艺术馆,处处令人目不暇接。天王殿屋脊正中有一座五层小宝塔,屋脊两端的鸱尾处,有两条腾跃的小龙朝向宝塔;宝塔下有一颗火焰宝珠浮在波浪上,两旁有两条大青龙直奔宝珠。屋脊的其余部分缀满了鸡、象、狮、马、博古、花卉等五彩缤纷的雕饰;檐柱上的斗拱雕纹绘彩,金翅鸟形的"雀替"振翼展翅;两根大石柱上装嵌着两条滚龙形斗拱,每条龙的爪中都抓着一颗金光灿灿的明珠。月台三边的壁面束腰部分嵌着人面狮身青石浮雕72幅,有的鬣毛蓬松,有的发结旋螺,有的双耳垂肩,有的昂首呲牙,有的爪持莲花,有的回头顾盼,出神入画,风情万千,这是宋元时期泉州港在中外经济文化交流方面的珍贵史迹,是我国佛教建筑中绝无仅有的雕饰。大雄宝殿后廊檐下正中两根16角形的青石柱,共刻有24幅印度教大神克里希那的故事和花卉卷草图案,这些元朝遗留下来的保存完好的印度教石刻珍品,即使今天在印度也难看到。大殿梁柱上雕刻着24尊"飞天伎乐",分成两排,面面相对,是迦陵频舞的一种队形。"飞天"为人首鸟身的美丽女神,背生双翼,手执乐器或供品,袒胸露臂,体态轻盈,双臂平伸,长裙飘举,头上各戴美丽花冠,花冠恰好承托住建筑物的梁架和斗拱,既是艺术装饰,又是梁柱结构的重要部件,二者天衣无缝地结合在一起,其构思之巧妙,手法之高超,为国内同期建筑罕见。戒堂上的立柱斗拱和四面铺作桁梁之上,亦有24尊木雕的飞天乐伎,一个个身上飘带飞舞,吹奏着具有闽南地方特色的各种乐器,从四面八方趋向中心,它除了有装饰性和实用性外,还是研究泉州地方古典音乐珍贵的形象资料。西塔边的麒麟壁也是罕见的壁雕艺术,中间一匹高2米、长4.8米的大麒麟在奋蹄向前之时回首顾盼,地上散落元宝、莲花等吉庆祥瑞之物,两块壁面是用陶土烧制的蜂猴(封侯)、磬瓶(清平)等含有吉利意义的物类。壁的两端是耳屏,右屏上是一肩扛扫帚的道童,表示除污驱疫;左屏上是一手执芭蕉叶的道童,表示迎喜纳福。壁上的各种图雕,是我国古代人民将美好愿望与宗教信仰结合的一种表现。

位于泉州涂门街的回教寺院清净寺始建于北宋大中祥符

二年(1009年),是我国现存最古老的一所伊斯兰教寺。寺现有平面呈方形,占地约2500平方米。这座阿拉伯穆斯林在中国创建的古建筑所以成为我国建筑史上珍宝,除了年代久远外,还在于它以中世纪伊斯兰教寺的建筑风格为主,在许多建筑部位上又带有中国传统建筑的技艺。比如,其第一拱门顶部为穹形结构,用辉绿岩石刻拼砌成放射线的图案,象征宇宙的无限威力;第二拱门用花岗岩石刻拼成如蜂巢网状的小尖拱,层层叠叠,组成穹顶结构,象征无上崇高;第三、四拱门之间的甬道上方罩着一个完整的砖砌的圆形拱状顶盖。门楼整条甬道的东西两壁上还凹砌六座尖弓状顶盖的壁龛。这种形式的寺门楼,基本保持着1310年艾哈玛德或1350年金阿里重修时的中世纪伊斯兰教寺的建筑风格。但这三层穹窿顶的设计和砌筑方法,则是中国传统的状如井干形的天花板"藻井"的变异。这种流行于全国大部分地区的"藻井"为方形、多边形的凹面,上有各种花纹、雕刻和彩绘。其上层穹窿顶每一块弯弧形石刻都是预先精工细雕使成为左右长、上下短的凹弯形,然后砌上去,依次向上递减,直至合尖处的垂莲为止。第二层的穹窿仅用三段白花岗石板,琢成半圆形,上饰以龟纹图案,其下则另砌以垫石。这是我国木构建筑的传统形式。其它如石料的雕琢、雕刻的风格等,也与中国传统方式有着密切关系。清净寺的礼拜大殿呈长方形,南北长于东西,礼拜殿的平面远较佛教殿堂灵活多变。这种"宽敞型大殿"的建筑格局,实为公元10世纪以前阿拉伯伊斯兰礼拜大殿的流行模式。

第十一章 经　　济

一　福建经济发展概述

　　福建经济发展较晚。秦以前,福建居住的是闽越族。秦代福建设闽中郡,但福建仍然是闽越族势力范围,这时福建还未得到应有的开发。汉代一部分闽越族被迁至汉地,北方汉族人民纷纷南下,由此加速了汉族和闽越族的融合,闽江流域和晋江流域开始得到开发。晋、南北朝时期,人民开始兴修水利,手工业和商业也有所发展。唐代,随着北方汉族的多次入闽,福建开始得以开发,特别是陈元光治漳,使九龙江流域漳州以南及汀江中、上游地区都得到开发。但福建大多数地方还被广阔茂密的原始森林所覆盖,正如《三山志》卷三十三所载福州未开发时的状况:"始州户籍衰少,耒锄所至,甫迩城邑,穷林巨涧,茂木深翳,小离人迹,皆虎豹猿猱之墟。"唐末五代,王审知治闽,闽江中下游和晋江下游被进一步开发,福建经济有很大发展,据《三山志》卷十、十一载:"伪闽时,垦田一万四千一百四十三顷一十六亩有奇,白配钱二万三百八十四贯四百有奇,斛斗九万二千七百余石。"当时还兴修了一些水利,如福清县大塘等。宋代,福建经济高度发展,人口急剧增长(比唐代增长十多倍),山区被大规模开发(比五代闽时增长1.8倍),农业上实行精耕细作,增加复种指数,以提高亩产量;经济作物如葛麻、甘蔗、茶、荔枝等都得以大规模种植;手工业中,以造船业、制瓷业为最。《宋会要》刑法二之137载:"漳、泉、福、兴化,凡滨海之民所造舟船,乃自备财力,兴贩牟利而已。"当时造船业十分兴盛,私家和官府都在福州等地设置船场。福建是宋代印刷业的重要中心之一,"夫宋刻书之盛,首推闽中,而闽中尤以建安为最"(《书林清话》卷二)。宋代海上交通和贸易也十分兴盛,泉州遂成中国最大商港。元代福建航运业进一步发展,泉州港盛极一时,福建成为元王朝主要对外通商口岸。经济作物在农业中比例进一步增大,如棉花(也称木棉)种植较为广泛,茶叶生产也倍受重视。明代出现著名的私人贸易港口——漳州月港,私人海外贸易规模庞大,由此又进一步促进了手工业发展,如明代民间纺织业普遍发展,出现了机织手工业,还出现了集中生产的工场、作坊,称为"机房",已具有明显为市场生产的商品经济性质。随着人口的不断增加,福建开始向台湾移民。清代,福建海商不顾统治者的禁海令,顺应商品经济的历史发展趋势,对福建的经济发展与国内外商品流通起了促进作用。随着福建人口剧增,再次掀起向台湾移民高潮。清代后期,商品经济进一步得到发展,并出现了近代工业的萌芽。

二　福建经济特点

纵观福建古代经济发展的历程,其最主要特点,有以下几方面。

经济开发的多样性。这是主要的特点。福建地狭人稠,早在宋代,福建就因人口增殖太快而出现了过剩,"闽、浙之邦,土狭人稠,田无不耕"(《东涧集》卷十三)。一方面适于耕种良田少,但另一方面,山区资源、海洋资源十分丰富,因此除了发展农业外,还要开发山区矿物资源、森林资源、竹木资源、水利资源及海洋资源,要全面发展矿冶、造纸、制茶等手工业生产,种植业、手工业、渔业、海上贸易等形式互为补充,不可或缺。

海外贸易的兴盛。福建地理位置有两个特点,一是由于多山被称为"东南山国",在我国大陆沿海各省中,福建山地所占比重最大,地势也最高;二是东临大海,漫长的海岸线长达3324公里,其曲折程度为全国第一。众多港湾中,其中有不少是我国罕见的天然深水良港。这种独特的地理环境,使福建与海外联系比与内陆联系更为便利。因此,长期以来,福建对外贸易在福建经济发展中占有举足轻重的地位。其特点如:(一)悠久的历史。早在魏晋南北朝时期,福建跟外国已有商船贸易往来。如据《续高僧传》卷一载,印度僧人拘那罗陀两次往南洋,都是从泉州乘大船出发。《后汉书·郑弘传》载:"旧交趾七郡,贡献转运,皆从东冶,泛海而至。"可见当时福州已成为海上运输的很重要的港口和转运站。唐代福建海外贸易开始兴起,泉州港为唐代四大贸易港之一。五代时,王审知为鼓励海外贸易,特开辟了甘棠港,还特设榷货务,以专门处理外商贸易事务。随着泉州港地位的日益重要,宋代朝廷在泉州设市舶司,"苍官影里三洲路,涨海声中万国商"(《舆地纪胜》卷一百三十四引陈谠《贺韩尚书》)的诗句形象地描绘了泉州港的繁华。元代政府在占领泉州后的第二年,便在泉州设市舶司。元代泉州港成为中外海上交通枢纽,被称为"东方第一大港"。正如泉州人庄弥郡在《罗城外壕记》中所记:"四海舶商,诸番琛贡,皆于是乎集。"福州、漳州也都有开往海外的航线,海外贸易十分繁忙。明代,福州港曾成为海外贸易的中心,统治者为维护朝贡贸易而在沿海实施海禁,这就出现了专门从事海外私人贸易的漳州月港,并盛极一时,以至明王朝不得不对此承认,并在月港改设督饷馆。清初,厦门港崛起,特别是统治者开了海禁后,福建对外贸易迅速发展,与东南亚各国贸易也更加频繁。福建对外贸易长盛不衰,除了地理原因外,还与四个方面有关:一是福建人多地少。正如顾炎武《天下郡国利病书》(《明经世文编》卷四○○)所云:"闽地负山滨海,平衍膏腴之壤少,而崎岖硗确之地多",人民"非市舶无以助衣食","恬波涛而轻生死"。对外贸易已成为影响人们生活的一件大事。二是早期统治者重视。如唐代政府对海外来华商人在经济利益上予以保护,唐文宗《太和八年疾愈德音》(《全唐文》卷七十五)载:"除舶脚收市进奉外,任其来往通流,自为交易,不得重加率税。"王审知也很重视发展海外贸易,据《琅琊王德政碑》载,王审知采用了种种便利条件鼓励海外贸易。宋、元统治者也都重视海外贸易,如宋代泉州市舶司官员每年都举办祈风仪典,并出资犒设蕃商。元代市舶司则常举行祭祀海神仪式。三是历次朝廷更换都没有波及于此。如宋初宋太祖在京师置榷易院,负责管理泉州等地海外贸易,福建海外贸易没有因统治者更换而受到损害。元初,独揽市舶司大权的泉州蒲寿庚弃宋投元,使泉州港没有因政权更换而受到丝毫影响。四是对外贸易的经营方式多样,互为补充。既有官府经营,也有私商经营。如宋元两朝,官府经营以对方"朝贡",我方"回赐"形式出现。私人贸易主要有官僚权贵和民间商人两种。至明代,统治者实施海禁,规定寸板不下海,却不料反而刺激了私人贸易的发展,他们"舍死趋之如鹜","宁杀其身,通番之念愈炽"(胡宗宪《筹海图编》卷十二)。形成了强大的私人海外贸易集团。明末,福建对外贸易权则为郑氏海商集团所垄断。(二)建立贸易关系的国家和地区广泛,在中国海外贸易史上占有重要位置。据记载,南北朝时,福建已同林邑、扶南、狼牙修、阇婆、狮子国和印度等国通商,唐代则扩及日本、朝鲜、西亚等地。五代时,闽国海舶北达朝鲜北岛与渤海国、新罗国等交往;南达南洋群岛,与印度、三佛齐、阿拉伯等交往。宋代福建海外贸易的范围进一步扩大,遍及东亚、南海、南亚、阿拉伯、非洲、欧洲。据赵彦卫《云麓漫钞》载,当时福建市舶司常到诸国舶船有31国,即:大食、嘉令、麻辣、新条、甘杯、三佛齐、真腊、三泊、绿洋、登流眉、西棚、罗斛、蒲甘、渤泥、阇婆、占城、目丽、木力干、胡麻巴洞、宾达浓、新洲、佛罗安、朋丰、达罗啼、达磨、波斯兰、麻逸、三屿、蒲哩噜、白蒲迩、高丽(转引自唐文基主编《福建古代经济史》第363页,福建教育出版社1995年出版)。据当时任泉州市舶提举赵汝适撰《诸蕃志》统计，宋代与福建有贸易关系的有58个国家和地区。元代，与福建有贸易关系的国家和地区增至一百多个。明代，贸易对象主要是南洋各国和日本。清代，福建与东南亚诸国贸易愈加密切，据《厦门志》卷五载，仅从厦门前往东南亚的，就有"噶剌巴、三宝垅、实力马辰、㻑子、暹罗、柔佛、六坤。宋居胜、丁家卢、宿雾、柬埔寨、安南、吕宋诸国"等。(三)对福建经济产生了多方面影响。第一，促进了福建手工业和农副产品的发展，缓解了社会就业矛盾。福建造船业历史悠久，福建的陶瓷品、纺织品、金属及其制品，及糖、盐、茶等都是福建对外贸易的紧俏商品，这些与海外贸易有关的行业长盛不衰，不仅满足了外销，还成为解决福建人稠地狭的好途径。第二，输进大量的舶来品，引进了新作物品种，丰富了福建人的物质生活。宋元时代，福建海外贸易输进的主要是香料和药物，此外还有各国纺织品，进口槟榔、波萝蜜等食品。明清时代，福建从海外进口商品种类繁多，据张燮的《东西洋考》中载，有100多种，可归为手工业品、农副产品、皮货海产、矿产品、香料宝货等几大类。其中烟草、甘薯的输入，对福建的社会经济产生了深远的影响，甘薯由此成为福建人民赖以生存的重要粮食之一。第三，增加了福建的财政收入。特别是宋元时代，福建市舶司除了"抽解"外，还将一些货物就地拍卖，得到了巨额收入，成为福建财政收入的重要来源，正如南宋泉州太守真德秀说："惟泉为州，所恃以足公私之用者，番舶也。"(《真文忠公文集》卷五十)

与台湾贸易交往密切，促进了两地的经济发展和繁荣。早在魏晋南朝时，福建与台湾就有经济上的联系。到宋元时期,闽台贸易已较为频繁。据朱景英《海东札记》卷四载:"台地多用宋钱……家僮于笨港口海泥中得钱数百,肉好深翠,古色好玩,乃知从前互市,未必不取道此间。"货币流通可直接反映商品流通情况,可见当时贸易已有一定规模。当时澎湖屿与闽贸易也十分密切,如何乔远《闽书》卷七引南宋《清源志》载:澎湖"城外贸易数十艘,为泉州府"。元末航海家汪大渊曾亲临澎湖屿,其《岛夷志略》记载:"工商兴贩,以乐其利。"澎湖屿还出土了大量的福建陶瓷和宋钱,从中也可看出宋元闽台贸易交流的频繁。明清闽台贸易进入了一个新阶段。明代中叶曾因倭寇骚扰而朝廷实行过海禁,但两岸贸易关系仍然存在。荷兰殖民者占领台湾时期,闽台贸易不仅没有停止,台湾还是与南洋贸易的中转站。郑成功收复台湾后,台湾进入与福建直接贸易阶段。永历二十八年(1674年),郑经占领福建沿海各地,闽台贸易更为密切。清代康熙二十二年(1684年),清朝统一台湾后,于第二年解除海禁,闽台贸易进入繁荣阶段,特别从雍正三年至嘉庆初年(1725-1796年),台湾海峡出现"舳舻相望,络绎于途"的盛况。闽台经济贸易的特点主要有四:(一)双方长期互补在贸易初期就明显地表现出来。宋元时期,台湾土著因缺铁而贵铁,闽地商人船到时,土著竞先将食物求易钉铁。元代福建商人将土珠、玛瑙、金珠及处州(今浙江丽水)的瓷器运往台湾,与当地居民交换沙金、琉黄、麂皮等土特产。正如汪大渊在《岛夷志略》中载:"地产沙金、黄豆、黍子、琉黄、黄蜡、鹿、豹、麂皮,贸易之货,用土珠、玛瑙、金珠、处州瓷器之属。"明代,福建商人仍运载玛瑙、瓷器、布、盐、衣服等到台交换鹿脯、鹿皮、鹿角等土特产。荷据时代,福建商人带着米、面粉、瓷器、茶、白糖、白蜡、生丝、丝绸等,到台湾交换鹿皮、鹿脯、咸鱼及胡椒等。清代,福建商人以农具、耕牛、布匹、陶瓷、纸张等运台,台湾则向福建输入粮食、砂糖、藤、鹿脯等。互通有无,以济所需。(二)多渠道的贸易。由于诸如"海禁"、官控等多种因素的影响,闽台贸易一直是以多渠道形式进行。总的有合法贸易和违禁走私贸易两种,其中合法贸易又分官商和民商。违禁走私贸易形式多种,如行贿走私、渔船走私、官兵"夹带贩私"等。(三)多港口的对渡。宋代闽台贸易是在福建泉州港和台湾北港进行。明代拓展到漳州的月港、晋江的安平、惠安的獭窟、厦门附近的嵩屿、浯屿、曾厝垵和台湾的鸡笼、淡水等地对渡。清代除了福建厦门与台湾鹿耳门港之间对渡外,又拓展了福建蚶江(泉州港)与台湾鹿港(彰化)之间的对渡,福州五虎门与台北八里垒对渡等。多港口的对渡,进一步促进了闽台贸易,繁忙之时行驶在台湾海峡的闽台货船多达千余艘。(四)郊行的兴盛。清代闽南和台湾都出现了经营海峡两岸贸易的商业组织——郊行,一般由十多家或几十家商行组成,如台湾鹿港先有专门与泉州做生意的泉郊,专门和厦门、金门、漳州做生意的厦郊,以后则有八大行郊,即泉郊、厦郊、南郊、布郊、糖郊、油郊、簸郊等,其中泉郊最盛时商号达二百余家。福建对台贸易的商人,也有郊行组织,如厦门有台郊,泉州有鹿港郊。据庄为玑、王连茂编的《闽台关系族谱资料选编》(福建人民出版社 1985 年版)介绍,仅泉州鹿港郊一途,道光年间即有商行 46 家。闽台两地的郊行组织,对海峡两岸的经贸交流起了积极的作用。

始终活跃着规模庞大的商人队伍,推动了福建经济的发展。闽人善贾与闽越人习俗有关,正如唐人独孤及称:"闽越旧风,机巧剽轻,资货广利,与巴蜀埒富。余善之遗俗。"(《闽中金石志》卷一)中国古代重农抑商,士农工商"四民"之中,商人被排在末位。但在福建,商业活动却一直很活跃。福建商人有五个特点:(一)从商历史悠久,人数众多。早在南朝陈代,福建尚未开发,长乐人严恭即携钱5万,闯入扬州,开设写经坊,并将所赚钱财运回家乡。唐开元二十一年(733年),福州唐益谦到安西四镇(今新疆境内)经商,带回一批奴婢、马、驴和货物返回福州。唐末五代,闽南一带商贾兴盛,如永春商人"能贾善贾","以陶瓷铜铁,贩运番国,取金贝而返"(永春《留安刘氏族谱》、永春《蓬莱尤氏族谱》,转引自《近代旅日华侨与东亚沿海地区交易圈》,厦门大学出版社1994年版)。宋代福建海商极为兴盛,正如苏东坡所言:"福建一路,多以海商为业。"(《苏东坡集》卷六《论高丽进奉状》)凡沿海地区,争相以舟船贩货。《宋会要辑稿》刑法二载:"漳、泉、福、兴化,凡滨海之民所造舟船,乃自备财力,兴贩牟利。"明清时期,由于沿海人口向海外流动与山区农民向外省迁移,形成了大量从商者,正如《漳州府志》卷三八《民风》所载:"商其利而农渐死。"从商人数不断增加,农民"辄弃耒耜而从之"。(二)从商者以血缘为核心,家庭式经营较为普遍。为了更好管理,福建不少商人实施家庭性经营。据有关族谱宗亲资料统计,早在唐代,福建就有氏族经商的传统,永春颜氏家族从商者约占总数40%(参见市川信爱、戴一峰主编《近代旅日华侨与东亚沿海地区交易圈》,厦门大学出版社1994年版)。据清代蔡仕兼《西山杂志》中记载,唐贞观年间(627—649年),晋江商人林知慧就开始到亚非进行贸易,唐玄宗开元八年(720年),其曾孙林銮按其先人航线到勃泥(今加里曼丹岛西岸)贸易,唐僖宗乾符间(874—879年),林知慧九世孙林灵造大船百艘与东南亚通商,林氏成为闽南一大海外贸易世家。据陈支平《明清时期石狮人的儒商性格——以石龟许氏为例》(高铭群主编《石狮商工文化研究》,厦门大学出版社1995年版)介绍,从修纂于清代雍正年间的石龟《许氏族谱》中可看出,该家族不少子弟从商执贾,父业子承,形成风尚。致富后,能和睦乡里,贡献于家族。在商业发达的晋江一带,家庭式经营更为普遍,正如傅衣凌所言:"他们经常是全村经商,每每携带乡族之人偕行。"(《明清时代商人及商业资本》,人民出版社1956年版)

(三)以地缘为凝聚力。福建商人在外从事商业活动时,为了互相依靠,往往组成各种商帮。最有影响的如闽南商帮和福州商帮。相对来说,闽南商帮对海外贸易活跃,福州商帮则在大陆贸易活跃。闽南商帮由于控制了航海业,所以在对海外贸易方面掌握了主动权。闽南人口密集,粮食短缺,不少人便结伴冒险渡海,到海外经商。他们在经商过程中以闽南网络为中心,靠此收集商业信息,并代为解决商品和金钱方面纠纷等,如长崎闽南帮名单中,记录了陈氏泰益号、梁氏和昌号、郑氏永记号、林氏振利号、万氏震丰号等5家商号及其家属共58人,按籍贯分,其中泉州府为52名,故也可称为泉州帮。(参见《长崎福建帮零星名册的探讨》,何绵山等主编《闽文化研究》,天津古籍出版社1994年版)福州帮的名目繁多,最多时达200多个,如纸帮、木帮、油帮、茶帮、果子帮、锡青帮等,各帮都设有自己的办事机构。其中资力最雄厚的如茶帮,在福州有固定牌号的约40余家,每家资金从数万元至数十万元不等。(四)面广货足。宋代,福建商人足迹已遍布全国沿海各地,明清之际,更是渗透至全国各地。如仅苏州一地,福建在此经营主要有漳州、泉州、兴化、福州、邵武、汀州等地商人,且各有各的货源,如上杭商人售卖纸张,兴化商人贩糖、桂元。(五)地位独特。古代商人地位最低,一旦从商,则不得仕宦为吏。但在福建,商人都有一定影响和势力。除了以上两大商帮外,福建还有兴化、沙县、永安、建瓯、建宁、福安、延平、闽清等商帮,其中较有影响的是兴化商帮。据郑桂芳《兴化商帮在福州》(《莆田市文史资料》第二辑)介绍,兴化商帮在福州经营的特点有五:一是所经营的业务广泛,如南北货、食糖、百货、代理商、烟叶、对外贸易、棉布、鞭炮、桔饼等;二是开设钱庄,如仙游林云阶、林阿贵开设天吉钱庄;三是组织运输;四是行帮组织繁多,如经营南北货的有"锦远堂",经营食糖的有"聚星堂",庄客帮的有"致和堂",制造桔饼的有"浚星堂",烟帮有"加兰堂",经纪人有"怀远堂"等;五是帮内活动频繁,以此增加凝聚力,如庆赞、办学、帮助同乡处理疾病丧葬等。由于商人队伍日益庞大和影响愈深,在福建形成了一种势力,使中原那种贬抑商人的传统制度和观念受到强有力的冲击。早在闽国时期,统治者对商人就刮目相看,正如戴显群在《福建古代经济史》(唐文基主编,福建教育出版社1995年版)中所说:"'闽商'借雄厚实力,参与和介入闽国的政治活动和政治斗争。闽国统治者常有借助闽商之力,媾沟与五代中原王朝的往来,甚至以'闽商'作为闽国的使者而'奉表称藩'于五代。闽商人林仁翰、林灵仙曾孙,后事闽王王延曦,曾谋求市舶司之官。"

集市贸易的繁荣。集市贸易是指以农村市场为主的民间贸易,它没有固定店铺,政府不加过问,也不派市官,它与城市贸易互补互促,推动了福建经济贸易的发展。福建集市贸易的特点,主要有三个方面:(一)形式多样,门类齐全。根据各自不同特点,可分圩市、店肆、山市、草市、庙市等。此外,还出现了专业性市场,有专门贩卖牲畜的,如猪墟、牛市等;有专门贩卖农林产品的,如油市、茶市、果市、米市等。聚集货类时间形式灵活多样,如有每旬四集、每旬三集、每旬二集、每旬一集、六天一集、一年一次(每次天数不等)等。一些贸易随着时间的变化,内容也发生了变化。如庙市在宋代原是各寺僧人利用佛祖诞生日等宗教节日举行的盛会,由此销售商品,增加寺院收入。至明清,已不仅仅是僧人把持,而是以神会形式出现,如嘉庆《崇安县志》卷一载:"乡村神会各赛其土神,建醮演剧,赶会贸易,远近皆至,百货俱集。"一些圩市已不仅仅是贸易,也具有浓郁地方特色的民俗现象。如崇安县一年一度的"柴头会",规模盛大,包罗万象,其形成的原因,据龚少峰在《武夷山市"柴头会"研究发轫》(《闽台岁时节日风俗》,陈国强主编,厦门大学出版社1992年版)介绍,它与农业时令、交通状况、自然崇拜、道教传播等有着密切的关系。(二)分布面广,形成一个自然网络。福建集市贸易的分布与以下两个方面有关:第一,由经济繁华城市向周围辐射。如福州和泉州是宋代福建经济中心,四周出现了许多集市贸易,据傅宗文《宋代草市镇研究》(福建人民出版社1989年版)统计,宋代福州辖区的圩镇草市如闽安镇、闽县城外草市、石溪市、侯官城西草市、侯官镇、海口镇、渔溪市、水口镇、鸡莱镇、黄崎镇、烽火镇、莆门镇、南北镇、白沙市、关棣镇、北交镇、三砂镇、白沙镇、北岭镇、硖口镇、连江镇、飞泉镇、永泰镇、葛岭、登冲市等；泉州辖区的圩镇草市如：大盈驿、溜石镇、围头市、法石港、后渚港、磁市、濠市、谢店市、五店市、赤店、池店、畲店、新店、石井镇、刘店、潘山镇、陈店、江市、丘店、许店、徐店、张店、洛阳市等。虽然这里统计的不一定精确，但与当时其它州府辖区的圩镇草市相比，福州、泉州辖区占绝对优势是显而易见的。第二，凭借水路网络和交通要道的优势布市。货物运输是集市贸易极为重要条件，福建交通不便，因此圩市总是先在那些交通便利地点形成。如仙游县枫亭草市地处沿海交通主干道，船舶云集，正如《螺江风物赋》所载："遐珍远货，不可殚名者，无不辐辏于南北之贾客。""舳舻衔尾，风涛驾空"，一派繁忙。再如汀州地处闽、粤交通要道，水路有汀江，陆路可直通赣南、虔州等地，交通便利，因此集市贸易也十分繁盛。以其所在方位、距离上看，分布也较为均匀，据宋理宗开庆元年(1295年)的《临汀志》载录25处。其如长汀县：杉岭市(西5里)，何田市(南45里)，成功圩(西南100里)，谬屋圩(西南85里)，南温圩(西南120里)，归化圩(东70里)，三州圩(南65里)，单溪圩(南120里)，蘘荷圩(南140里)。宁化县：中沙圩(北30里)，石壁圩(西40里)，鸟村圩(东北50里)，安东圩(西南90里)，滑石圩(西南70里)。清流县：白石圩(北5里)，吴地圩(东北40里)，廖源圩(东南50里)，清口圩(北40里)，浮竹圩(东北80里)，长刎圩(东北30里)。莲城县：吕溪圩(南60里)，北团圩(北35里)。上杭县：浊石圩(北80里)。武平县：

东坑圩(东35里),大洋圩(西45里)。(三)不少集市最终发展为镇、县。如唐代的永贞、黄连、归化三镇,及梅溪、感德、归德、大同、桃林、武德六场,先后升为罗源、建宁、泰宁、闽清、宁德、德化、同安、永春、长泰九县。宋代也有不少场上升为县,如上杭场于宋淳化五年(994年)升为县,宋元符元年(1098年)莲城村升为莲城堡,绍兴三年(1133年)升为莲城县。集市上升为镇、县的原因很多,除了成为当地的商业和交通中心外,还具有其它一些功能。一是办学功能。宋代就有不少以书院形式出现的草市镇学校,如建阳县麻沙镇的瑞樟书院,书市崇化里的同文书院,莆田县涵头镇的涵江书院,南安县石井镇的石井书院等。二是娱乐功能。宋代刘克庄曾住于莆田县城北后埭草市,他的不少诗记录了草市中傀儡、杂剧、砑鼓和小儿队的种种演出,可见当时草市中的娱乐活动已有相当规模。三是休闲功能。不少村民把集市作为休闲的场所,如黄仲昭《八闽通志》卷一四引北宋黄伯原描写邵武县椒屯圩的诗句:"乔木村墟十里秋,鱼盐微利竞蝇头。平坡浅草眠黄犊,小渚轻波泛白鸥。竹外客喧山市散,柳阴人醉酒旗收。清幽仿佛西湖上,惆怅归来独倚楼。"作者把圩市当作山村风景画欣赏,表达了一种闲逸的心境。福建集市贸易对福建经济的影响是多方面的:一是调剂了农民的经济生活;二是推动了技艺劳动的发展;三是促进了商贩的频繁活动,由此把本地区的经济与外地联系起来。

寺院占有大量土地,寺院经济在福建经济中占有重要比重。福建在唐代才开始开发,但唐懿宗时(860—873年)寺院就有120所之多。至唐末五代,仅福州地区就增建佛寺267

第十一章 经济

所。当时许多寺院在建寺之初即占有相当一部份膏田,如唐咸通十一年(870年),大地主蓝文卿捐田7000余亩给雪峰寺,同年莆田龟洋建院9座,拥有茶园千亩。闽王王审知施给古山涌泉院僧田84000亩,后周显德年间(954—959年),五代清源军节度使留从效于泉州建南禅寺(即后称为"承天寺"),置僧田九百石。五代时,"伪闽以八州之产,分三等之制,膏腴者给僧寺道观,中下等者给土著流寓"(《建炎以来系年要录》卷五十六)。宋元福建寺院经济在全国居首位,其原因是僧尼在免赋役方面享有特权,不少人入空门借寺院保产业。正如《文定集》卷十三载:"家有三丁,率一人或二人舍俗入寺观。"宋朝廷的赐予、信徒施舍及从民间购买等多方面渠道,使宋福建寺院所占田产数量激增,如莆田囊山慈寿寺,原为"延福寺",唐僖宗李儇赐名"慈寿寺",并赐田以供香火。宋太祖乾德二年(964年),统治泉漳的平海节度使陈洪进又拨给金坛庄田20顷。再如漳州地区,寺院占有的田产在全部田产的70%以上,正如陈淳所言:"举漳州之产而七分之,民户其一,而僧户居其六。"(《北溪大全集》卷四十三、四十四)《三山志》卷十载宋孝宗淳熙年间(1174—1189年),福州田亩总数4263318亩,僧道占532416亩,占总田亩比例12.5%。按比例,淳熙时福州每一僧人占田36.43亩。元代福建又重修大批寺院,一些大寺的发展,超出唐宋规模。元代福建寺院占田极多,与宋代相比,赋税全免,所以元代福建寺院经济条件更优于宋代,元代寺院开始大量兼并土地。《漳州府志》卷三载:"书院毁于兵,而地归浮屠氏矣。"《兴化府莆田县志》卷九载:兴化诸学田,"至元时浸没于浮屠豪右"。《延平府志》卷十九载:南剑州学田,"久籍于僧寺"。明清两代,僧田占有特殊地位,明人蔡清在《民情四条答当路》中云:"天下僧田之多,福建为最。举福建又以泉州为最,多者数千亩,少者不下数百。"(同治《福建通志》)《福建经济发展简史》(厦门大学出版社1989年版)中指出:"明清时代,福建僧道寺观占田在全国是一个突出的现象,故旧志中有的把僧田划为一个独立的部分,而与官田、民田相并列。"福建寺院占有大量土地,对福建经济产生了不小影响,在福建本来就有限的土地中,寺院田占有过大的比例,对整个社会农业生产的发展不能不有所限制;第二,寺院因田产多、产钱多而赋税重。据游彪《论宋代福建路的寺院经济》(《中国史研究》1991年1期)统计,宋代福州地区寺院共1473所;按产钱5贯以上仅43所;1至5贯341所;500至1000文320所;100至500文554所;100文以下183所;无产钱32所。由此,福建寺院所承担的赋税较为沉重。第三,寺院承担了种种徭役和较多的社会公益事业。福建寺院负责修筑城池、建造桥梁、疏浚河道几成惯例。如宋元丰中(1078—1085年)南平黯淡院僧人负责险滩的开浚疏通;宋大中祥符元年(1008年)起,僧惟真用9年时间治理福清绵亭洋,使之能灌溉40顷的农田;始建于宋嘉祐中(1056—1063年)的莆田太平陂,曾由囊山慈寿寺僧协助重修。福建的许多著名桥梁,也都有僧人参与,如建于宋皇祐五年(1053年),竣工于嘉祐四年(1059年)的泉州洛阳桥,由郡守蔡襄主持,具体负责工程的是僧义波、宗善等人。被称为"天下无桥长此桥"的安平桥,于宋绍兴八年(1138年),由僧祖派发起修筑,僧智渊亦施资捐助,至二十一年(1151年)才由郡守赵令衿续建好。据《福建通志》记载,仅宋一代,由僧人修的桥梁就有101所,如同安的宏济桥,永春的永镇桥,仙游的九座桥、侍者桥,福清的通海桥、石塍桥、无患桥、蹑云桥,晋江的石笋桥、悲济桥,霞浦的赤岸桥,将乐的张坊桥,长乐的灵源桥等。福建僧侣建桥在当时占有相当大比例,如晋江僧侣建桥19座,占总数37.3%;泉州僧侣参与兴建的桥有44座,占总数41%,这在客观上推动了福建经济的发展。

第十二章 科 技

一 闽籍著名科学家概述

福建虽然地处东海一隅，但科技人才辈出，一些人物在我国科技史上占有重要地位。仅宋代，有代表性的就有曾公亮、蔡襄、苏颂、宋慈等人。

曾公亮，字明仲，晋江人，宋仁宗天圣二年（1024年）进士，前后居官47年，毕生为实现强兵富国的理想而奋斗。曾公亮与丁度等人奉敕修撰的《武经总要》，是我国古代一部军事科学的大百科全书，也是世界上最重要的古军事著作之一。此书共40卷，分前后两集，前集20卷，论述军事组织、军事制度、步骑兵教练、行军、营阵、战略、战术、武器的制造和使用、边防地理等。后20卷，记载历代用兵经验，论述阴阳占候，保存了许多珍贵的军事史资料。《武经总要》记载制造火药的三个详细配方（火炮火药法、毒药烟球火药法和蒺藜火球火药法），即以硫璜、焰硝（硝酸钾）、松脂和其它不同的物质按一定的比例和操作程序制成不同用途的火药，是世界上最早的火

第十二章 科技

药配方和工艺程序的文献,英国当代著名中国科技史专家李约瑟博士对《武经总要》中火药的记载予以高度评价。《武经总要》记载的许多新式火器,如火箭、引火球、蒺藜火球、霹雳火球、铁嘴火鹞、竹火鹞、毒药烟球等,对现代武器的产生有或多或少的启发,如一种以石油制品"猛火油"作为燃料的原始火焰喷射器"猛火油柜",为现代火焰喷射器的前身。书中记载"指南鱼"的制作方法,是世界上利用磁场进行人工磁化的最早记载,可见我国早在公元11世纪就已掌握了地磁倾角原理,并能用以制造指南仪器。而欧洲至1544年才由德国人哈特曼发现地磁角。明代嘉靖年间,晋江人俞大猷在抗倭战斗中运用前人兵法,总结自己经验,将老师赵本学著的《韬钤内外篇》及自著《兵法发微》、《剑经》等合编为《续武经总要》,亦为我国重要的军事学书籍。

蔡襄,字君谟,仙游人,宋仁宗天圣九年(1031年)进士,曾任福州、泉州、漳州等地郡守。蔡襄对福建科技的贡献是多方面的。第一,兴修水利工程。在泉州洛阳江入海口的江面,用六年八个月时间,建造了著名的洛阳桥,开创了在江水入海口上架桥的先例。第二,促进福建茶叶的发展。蔡襄亲自监制建宁府建安县的北苑贡茶,改造了北苑茶的品质和花色,选择鲜嫩茶芽,将过去八饼为一斤的茶饼改为二十饼为一斤的"小龙团",使建安北苑茶名誉满京城,建宁府建安成为全国制茶和茶学中心,推动了福建茶叶的发展。为了推动闽中茶叶发展,蔡襄写成了我国继陆羽之后的又一部茶叶专著《茶录》,论述了茶叶品质、茶叶保存、品评方法、制茶工具、品茶器具等,书中所列制茶、品茶工具如茶焙、茶笼、砧椎、茶钤、茶碾、茶罗、茶盏和茶匙等,均为研究茶叶科技史的珍贵史料。第三,撰写《荔枝谱》。蔡襄在为官之余,曾命画工根据不同品名荔枝写生,收集既多乃作此谱。书中详叙荔枝的品种、分布、栽培、鉴定、品评、加工、贮存和防治病虫害等方法,对一些珍贵荔枝品种,无不予以恰到好处之品评,详述荔枝以此书为始。故后人称蔡襄的《荔枝谱》不仅为我国第一部果树志专著,也是流传下来的世界上最早一部果树栽培学著作。

苏颂,字子容,泉州南安人,北宋庆历四年(1044年)进士。《宋史·苏颂传》称他"自书、契以来,经史、九流、百家之说,至于图纬律吕、星历、算法、山经、本草,无所不通。"英国著名中国科技史专家李约瑟博士称苏颂是中国古代和中世纪最伟大的博物学家和科学家之一,是一位突出的重视科学规律的学者。苏颂对我国科技的贡献,主要表现在天文学、机械制造学、药物学三个方面。苏颂撰述的《新仪象法要》,是我国现存最详尽的古代天文仪专著,集中反映了11世纪我国天文学领域的新成就。全书分三卷,卷上说明浑仪的设计、构造及其发展史;卷中介绍浑象的由来、设计、构造和星图;卷下描述水运仪象台的总体与分体的构造、功能及工作情况。全书共有64幅图。苏颂主持创制的水运仪象台,把浑仪、浑象和报时装置结合在一起,并以水力驱动,通过多级齿轮变速、传动系统各部件,使上述各机构的运转,保持与天上日视运动同步,集计时、天文观测和天象演示功能于一体。李约瑟在《中国科学技术史》(科学出版社1975年版)第四卷中高度评价了水运仪象台,他认为"苏颂把时钟机械和观察用浑仪结合起来,在原理上已经完全成功;因此可以说,他比罗伯特·胡克先行了六个世纪,比方和斐先行了七个半世纪"。苏颂还增补《开宝本草》,并奉旨编撰了《本草图经》21卷,不仅为辨识近似的药物而绘制了近千幅药图,还系统地收录了大量的单方、验方,详述其炮炙、配制的方法和用法,集中反映了北宋中期医学成就。

宋慈,字惠父,建阳童游人,宋嘉定十年(1217年)进士。宋慈一生四度出任刑法官,他根据自己任刑法官所积累的知识,再大量收集了前人的经验,于宋淳祐七年(1247年)写成了世界上第一部系统的法医学著作《洗冤集录》。全书5卷53条(附一章),主要内容分三部分:第一部分是宋代颁行的关于现场勘验、尸体检验的《条令》;第二部分收集了许多丰富的实践经验,论述初检、验尸、验女尸、验腐尸、验无名尸、掘墓、填报尸单等程序,对许多疑似之问,列有详细检验分辨的办法;第三部分论述"辟秽"和"救死",收集了自缢、水溺、渴死、冻死、杀伤及胎动等抢救办法及单方。书中叙述的范围几乎涉及现代法医学的所有分支科目,如内科、外科、妇科、儿科、骨科、解剖、生理、病理、药理治疗、诊断、急救等,具有重要科学价值和应用价值。书中应用外科解剖学提出的科学的辨别、鉴定方法,至今仍有借鉴意义。书中所提供的一些抢救办法及单方,通过证明是可行的,有些与今日人工呼吸法几乎完全一致。书中介绍的致毒症状和解毒方法,一般符合现代毒物学原理,某些还是行之有效的。《洗冤集录》成为当时刑狱官吏和元、明、清三代王朝刑法官必备之书。它比欧洲最早法医学专著还早三百五十多年,被公认为世界上最早的法医学专著,并被译为日、法、英等近十种文字,在世界上产生了广泛影响,宋慈本人也因此被称为世界法医学鼻祖。

福建杰出的科技人才还如:李宏,侯官人,北宋水利专家,经八年时间修筑莆田木兰陂水利工程,使莆田南洋平原成旱涝保收之地。何去非,字正通,浦城人,北宋军事理论家,校《兵法七书》,著《司马法讲义》等。杨士瀛,字登父,三山(今福州)人,南宋医学家,著有《仁斋直指方论》等医书多种,其医说为金、元、明、清以来多数医学界所推崇。朱端章,长乐人,南宋医学家,收集唐宋以来产科经验,辑成《卫生家宝产科方》八卷。李迅,字嗣立,晋江人,南宋医学家,精外科,尤善治背疽,编有《集验背疽方》。刘信甫,号桃溪居士,邵武人,南宋医学家,编有《活人事证方》等医书。邹铉,字冰壑,元代医学家,编有《寿亲养老新书》,论述老年养生,所引方药亦多奇秘。叶汝楠,字子林,瓯宁(今建瓯)人,元代医学家,尤擅痘科,所治全活者众。许宏,字宗道,建安(今建瓯)人,明代医学家,编著有《金镜内台方议》12卷,并将民间本草汤药中有效验方汇集成《湖海奇方》8卷。王景弘,宁洋(今漳平)人,明代航海家,足迹遍30余国。谢杰,字汉甫,长乐人,明代造船专家。熊宗立,字道轩,建阳人,明代医学家,编著各类医书20余种,主要有《名方类证医书大全》等。何朝宗,德化人,明代制瓷艺人,其烧制的瓷雕为中国古代瓷器的上品。王景韩,字逊魏,宁化人,明代医学家,著有《神验医宗舌镜》,叙述舌象100余种。俞良甫,莆田人,明代刻书家,曾东渡日本刻书,传播了中国的雕版技术。谢肇淛,字在杭,长乐人,明代科学家,对天文、地理、水利、农艺等均有研究,其《北河纪略》记载了我国历代治河利病和原委,是明代水利学的重要著述。陈振龙,长乐人,明代农作物引种家,将番薯由吕宋引进福建。其五世孙陈世元编有《金薯传习录》,为我国有关番薯种植的第一部专著。沈佺期,字云又,同安人,明末医学家,曾入台湾施药济众,被誉为"台湾医祖"。游艺,字子六,建阳人,清初天文学家,著《天经或问》多卷。林开燧,字慕我,闽县(今福州)人,清代医学家,其著《林氏活人录汇编》,详述多种病症虚实缓急之脉证病因。陈师镐,字道雍,侯官(今福州)人,清代医学家,专精小儿科,尤善治痘疹。李清时,字授侯,安溪人,清代治水专家,对修坝分洪、利用灌田诸方面多有建树,著有《治河事宜》等。陈念祖,字修园,长乐人,清代医学家,著有《陈修园医书》16种。林作建,字和斋,福州人,清代医学家,对温湿病等有研究,著有《和斋医案》等。沈绍安,侯官(今福州)人,清代民间漆艺家,为福州脱胎器的创始者。魏瀚,侯官人,近代造船专家,曾主持设计第一艘钢甲舰"龙威"号。丁拱辰,字淑原,晋江人,近代兵器专家,曾主持铸造大炮和训练炮手工作,所撰《演炮图说辑要》,为我国近代史上第一部详尽介绍西方军械技术的专著。值得注意的是,除了以上人物外,还有不少闽人留下了丰富的科技文献。以荔枝为例,继蔡襄《荔枝谱》后,明代闽县(今福州)人徐燉撰写了《荔枝谱》七卷,叙述了闽中四郡的荔枝品种(福州 41 种、兴化 25 种、泉州 21 种、漳州 13 种),并叙述了荔枝的种植、食用、保藏、加工等。明代福州人邓道协撰《荔枝谱》,叙述了各地种植荔枝的果农和他自己的经验;清代长乐人陈定国撰《荔谱》,分为辨种、辨名、辨地、辨时、辨核,辨运等六项叙述。清代晋江人林嗣环撰《荔枝话》,叙述了买青苗、采荔枝的习俗等。再以茶为例,宋代朱子安撰

《东溪试茶录》，对建安东溪茶事进行了详细的叙述。宋代建安(今建瓯)人黄儒撰《品茶要录》，叙述了建茶的采制、烹试方法，并指出制茶的疵病和售茶的欺诈。宋代建阳人熊蕃撰《宣和北苑贡茶录》，简述了建安茶的沿革，贡茶的变迁，茶芽的等级。

二　造船技术

造船业在福建有着悠久的历史。古闽越族以"习于水斗，便于用舟"(《汉书》卷六十四)著称。早在石器时代，他们就发明了独木舟。1973年连江浦口公社山堂大队曾发现一只独木舟，长7.10米，前宽1.10米，后宽1.50米，由樟树树干制成。据中国科学院贵阳地球化学研究所对舟体木材测定，其上限为公元前290年，下限为公元前100年。考古学家曾从武夷山白崖岩取下船棺的结构和形式，据福建省博物馆《福建崇安武夷山白岩洞清理简报》(《文物》1980年6期)介绍，"船棺是用两根完整的楠木刳成，通长4.6，通高0.78(盖高0.37，底高0.41米)，宽0.52米，分为棺盖与棺身两部分，盖作半圆形，象征船篷；棺身如棱形，中间挖空，成为长方形的槽，以殓尸体，其首尾两端，上翘如舟"。三千多年前古越族人的舟具生产技术，令人惊叹。正如《越绝书》卷八所记，闽越人"以船为车，以楫为马"。三国时期，孙吴把福建当作造船基地，在福州设立典船校尉，在今霞浦县设立温麻船屯，负责督造船只。孙吴在福建的造船工场规模大，种类多，设备好，所造之船，小曰舟，大曰船。大船一般都以合樟木五板为船底，装载容量在七百石左右，使福建成为当时造船中心。晋后，民间造船取代官府造船，福建造船业继续向前发展。东晋后期，起义军制造了一种高四层十余丈，船底舱为八个隔槽的战舰，在闽南沿海与东晋军相持。南朝时期，福建已能制造远洋木船，驶往印度和南洋。唐代，福州和泉州成为造船中心。天宝年间，泉州等地制造了一批高大华丽的大海船，其长十八丈，次面宽四丈二尺许，高四五尺，底宽二丈，为尖圆形，银镶舱舷十五格，可贮货品二至四万担。当时东渡日本的僧人都设法到福建购买这种大海船。

宋代福建造船业达到新的高峰，以至宋人徐梦莘在《三朝北盟会编》卷一百七十六中惊叹"海舟以福建为上"。宋代福建造船技术在全国居领先地位，故吕颐浩在《忠穆集》"二论舟楫之利"中称："南方木性，与水相宜，故海舟以福建为上，广东、西船次之，温、明船又次之。"1974年8月，泉州东郊后渚港出土了一艘宋代海船，残骸长24.20米，宽9.15米，深1.98米，载重量为370吨左右，为福建当时中型商船。据宋代文献记载和出土的宋代海船实物，可看出宋代福建造船技术的特点：(一)船体规模庞大，载重吨位多。据《宋会要辑稿》刑法2之121所载，当时福建已能建造面宽达8丈以上的大海船。按比例，其船长应为50丈左右，则可推算出载重量当在500吨以上。宋代徐兢《宣和奉使高丽图经》卷三十四中，记述了所征用福建客舟："长十余丈，深三丈，阔二丈五尺。"而使臣乘坐的神舟三倍于客舟，按此，神舟长约40丈，深约9丈，阔约7丈5尺。(二)船型设计合理，在航行中能保持较好的稳定性。徐兢《宣和奉使高丽图经》中指出：福建客舟"上平如衡，下侧如刃,贵其可以破浪而行也"。1974年泉州后渚出土的宋船,船型特点是底尖,船身扁阔,长宽比小,平面近椭圆形。这与宋代文献中有关海船的记载相符。这种面宽底尖的海船,吃水深,破浪性能好,在海中受到阻力较小,航行速度较快,在花费同样材料的条件下,可取得最佳负载能力。由于吃水深,可确保航行中的稳定性。(三)船体结构坚固,抗沉能力强。据《泉州湾宋代海船发掘与研究》(海洋出版社1987年版)中发掘报告所介绍,1974年泉州后渚出土的宋船,船体用材主要为杉、松和樟三种,龙骨用两段松木联接而成,全长17.65米,它由两段粗大松木接合而成,将船头、船身至船尾一以贯之,有力地支撑起来,成为整个船体的主干,在横向结构上,全船设12道隔舱壁,用粗大的樟木制成肋骨附贴在隔舱板与船壳板的交接处,俨然是一个十分坚固的"三角支架",符合现代结构力学和材料力学的构型原理。12道隔舱壁将全船分成十三舱,隔舱板一般厚度为10—11厘米,各舱都有水密设施,当船的一部分受损时,不至影响到其它部分。舱壁近龙骨处都留有12×12厘米的水眼,这是福建船工的发明创造之一。(四)船板联接紧密,用料讲究。如出土的宋船外板采用搭接与平接相结合的方法,船板间用六种类型的铁钉加固,板缝间用麻丝、竹茹和桐油灰精心捣制的舱料粘合,这在今天都不失为一种理想的胶粘剂。由此可见,宋代福建造船技术居世界领先地位,其中水密隔仓结构要比欧洲早一千多年。

元代福建造船业随着海外贸易的频繁而更加兴旺。据《元史·世祖本纪》载,泉州为元代四大海舶建造基地之一,元世祖至元二十六年(1289年)泉州市舶都转运司统有海船1.5

万艘,其中大部分无疑为本地所造。至正年间(1341－1368年),朝廷又在福州设立船场,制造了许多大型海船。福建制造的船只,承担了元朝政府的许多任务,如至元十六年(1279年),忽必烈征日本,至元二十九年(1292年)征爪哇,都下令福建提供大量战船,元朝为解决南粮北运而开辟海路,也依靠福建提供海船。摩洛哥大旅行家伊本·白图泰曾到过泉州,对泉州造船业有着深刻印象,他在《伊本·白图泰游记》中描述过中国船只:"中国船只共分三等,大的称为艟克(复数是朱努克),中者为艚,小者为舸舸姆,大船有十帆,至小是三帆,帆系用藤篾编织,其状如席,常挂不落,顺风调帆,下锚时亦不落帆,每一大船役使千人,其中海员六百,战士四百,……随从每一大船,有小船三艘,半大者,三分之一大者,四分之一大者,此种巨船只在中国的刺桐城(泉州)制造,或在隋尼凯兰(广州)建造……船上皆有甲板四层,内有房舱、官舱和商人舱。官舱的主室附有厕所,并有门锁,旅客可携带妇女、女婢,闭门居住,……水手们则携带眷属子女,并在木槽内种植蔬菜鲜姜。"(转引自汶江《元代的开放政策与我国海外交通的发展》,《海交史研究》1987年2期)当时泉州港是世界首屈一指的通商大港,造船业也必然同步发展。

明代福建仍然是全国造船中心之一,福建造船工业在全国继续居领先地位,据《明成祖实录》卷十九、二十六载,郑和下西洋时,朝廷曾令福建造新船:"永乐元年(1403年)五月辛巳,命福建都司造船三十七艘。""永乐二年……癸亥,将遣使西洋诸国,命福建造海船五艘。"据《长乐县志》载:"明永乐年间,太监郑和通西洋,造巨舶于此,奏改太平港。"据有关文献表明:郑和船队中大多数船舶,特别是大型宝船,应是福船船型。此外,由于抗倭的需要,及官方朝贡贸易和私人海上贸易的兴盛,进一步促进了福建造船业的发展。明代福建造船业特点为:(一)形式多样。有官营、民营、官召商营等形式。其中官营造船业工场规模最大,主要营造战船和册封琉球的"册封舟"。民营造船主要用于贸易和运粮,有时也出售。官召商营,即官方用商人私有资本按政府规定的船形制造运输船,仅用于盐业运输。(二)技术先进。一是船体规模大,性能优良,如战船高大如楼,可载士兵百人以上,明军在海上与倭寇交战时,扬帆猛撞倭船,倭船应声而碎。册封船多次出使琉球,均无舟覆记录。如明代陈侃出使琉球时所乘的座船,长15丈,宽2丈6尺,深1丈3尺,主桅高7丈3尺,前后5桅,共23舱,可载数百人,船上生活设施齐全,犹如一座活动的水上城堡。民用船中的载重量,可达20万斤。二是型号齐全。仅福州船舶就有多种型号,战船如福船、哨船、冬船、鸟船、快船等,民用船如钓槽大船、盐船、渔船、牛船、剥船、白艚船等。三是造船厂家众多,分布广泛,造船手工日趋专业化。福州、漳州、泉州的造船人员互相促进,进一步推动了造船技术的发展。

清初,统治者实施"迁界",打击了福建航运业,造船业也被殃及。后随着海禁松弛和迁界撤消,福建造船业逐渐恢复,厦门成为福建造船中心,造船工人数以万计,建造了数以千计的横洋船、贩槽船、洋船等大型船舰,有的载重量可达八百吨左右。但清政府规定出海航载只许在五百石以下,抑制了造船技术的发展。正如徐晓望在《福建经济发展简史》中指出:外国在造船上采用大量科学技术,这是中国旧式造船业所难以企及的。同治五年(1866年),清政府在福州马尾设计福建船政局,开始仿造新式轮船,共造出兵船32艘,商船8艘,最小载重50吨,最大2200百吨,但此时福建造船业已是强弩之末,所造兵船在中法战争和中日甲午战争中几乎全部被毁。

三 桥梁建造

福建地形多山,江河纵横,又东濒大海,所以桥梁建造一直兴盛不衰,明人王世懋的《闽都疏》中有"闽中桥梁甲天下"之誉。清人周亮工的《闽小记·桥梁》中称:"闽中桥梁最为巨丽。"英国科技史专家李约瑟博士在《中国科技史》中说:中国古代桥梁,"在宋代有一个惊人的发展,造了一系列巨大的板梁桥。特别是福建省,在中国其他地区或国外任何地方,都找不到和他们相比的"。福建古代桥梁无论在长度、跨度、重量、建造速度、施工技术、桥型和桥梁基础等方面,都达到很高水平,在中外建桥史上占有重要位置。

福建古代桥梁建造有以下几个特点。

历史悠久,数量众多。我国现存最古的桥梁安济桥始建于隋代,而福建唐代还处于开发阶段,但已建造出高质量的桥梁。如建于唐大历六年(771年)的福州城门镇连坂村前的连坂桥,全长15米,面宽14.1米,两岸边的桥台呈长方形,均用条石叠砌在直径40厘米的木桩上,两桥台之间架两条大石梁。始建于唐代的福州闽安镇的回龙桥,长66米,面宽4.8米,四墩五孔,全部用花岗石砌造,墩间各铺五根石梁,厚度均达0.8米左右。桥虽经多次修缮,但墩、梁及栏柱等,仍多为唐宋遗物。这种五孔以上的唐桥在中国建桥史上是罕见的。值得注意的是，一些北方极有价值的桥梁随着时间的推移在北方被湮没，但由于中原文化的南移，造桥技术在福建沿播，一些中原样式的桥梁在福建保存至今。如北宋汴梁的虹桥不用支柱，用木梁相接而成，既易架设又便于通航。这种被称为"虹梁结构"的跨长径木桥建筑不仅在中国桥梁史上占有极其重要地位，在世界桥梁史上也是十分罕见的。但由于北宋灭亡后，再也没有发现汴河虹桥的任何记载。而当今有关专家学者在调查时发现福建屏南县的千乘桥类似虹桥的木拱桥。专家认为"这可能是随着宋朝政治文化中心南移杭州，匠人们把建造虹桥的技艺从黄河之滨传到了南方"（潘洪萱《十大名桥》，上海古籍出版社1991年版）。在与福建交界的浙江地段中也发现这类桥梁，从一些桥屋梁上所写工匠名字来看，是出于福建匠师之手。福建古代桥梁之多，居全国前列。据《福建通志》统计，自唐至清代，福建共建造桥梁2694座。这里统计显然不完全，因据《龙岩地方志》载，地处偏僻的龙岩地区古桥就有594座。但仅此数目，也是令人惊叹。这在当时技术条件差的情况下，确实是了不起的成就。

因地制宜，式样不拘一格。第一，从长度上看，有全国最长的，也有最短的。属长桥的，如泉州安平桥长811丈（约2300米），把闽南的安海和水头之间原来以舟渡往来的五里海湾连接起来，被认为"天下无桥长此桥"，在1925年郑州黄河大桥建成之前的七八百年间，它一直是我国最长一座大桥。（也有专家认为，南宋绍兴年间所建的泉州南门外长1000余丈的玉澜桥和长2400丈的苏埭桥的长度均超过了安平桥。）

泉州洛阳桥长360余丈(约1106米)、惠安屿桥长5里许(约2300米),潮平时淹没,潮落时可行人;福州万寿桥长174丈(约522米),福清龙江桥180丈(约553米);漳州府流冈桥长260丈(约799米),虎渡桥长200丈(约614米)。短的桥总长仅3米,如华安华丰镇湖底村的坦弧石拱桥,总长3米,跨度不到1米,小巧玲珑。第二,从用料上看,有以石料为主,有以木料为主,也有石木结合。有石梁桥,如始建于宋绍熙年间(1190—1194年)的漳州虎渡桥;有石拱桥,如建于宋绍定元年(1228年)的建宁镇安桥,最大跨径18米,至今仍通汽车。始建于明成化十九年(1483年)的福清波澜桥,是一座单孔石拱桥,净跨6.6米,宽2.15米,拱高3.3米,站在桥的一端看不到桥的另一端。位于福州八一七南路的薄拱桥(也称"小桥"),始建于元代,跨径7.2米,拱图厚度仅20厘米,比现代桥梁设计理论计算要小得多,至今每天经过桥上车超千辆而无恙,被现代桥梁专家称为奇迹。以木料为主的桥,如古田县鹤塘乡西洋村的沉字桥,建于南宋德祐元年(1275年),桥梁全用水松木架设,经久不腐,保存完整。石木结合的桥,如建宁县伊家乡兰溪村的兰溪桥,建于明嘉靖三十六年(1557年),桥宽6.5米,高12米,长75米。石墩上井字形木架四层,木轴条层出尺许,亘以大木为梁。再如武平县西东留乡的大阳桥,始建年不详,今存为清咸丰五年(1855年)重造,桥身长数丈,宽1丈,巨石砌成的两座桥墩上有数层杉木架构,形似斗拱,风格别致。第三,从样式上看,除了以上提到的虹桥、石拱桥外,还有其它各种样式。有浮桥,如建于明永乐八年(1410年)的建阳县东津浮桥,用三十几根铁索将三十几只大船联为一体。铁索固定在两岸石柱上,使水东与城坊连为一体。福建有许多桥早先都为浮桥,如位于漳州市区南隅的南桥,宋绍兴年间(1131—1162年)始建时为浮桥,于嘉定年间才改为石桥。位于龙海市北溪下游的虎渡桥(也称江东桥、通济桥),于宋绍熙年间(1190—1194年)始建时亦为浮桥。此外,还有样式各异的吊桥、交通桥、独木桥、踏步桥等。

在福建各种样式的古桥中,最有特点的要算是屋桥(也称风雨桥)。即在桥上有桥屋、桥廊或桥楼。正如清代周亮工在《闽小记》中所记:"桥上架屋,翼翼楚楚,无处不堪图画。……第以闽地多雨,欲便于憩足者,两檐下类覆以木板,深辄数尺,俯栏有致,游目无余,似畏人见好山色故障之者。"在闽西,最有代表性的屋桥,如位于连城县罗坊村口的云龙桥,此桥建于清乾隆三十七年(1772年),长81米,宽5米,桥面用鹅卵石铺面,两旁排列64对楹柱,木栏杆外有上下两层木篷雨盖,用以遮风挡雨,桥两端有亭阁式门楼,桥中央建有高10米的文昌阁。位于连城县城城南门外的文川桥,始建于宋绍兴年间(1131-1162年),长50余米,宽4米,桥上架层17间,中间正殿祀观音大士,殿顶为二层式葫芦顶。在闽北,有代表性的如位于政和县坂头蟠溪的坂花头桥,建于明正德六年(1511年),长38米,宽10米,高16米,为楼阁式屋桥,主楼三层,两侧偏楼双层,楼东面为文昌阁,有柱子80根,每合柱上都有楹联。位于光泽县司前溪上的司前棚桥(又名太安蓬桥),清乾隆二十三年(1758年)始建,桥长约100米,宽2.5米,高2米,桥廊两边列椅,可供休息。位于明溪县城东的白沙桥(也称龙门桥),始建于明成化八年(1472年),长50余丈,宽3丈,桥上盖有39间桥屋,当中有一座三层六角楼阁,可惜1933年春毁于山洪,再建后未盖桥屋。在闽东,有代表性的如位于古田县鹤塘乡西洋村的沉字桥,建于南宋德祐元年(1275年),桥长55米,宽4米,桥屋首尾计18扇,17间,上为双劈屋顶,两廊有长椅。在闽南,有代表性的如位于永春县东平乡东美村的东关桥,始建于南宋绍兴十五年(1145年),桥长85米,宽5米,于明弘治十三年(1500年)建桥屋,共有20套整齐划一的木屋架,分25开间,屋顶用当地出产的粘土小青瓦铺面,青砖砌脊。位于安溪县蓝田乡进德村的瑞云桥,建于明崇祯三年(1630年),桥长14.7米,宽5.1米,桥上建廊,廊外两边各设两层雨披,廊内陈设坐椅。中有天竺亭,梁架均雕花彩绘。

大量运用先进桥梁技术。如泉州洛阳桥在技术上有三个首创:第一,首创"筏形基础"。即在江底沿桥位纵线抛掷数万立方米的大石块,筑成一条宽20多米,长1里的石堤,提升了江底标高3米以上,然后在这石堤上筑桥墩,有效地防止了桥墩基础被急流冲走。第二,首创"种蛎固础"法。即在桥基和桥墩上种植海生动物牡蛎,利用牡蛎的石灰质贝壳附着在石块间繁殖生长的特性,使桥基和桥墩的石块通过牡蛎壳联结成一个坚固的整体。这种方法顺利解决了石灰浆在水中不能凝结,而如用腰铁或铸件等办法来连接石块,铸铁很快就会被海水腐蚀等难题。第三,首创浮运架梁法。即把重达七八吨的石梁,置于木排之上,利用海潮的涨落进行运送、砌筑和架设。趁退潮时砌筑桥墩,趁涨潮时将载有石梁的木排驶入两个桥墩之间,待潮退,木排下降,石梁即被装在桥墩上的木绞车吊起,再慢慢放置在石墩上,并用木绞车校正好放在石梁的位置。除洛阳桥外,福建古代在桥梁技术上还有许多新创造。首先,从桥梁基础方面看,创造了一种"睡木沉基"法:在水位干枯时,将墩基泥沙整平,用几层纵横交叉编成的木筏,固定在墩位处,再在木筏上垒筑墩石,随着墩身逐渐加高加重,木筏也随着下沉江底。在山区河流,河床控至最低水位以下时,则直接置于基坑上。也有用木笼填石为基者,如始建于元大德七年(1303年)的福州万寿桥,在桥墩处先下木笼,然后在笼内密填石块为基。其次,从桥墩结构方面看,石墩桥往往是外圈砌块石或条石,中间用大小不等和强度不一的碎石块作填充料,其砌筑方法是采用一丁一顺交叉叠置。有的还用石灰浆或糯米猪血等胶凝嵌砌。一般桥墩和形式大多为船形墩,即上游尖下游平,如始建于北宋元祐四年(1089年)的福州盖山乡阳岐村的午桥,始建于北宋元丰元年(1078年)的福清县上径乡的蹑云桥,始建于北宋政和三年(1113年)福清县海口镇的龙江桥,始建于元元统二年(1334年)的莆田县黄石镇桥兜村的宁海桥,始建于明嘉靖三十三年(1554年)的华安县梨仔坪的云水桥,始建于明万历七年(1579年)的诏安县城东郊的洋尾桥等。也有两头尖的船型墩,如始建于唐末的福州市郊闽安镇的回龙桥;也有以多种墩形组合而成的,如著名的晋江市安海安平桥,桥墩以条石砌成,或四方形,或长方形,或单边、双边船形。桥墩在石梁支座处,将顶上三四层条石,均向左右排出20至30厘米,用以承托石梁,使石梁跨径缩短,提高石梁强度。最后,从桥梁结构上看,或用木材在墩上层层平排或斜插,逐渐向跨中伸出,以缩短跨径后再承托大梁,如重建于清咸丰五年(1855年)的武平县西东留乡的大阳桥，在墩上铺以数层杉木，形式斗拱，风格别致。建于元元统年间(1334年)的邵武乡铜青桥，在4个墩上纵横架木11层后承托木梁。或在石梁上加铺石板，如建于宋绍兴三十年(1160年)的福清市海口镇龙江桥，6条石梁并排铺设在墩顶帽石上，石梁之上再横铺石桥板。

继承了中国古代艺术传统，将实用与艺术和谐地融为一体。这种继承主要表现在两方面：第一，注重与环境的协调。如潘洪萱在《十大古桥》(上海古籍出版社1991年版)中所言："福建泉州'天下无桥长此桥'的安平石梁桥，凌跨于安海港海湾上，如压海长堤，具有'玉帛千丈天投虹，直栏横槛翔虚空'的观感，与四周环境形成了'水秀山明桥跨海'的美景。"再如始建于元末元统二年(1334年)的莆田县桥兜村的宁海桥，横跨木兰溪奔注兴化湾的入海处，每当旭日东升之时，霞光映照江水，犹如金龙下海，跃浪腾波，景象壮观，被称之为"宁海初日"，为莆田20景之一。始建于宋建炎元年(1127年)的莆田县延寿村附近的延寿桥，两岸风光如画，桥下碧波荡漾，为历代文人雅士赏景赋诗，游艇垂钓佳境，被誉为"寿溪钓艇"，自古就是莆田24景之一。第二，附属建筑和石雕刻工艺精湛。福建古代桥梁建造者多注重观赏性，桥上往往用石雕、碑记、亭、塔幢、扶栏等艺术品来装饰，特别是建在伸臂式桥上的建筑，更给人"飞阁流丹，下临无地"的感觉。泉州洛阳桥最为典型，据刘浩然《洛阳万安桥志》(香港华星出版社1993年版)介绍，洛阳桥上有下面一些装饰：原位于中亭处明代姜志礼生祠前的"功侔忠惠"坊，原建于明代的镜虹阁，位于南北两端的镇风塔，位于南北两端的北宋石介士四尊，元代所建的"泉南佛国亭",今人所建"中亭",位于中亭西侧的"甘雨碑亭",位于蔡忠惠祠前西侧的"重修蔡忠惠祠碑亭",位于蔡忠惠祠前东侧"舆庆堂去思碑亭",桥两侧石塔八座,两边扶栏分别有形态各异石狮子28只,塔亭等建筑物上姿态各异菩萨81尊等,虽然今天有的已被毁坏,但仅以保存下来的石塔、雕像、碑记及蔡襄书写的《万安桥记》碑等,已令人赞叹,真酷似一座小型博物馆。这种融观赏性和实用性为一体的古桥,在福建比比皆是。如元至正年间(1341—1368年)再造的晋江市御赐桥,桥端有附属的石人雕刻及石塔。建于明弘治九年(1496年)的大田县城东通马四桥,桥上亭阁的顶部绘有龙凤呈祥,雕饰有动物、花鸟、人物等,工艺精细。福州的回龙桥亭内有3通石碑,福清市龙江桥南端建有两座镇佛塔,浮雕有佛像侏儒、莲花狮子等纹饰。福州万寿桥建有风雨亭,桥栏石柱雕有形态各异的石狮。

四 雕版印刷

福建雕版印刷在中国印刷史上占有重要地位,对中国文明做出了积极的贡献。福建雕版印刷,主要有以下几个方面特点。

历史悠久,分布广泛。我国雕版印刷发源于唐代,而唐代福建,就开始有刻书业。据叶德辉《书林清话》记载:"建安余氏靖安刊于勤有堂,乃南北朝余祖焕,始居闽中。十四世徙建安书林,习其业。二十五世余文兴以旧有堂名号勤有居士。盖建安自唐时为书肆所萃。"可见福建在唐朝就有了书肆。闽

第十二章 科技

国时期,闽地个人的文学书籍已有人刻印出售,如莆田人徐寅有"拙赋编闻镌印卖,恶诗亲见画图呈"(《钓矶文集》卷六)的诗句,说明当时有人在私自刻印出售他的赋。至北宋,福建印刷业进一步发展,始于北宋元丰三年(1080年),至崇宁二年(1103年)竣工的《崇宁藏》,由福州东禅等觉禅院住持冲真发起劝募,共6434卷。始于北宋政和二年(112年),至南宋绍兴二十一年(1151年)竣工的《毗卢藏》,由福州开元禅寺住持本明等劝募,共6132卷。《崇宁藏》"淡"字函与"灵"字函,《毗卢藏》"盈"字函与"染"字函,分别有关于雕造《崇宁藏》和《毗卢藏》印版的记载。南宋政和四年(1123年),由闽县报恩光孝观刻的《政和万寿道藏》,共5481卷,以镂版进京。这三部经藏,刻工精美,卷帙浩繁,可见当时福建印刷术已达到一定规模和水平。宋福建建安麻沙刻书规模居全国之首,与成都、临安成为我国三大刻书中心,正如叶德辉在《书林清话》中所言:"宋刻书之盛,首推闽中,而闽中尤以建安为最。"南宋叶梦德在《石林燕语》中言"福建本几遍天下",可见福建刻书量之多。明代福建刻书仍很繁盛,一直延续到清代乾隆年间,清人朱彝尊在《经义考》中说:"福建本几遍天下,有字朗质坚莹然可贵者。"康熙《建阳县志》对当时书市的繁华有过记载:"书坊书籍比屋为之,天下书商皆集。"在长达700多年的福建刻书史上,其分布面之广,也是十分罕见的。建阳书坊被视为福建刻书代表,但著名的刻书地点还如:1、汀州四堡。四堡古属长汀县辖,今在连城县境。四堡雕版印刷源于南宋,明清极盛。清杨澜所著《临汀汇考》载:"长汀四堡乡,皆以书籍为业,家有藏版,岁一刷行,贩行远近。虽未及建安之盛行,而经业应用典籍以及课艺应试之文,一一皆备。"据马卡丹《四堡雕版印刷业初探》(《福建文史》总第五期)介绍,四堡著名的大书坊有四十余家,中小书坊星罗棋布,从事印刷业的男女老少不少于1200人,约占当时总人口的60％以上,几乎家家户户都从事印刷业。已查知雕版书籍约25种以上,几乎垄断了明末清初南中国的印刷业,为明清之际中国四大雕版印刷基地之一。
2、福州。福州刻书以规模浩大著称。除了上述刻印《崇宁藏》、《毗卢藏》、《万寿道藏》等卷帙浩繁的佛道经典外,还刻了许多书籍,如福州于元至正七年(1347年)所刻《礼记》150卷,《乐书》200卷等。福州一些刻本颇具特色,如元至元二十六至二十八年(1289—1291年)魏天佑刻《资治通鉴》,字体貌似颜体,开展舒朗,世称魏天佑刻本。3、泉州。宋代泉州就为雕版刻印的重点地区,如张秀民在《中国印刷史》(上海人民出版社1989年版)中称,宋代泉州刻印的书籍如《孙氏六帖》、《莆阳居士蔡公文集》、《司马文正公集》、《潜虚》、《沈忠敏公龟溪集》、《演繁露》、《考古编》、《读史管见》、《程尚书经进禹贡论》、《梁溪先生集》、《资治通鉴纲目》、真德秀《心经》、刘克庄选《唐本朝中兴五七言绝句》等。自宋以后,泉州有的地方逐渐形成以雕版为业的村庄,如泉州近郊的田庵、淮口、后坂三个村,至清中叶,雕版工人达三百多人。有的全族人从事雕版业。据清乾隆二十八年重修的《泉州府志》和乾隆三十年重修的《晋江县志》载,泉州刻工都出自这三个村。4、莆田。莆田的雕版印刷起于唐末、五代,而一直盛于清,出版图书极为丰富,但大量流失。据谢如明《莆田传统文化》(厦门大学出版社1993年版)介绍,目前基本可确定为莆田刻版的古籍有296部3345

卷,其中唐、五代刊本8部83卷,宋代刊本60部871卷,元代刊本7部162卷,明代刊本128部1528卷,清代刊本93部961卷。据民国张琴《莆田县志·艺文志》所统计资料,这些数字大大小于实际刊刻数量。除了上述几处外,福建刻书地点遍布全省,仅南宋刻书地还如:侯官、怀安、永福、福清、福鼎、崇安、晋江、南安、同安、南剑州、尤溪、漳州、汀州、宁化、邵武、莆田等。

规模宏大,种类繁多。福建刻书动辄百余卷以上,如《太平御览》1000卷,清陆心源皕宋楼曾藏有南宋闽刻本351卷。再以元代为例,福建刊刻巨著如郑樵《通志》200卷,《汉书》100卷,《诸臣奏议》150卷,《朱子语类》140卷,《艺文类聚》246卷等。福建刻书内容丰富,种类繁多,仅建阳余氏所刻之书,所见知的就有213种。据汀州四堡所印目录,目前可查的书籍约达225种以上,如:1、启蒙读物;2、各类经书,供科举之用;3、各类文集、诗集;4、各种农、医、杂书;5、小说、戏曲、话本等;6、佛经道藏;7、经像版画;8、外文,如建阳书林双峰堂余文台万历二十六年纂刻的《海篇正宗》卷一,载有日本文;9、字帖。

多种方式的刻书途径。(一)书坊刻书。这是福建刻书的主要方式。福建由宋至清,书坊之多,在全国不为多见。如南宋建宁路之建安、建阳两县,书坊约37家,元代可考约42家,其中最著名的为建阳余氏书坊,惜所刻之书大多散佚,今日可见知者,宋代为16种,元代为34种,明代为160种,清代为3种,内容多样,流通极广。余氏从北宋开始刻书,世代相传,历经宋元明三代,时间长达600年之久。建阳书坊的历史是中国书坊刻书史的缩影。坊刻以刻书为主要谋生手段,所以大多刻印的内容为广大群众喜闻乐见,有的为速售加快雕刻速度,难免出现些错误。但面对激烈的竞争,大部分坊刻还是注意质量,注意社会需求,重视市场功能,机动灵活,不断创新。不少书坊由于历史悠久而有较为雄厚的技术力量和生产能力,还承接了为官府刻书的任务。(二)官府刻书。官刻是指官方用公款投资所刻之书。福建转运司于宋绍兴十七年(1147年)刻印《太平圣惠方》100卷。明代福州府布政司、按察司、盐运司等均有刻书,有的不一定是业务需要,如盐运司刻《丹溪医案》、《地理管见》、《陆宣公奏议》等,均与盐政无关。由于拥有较为雄厚的资金,官府刻印了不少有学术价值、有版本价值的珍本。此外,凭借官府优势,一些卷帙浩繁、多部头、多卷本的书籍也多由官府刊刻和发行。宋代从事接待过往官员的"公使库"也从事刻版印刷,史称公使库本。如泉州公使库于淳熙十年(1183年)刻印司马光《传家集》80卷。宋代福建路的建安、泉州、南剑州、莆田、建阳等州、县政府也刻印了大量的书籍,史称"郡斋本",如泉州嘉定六年(1213年)刻《梁溪先生集》180卷,附录6卷;南剑州宝庆三年(1227年)刻《朱文公校昌黎先生文集》40卷,外集10卷,集传、遗文各1卷。宋代福建各类官办学校都刻有大量的书,史称州军学本、郡庠本、县学本、学宫本、书院本等。(三)其它类型刻本。福建刻书途径还如:1、家塾刻书,以宋代建安为例,黄善夫家塾于绍熙年间刻《史记正义》130卷,刘元起家塾于庆元年间刻《汉书注》120卷等。2、私宅刻书。如魏仲立宅刻印《新唐书》225卷。3、寺院刻书。由于佛教在福建兴盛,寺院刻书在福建极为重要，并较为普及，仅福清黄檗山万福寺就曾辟有印刷楼，并贮有大量经版，经年印刷。据周书荣《福清黄檗山万福寺的刻经及其目录》（未刊稿）介绍，目前可查万福寺共刻经24种，如：《黄檗山断际禅师传心法要》1卷、《庞居士语录》3卷、《白云守端禅师语录》2卷、《虎丘绍隆禅师语录》1卷、《三教平心论》2卷、《石屋清珙禅师语录》2卷、《天童密云禅师语录》、《费隐通容禅师语录》25卷、《祖庭钳锤录》2卷、《般若心经斫轮解》1卷、《禅关策进》1卷、《禅灯世谱》9卷、《隐元禅师又录》2卷、《黄檗隐元禅师云涛集》1册、《禅林宝训》4卷等。

在刻书形式上多有创新。如：

（一）经注合刊。即将正文与注文刻在一起，用大字刻正文，下刻小字（一般双行）为注释，方便读者上下对照。这是书籍版式编排上的一大进步。

（二）书籍封面装饰和实用相结合。1、采用带插图封面。元代建安书坊刻印的各种小说、平话，封面上刻有插图。这种形式在宋代是没有的，为后代书籍封面配图开了先河。2、封面印有带宣传性文字。建安书坊不少书籍不仅在封面上横排"校正无误"字样，还印有书的内容特点，如在《广韵》封面印上"五音四声切韵国语详明"字样等。3、封面上刊出广告。如明代万历建阳双峰堂余文台刻印的《锲三台山人芸窗汇爽万锦情林》，上方为图像，下方并列《汇锺情丽集》等七种书，旁有小字："更有汇集诗词歌赋、诸家小说甚多，难以全录于汇上，海内士子，一展而知之。"

（三）多有附带内容。除正文外，福建出版的许多书籍在全国较早印有刊记、刊语、牌子等附带文字，其内容如介绍刻书由来、书坊字号、刻书时间地点等,目的是为了宣传竞售。如宋代建宁龙山书堂《挥尘录》刊记为:"此书浙间所刊,止前录四卷,学士大夫恨不得见全书。今得王知府宅真本全帙,四录条章无遗,诚冠世之异书也。敬三复校正,锓木以衍其传,览者幸鉴龙山书堂谨咨。"刊语则明白标明书坊字号,如宋版《老子道德经》篇目末印有"建安虞氏刊于家塾";《五臣注扬子法言》题目终印有"麻沙刘通判宅刻梓于仰高堂"。刊语外面四周环以墨围,通称"牌子"或"牌记",如建安黄善夫刻《史记集解索隐正义》牌子为"建安黄善夫刊于家塾之敬宝",南宋建阳崇化书坊陈八郎宅刻本《文选注》书序后牌记称"谨将监本与古本参校考正,的无舛错",明显带有促销性质。

(四)字体多样。宋代建本图书字体学柳,如黄善夫所刻《史记集解索隐正义》等书,笔势间架,酷似柳体。当代书法家刘建在《大潭书》(文物出版社1994年版)中称:"建本图书书体介于颜柳之间,笔画横轻竖重,严谨有度,结构方正。"而宋代在福州所刻的经书,字体方整,与建本迥异,这是因为许多刻工来自浙江,受浙刻学派影响。元代建本中的《乐府新编阳春白雪》、《古今翰墨大全》等书及小说等采用简字、俗字。从英国牛津大学龙彼得教授在英国剑桥大学图书馆和德国萨克森州立图书馆发现的明代福建漳州、海澄等地所刻《明刊闽南戏曲弦管选本三种》(即:《新刻增补戏队锦曲大全满天春》2卷、《精选时尚新锦曲摘队》1卷、《新刊弦管时尚摘要集》3卷)中可看出,其中运用了大量的方言俗字,如:阮(我们)、当(你)、伊(他)、乞(给)、姿娘(女人)、今旦(今天)、事志(事情)等。建本图书有专门大字本,舒朗雅洁,白口单边;也有专门小字本,密而不挤,细黑口双边,携带方便。

(五)图文并茂。元代建本就开始在书中插以图画,以帮助读者理解正文,增加图书的通俗性,趣味性。如建安虞氏书坊所刻"全像平话"5种,统一为上图下文,图占版面的三分之一,文占三分之二。人物形象生动传神,构图连续有序。至明代,这种木刻插图的本子更为兴盛。如《明刊闽南戏曲弦管选本三种》中的《新刻增补戏队锦曲大全满天春》,有13处上部为唱曲,中间为插图,下部为道白和唱词,图中人物形态生动,很好地表现了戏中的内容。

"海舟以福建为上"、"闽中桥梁甲天下"、建安"号为图书之府"道出了福建在造船、架桥、刻书方面的杰出贡献。除此之外,福建的水利工程、制瓷业、矿冶业、造纸业、制糖业、纺织业、制茶业、制盐业等都取得过一定成就,在中国科技史上都占有一定地位。

主要参考书目

《四库全书总目》(全二册)影印本　　中华书局1965年出版
《宋本方舆胜览》(全一册)影印本　　【宋】祝穆编　祝洙补订　上海古籍出版社1991年出版
《宋元方志丛刊》(第8辑)影印本　　中华书局1990年出版
《八闽通志》(上、下册)点校本　　【明】黄仲昭修纂　福建人民出版社1990年、1991年出版
《闽书》(已出1－4册)点校本　　【明】何乔远编撰　福建人民出版社1994年、1995年出版
《福建通志》(六一一卷)　　民国陈衍等修纂　民国二十七年刻本
《福州府志》(七十六卷)　　清乾隆十九年刻本
《长乐县志》(三十卷)　　民国七年铅印本
《平潭县志》(三十四卷)　　民国十二年铅印本
《福清县志》(二十卷)　　1987年福清县志编纂委员会据乾隆十二年刻本标点校注铅印

主要参考书目

《罗源县志》(三十卷)　　　1987年罗源县政协文史资料委员会
　　　　　　　　　　　　据道光九年刻本标点注释铅印
《永泰县志》(十二卷)　　　1987年永泰县地方志编纂委员会据
　　　　　　　　　　　　民国七年铅印本点校整理重印
《永福县志》(十卷)　　　　清乾隆十四年刻本
《闽清县志》(八卷)　　　　民国十年铅印本
《厦门志》(十六卷)　　　　清道光十九年玉屏书院刻本
《同安县志》(四十二卷)　　民国十八年铅印本
《马巷厅志》(十八卷)　　　清光绪十九年黄宗鼎校补刻本
《建宁府志》(二十一卷)　　1964年上海古籍书店据宁波天一
　　　　　　　　　　　　阁藏明嘉靖刻本影印
《建阳县志》(十六卷)　　　1962年上海古籍书店据宁波天一阁
　　　　　　　　　　　　藏明嘉靖刻本影印
《建瓯县志》(三十七卷)　　民国十八年芝新印刷所铅印本
《崇安县志》(十卷)　　　　清嘉庆十三年刻本
《续修浦城县志》(四十二卷)　清光绪十三年南浦书院刻本
《松溪县志》(十卷)　　　　民国十七年施树模活字印本
《政和县志》(三十五卷)　　民国八年铅印本
《南平县志》(三十八卷)　　清嘉庆十五年刻本
《顺昌县志》(十卷)　　　　清光绪七年吴恩庆重刻本
《邵武府志》(十五卷)　　　1964年上海古籍书店据宁波天一阁
　　　　　　　　　　　　藏明嘉靖刻本影印
《光泽县志》(八卷)　　　　清康熙三十三年张彭增订本
《福宁府志》(四十四卷)　　清光绪六年张其曜刻本
《乾隆宁德县志》(十卷)　　1983年宁德县志编纂办公室据乾
　　　　　　　　　　　　隆刻本整理铅印

《霞浦县志》(四十卷)　　　民国十八年铅印本
《福安县志》(三十八卷)　　清光绪十年刻本
《福鼎县志》(八卷)　　　　清嘉庆十一年刻本
《寿宁县志》(八卷)　　　　清康熙二十五年刻本
《寿宁待志》(上、下卷)点校本　　【明】冯梦龙撰　福建人民出版社1983年出版
《古田县志》(八卷)　　　　清乾隆十六年刻本
《兴化府志》(五十四卷)　　清同治十年林庆贻刻本
《仙游县志》(五十三卷)　　清同治十二年吴森刻本
《泉州府志》(七十六卷)　　民国十六年补刻本
《惠安县志》(十三卷)　　　1963年上海古籍书店据宁波天一阁藏明嘉靖刻本影印
《永春县志》(二十八卷)　　民国十九年中华书局铅印本
《德化县志》(十八卷)　　　清乾隆十一年刻本
《安溪县志》(十二卷)　　　清乾隆二十二年刻本
《漳州府志》(五十卷)　　　清光绪三年芝山书院刻本
《龙溪县志》(八卷)　　　　1965年上海中华书局影印天一阁嘉靖本
《漳浦县志》(二十二卷)　　民国二十五年朱熙铅印本
《诏安县志》(十二卷)　　　清康熙三十年刻本
《平和县志》(十二卷)　　　清康熙五十八年刻本
《长泰县志》(十二卷)　　　清乾隆十五年刻本
《汀州府志》(二十四卷)　　明崇祯十六年刻本
《龙岩州志》(二十卷)　　　清光绪十六年张文治补刻本
《漳平县志》(十卷)　　　　民国二十四年翁赞平铅印本
《宁洋县志》(十二卷)　　　清光绪元年刻本

《武平县志》(十卷)	1983年天津古籍书店据清康熙三十八年刻本抄
《上杭县志》(十二卷)	清乾隆二十五年刻本
《明溪县志》(十五卷)	民国三十二年铅印本
《建宁县志》(二十八卷)	民国八年铅印本
《沙县志》(十二卷)	民国十七年铅印本
《尤溪县志》(十卷)	民国十六年铅印本
《大田县志》(六卷)	民国二十年铅印本
《永安县志》(十卷)	清道光十三年孙义增刻本
《五灯会元》(全三册)	【宋】普济著　苏渊雷点校　中华书局1984年出版
《中国戏曲志·福建卷》	柯子铭主编　文化艺术出版社1993年出版
《明刊闽南戏曲弦管选本三种》	龙彼得辑　泉州地方戏曲研究社编　中国戏剧出版社1995年出版
《福建历代作家评传》	陈石怀主编　福建教育出版社1990年出版
《中国历代诗学论著选》	陈良运主编　百花洲文艺出版社1995年出版
《中古文学论稿》	陈庆元著　天津人民出版社1992年出版
《中国古代文学丛谈》	何绵山主编　海峡文艺出版社1996年出版
《近500年来福建的家族社会与文化》	陈支平著　三联书店上海分店1991年出版

《泉州伊斯兰教研究论文选》 福建省泉州海外交通史博物馆、泉州市泉州历史研究会编 福建人民出版社 1983 年出版
《中国回族》 胡振华主编 宁夏人民出版社 1993 年出版
《陈埭回族史研究》 陈国强主编 中国社会科学出版社 1990 年出版
《闽台岁时节日风俗》 陈国强主编 厦门大学出版社 1992 年出版
《闽台关系族谱资料选编》 庄为玑 王连茂编 福建人民出版社 1984 年出版
《闽台民俗风情》 厦门市思明区文艺联谊会编 鹭江出版社 1989 年出版
《大潭书》 刘建著 文物出版社 1994 年出版
《近代旅日华侨与东亚沿海地区交易圈》 市川信爱、戴一峰主编 厦门大学出版社 1994 年出版
《中国古农书考》 （日）天野元之助著 彭世奖 林广信译 农业出版社 1992 年出版
《福建朱子学》 高令印 陈其芳著 福建人民出版社 1986 年出版
《闽学源流》 刘树勋主编 福建教育出版社 1993 年出版
《福建古代经济史》 唐文基主编 福建教育出版社 1995 年出版
《宋代草市镇研究》 傅宗文著 福建人民出版社 1989 年出

	版
《福建经济发展简史》	厦门大学历史研究所中国社会经济史研究室编著 厦门大学出版社1989年出版
《中国印刷史》	张秀民著 上海人民出版社1989年出版
《中国古代印刷史》	罗树宝编著 印刷工业出版社1993年出版
《历代刻书概况》	上海新四军历史研究会印刷印钞分会编 印刷工业出版社1991年出版
《永定土楼》	《永定土楼》编写组著 福建人民出版社1990年出版
《十大名桥》	潘洪萱著 上海古籍出版社1991年出版
《福建民间美术》	陈秋平著 福建教育出版社1993年出版
《闽文化研究》	何绵山 连诚谦 黄建国主编 天津古籍出版社1994年出版
《福建经济与文化》	何绵山 丘守杰主编 中国戏剧出版社1996年出版
《福建名人词典》	刘德城 周羡颖主编 福建人民出版社1995年出版
《福建名胜词典》	福建人民出版社1987年出版
《中国民间歌曲集成·福建卷》(二册)	中国民歌集成福建卷编委会编 1982年油印本
《福建文学史》(三册)	福建师范学院中国语言文学系《福建文学史》编委会编著 1961年油印本

《福建民俗》(一册)　　　何绵山编　1993年油印本
《闽文化史》(上、下册)　　　何绵山撰　1994年打印本
《福建省宗教研究会论文集》　　　福建省宗教研究会主编
　　　　　　　　　　　　　　　　1994年铅印本

后　　记

　　我所以对闽文化产生兴趣并进行了一些肤浅的探讨,除了闽文化特有的魅力和深厚的内涵外,还有两个原因:第一,我是河南固始人,而河南固始与福建有着极为密切的关系。早在福建开发时期,以河南固始人为主的中原人士就大批分期进入闽地,对福建的发展作出了贡献,我为我的祖辈感到自豪,对祖辈创造的灿烂文化倍感亲切。第二,我的肤浅探讨一开始就得到海内外专家学者的支持和鼓励。1990年,经北京大学谢冕教授,山东大学袁世硕教授、朱德才教授,华南师范大学管林教授的热情推荐,美国印第安那大学东亚研究中心审阅了我研究闽文化的计划,认为"闽文化研究对东亚研究是一个有价值的补充",先后于1990年、1991年、1992年三次给我发来热情洋溢的邀请函,诚邀我赴该中心进行为期一年的学术研究,并为我提供优越的研究条件,东亚研究中心的"新闻简报"还对此作了报道。虽然后来我因种种原因没能成行,但却进一步激发了我探讨闽文化的兴趣。我想,闽文化与其它区域文化不同之处,是它的影响已不仅仅在福建、在国内,而是走出了国门,具有一定的国际性。祖籍福建的海外华侨、华人有1030多万,占全国海外华侨、华人总数三分之一,分布在全世界5大洲100多个国家和地区。他们不仅在所在国家和地区不同程度地保存着闽地的习俗,还千方百计返回故里,寻根访祖。此外,台湾有80%同胞祖籍福建,闽台文化同源,语言相通,民俗相同,血缘相亲,地理相近。台湾文化,在某种程序上就是闽文化的移植,因此研究闽文化,也有益于进一步研究台湾文化。

1991年秋,我接受了辽宁教育出版社之约,为"中国地域文化丛书"中的《八闽文化》一书撰稿,根据"丛书"体例,应从福建文化最主要方面着墨,一些非主要方面(如经济、科技等)不在论述范围之内。因此在完成《八闽文化》的写作之后,我觉得有必要再写一本全方位研究闽文化的小书,由此萌生了写本书的念头。我的设想得到北大出版社王春茂同志的鼎力支持,他三年前就将本书列入出版计划,并不断鼓励催促我早日完稿。在出版业面临种种困境的今天,北大出版社的热情扶持,实在令人感动。

由于我教学工作繁忙,再加之水平有限,功力不逮,书中的谬误和疏漏在所难免,我诚恳期待着读者的批评和指正。

何绵山

1996年8月6日凌晨于北京玉泉路　时清风送爽,大雨初霁